新编21世纪职业教育精品教材·民航服务类

民用航空法基础

主　编◎戴禄胜　吴　骞　周德军

副主编◎胡子晨　周　洁　许翠玉

中国人民大学出版社

·北京·

　　党的二十大报告指出："社会主义法治国家建设深入推进，全面依法治国总体格局基本形成，中国特色社会主义法治体系加快建设，司法体制改革取得重大进展，社会公平正义保障更为坚实，法治中国建设开创新局面。"我国已经成为世界航空运输大国，民用航空业已成为我国国民经济中的一项重要产业。民用航空业的快速发展，迫切要求我国加速民用航空法治建设和对民用航空法律的研究，以保障民用航空业健康发展。近年来，国家有关部门相继制定、颁布并实施了一大批有关民用航空的法律、行政法规，初步形成了一套民用航空法律体系，为在市场经济条件下民用航空业的健康发展提供了坚实的法律基础。同时，大量的民用航空法律、行政法规的出台和修改，也为民用航空法学的研究和教学工作奠定了基础，并提出了新的要求。

　　为了配合空中乘务等专业的教学工作，以及提高广大民用航空从业人员的法律知识水平和运用法律手段分析、解决问题的能力，我们编写了《民用航空法基础》一书。本书主要涉及以下内容：民用航空法规基础理论、民用航空器管理制度、航空人员管理制度、机场管理法律制度、空域及空中航行法律制度、民用航空运输法律制度、民用航空运输合同法律制度、通用航空法律制度、民用航空器搜寻援救与事故调查、民用航空器对地（水）面第三人损害赔偿法律制度、民用航空保险法律制度、民用航空涉外法律制度以及法律责任等相关内容。

　　在编写过程中，我们特别注意以下三个方面的问题：一是教材的知识性，本书着重对基本知识和基本概念进行介绍；二是实践性，本书注重理论联系实际，在对我国民用航空业现状进行分析的同时，引用大量案例剖析实际问题；三是新颖性，本书力求反映我国民航法治建设的最新成果。本书既可用于高等院校专科教学，也可用于自学考试、函授等成人教育教学，还可供民用航空系统培训干部、管理人员、进行普法教育时使用。

　　本书由戴禄胜（江苏航空职业技术学院）、吴骞（苏州旅游与财经高等职业技术学校）、周德军（江苏大学）主编，胡子晨（镇江市高等专科学校）、周洁（江苏航空职业技术学院）、许翠玉（江苏航空职业技术学院）任副主编。

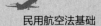

在编写本书过程中，我们得到了很多同志的支持和帮助，对此我们表示衷心的感谢。一些相关的教材和著作也给了我们很多启发，在此我们对相关作者和编者一并表示感谢。

由于我们水平有限，书中若有不足之处，敬请读者和专家批评指正。

编者

CONTENTS

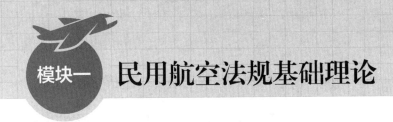

模块一 民用航空法规基础理论

知识目标

（1）理解民用航空法的概念

（2）了解我国民用航空业的发展，掌握民用航空法规的历史沿革，认识民用航空法规与时俱进的特点

（3）了解民用航空法的特征

（4）掌握民用航空法的调整对象

能力目标

（1）能够运用所学民用航空法规知识，对实际案例进行解析和评估

（2）在面对民用航空领域的实际问题时，能够运用所学知识提出合理的解决方案

素质目标

（1）深刻认识法治在民用航空领域的重要性，自觉维护民用航空法规的权威性和严肃性

（2）牢固树立社会主义法治精神

学习领航

全面依法治国是国家治理的一场深刻革命，关系党执政兴国，关系人民幸福安康，关系党和国家长治久安。必须更好发挥法治固根本、稳预期、利长远的保障作用，在法治轨道上全面建设社会主义现代化国家。我们要学习民用航空法规基础理论，深刻认识法治在民航领域的重要性，增强民航安全意识和责任感，通过实际行动自觉维护民用航空法规的权威性和严肃性。

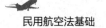
单元一 民用航空法概述

20世纪初，人类进入航空时代。航空器制造和航空器活动在第一次和第二次世界大战中得到迅速发展，民用航空业在第二次世界大战后进入了蓬勃发展时期；航空法也随着人类航空活动的出现而出现，并随着航空技术的进步和广泛应用而不断发展。

航空法是20世纪初随着飞机的发明和航空科学技术的发展而逐渐形成的一门新兴法律。经过一个多世纪的发展，它已经形成了主要以民用航空活动为调整对象的一整套原则、规则和制度。

一、民用航空法的概念

航空法随着人类航空活动的出现而出现，并随着航空技术的进步和广泛应用而不断发展。民用航空是指除军用航空和公务航空以外的一切航空活动。民用航空在本质和内容上是一种经济活动，它与相关科学技术、与之相配套的企业和服务业共同构成一项重要的经济活动。经济活动需要法律的规范，民用航空法（简称民航法）应运而生，并随着各国民用航空事业的迅速发展而日渐丰富和成熟。随着国际民用航空活动的开展，各国民航法层出不穷，因此需要制定一些全球化的规范和标准。于是，第一次世界大战结束以来，诞生了一系列有关民用航空的国际条约和规章制度，形成了国际航空法。国际航空法与各国航空法紧密相关。

关于民航法的定义，往往是从定义航空法开始的。航空法有广义和狭义之分，广义的航空法是指所有与调整航空活动的法律关系有关的法律规范，包括全部国际航空公约和各国颁布的以航空法命名的航空法典、其他法律中关于民用航空的法律规范、各国政府发布的有关航空的行政法规、民用航空主管部门发布的民用航空规章，以及关于航空的立法、司法解释等。狭义的航空法仅指以航空法命名的航空法律，如《中华人民共和国民用航空法》等。各国学者从不同的角度对航空法进行了不尽相同的描述，可谓见仁见智。例如，有学者认为，航空法是一套关于飞机、空中航行、航空商业运输，以及由国际国内空中航行引起的，包括公法和私法在内的全部法律关系的国内国际规则。阿根廷著名航空法学者文斯卡拉达认为，航空法是一套支配自由航空活动引起的或经其修改的制度与法律关系，包括公法与私法、国际与国内的原则与规范。荷兰著名法学家迪德里克斯－弗斯霍尔认为，航空法是调整空气空间的利用并使航空活动、公众和世界各国从中受益的一整套规则。我国学者认为，航空法是关于航空器、商业空运以及国内和国际空中航行所产生的一切公法和私法关系的一组国内和国际规则。

综上所述，航空法是调整和规范人类空中航行活动及其相关制度与法律关系的，涵盖公法与私法范畴，国际与国内各种原则、规范与规则的总称。民航法主要是调整民用航空活动所产生的社会关系的法律，是关于航空器及其运行的法律规则的总和，是规定领空主权、管理空中航行和民用航空活动的法律规范的总称。尤其是当航空活动成为一个国家的重要经济活动，航空科学技术、航空企业以及有关部门成为一个国家经济结构中的重要组成部分时，必然要建立与这种活动相适应的法律制度，以保障并促进其发展。这决定了民航法作为一个法律门类，民航法学作为一门新的独立学科的存在价值。

二、民用航空法的调整对象

民航法的调整对象主要是民用航空活动所涉及的各种社会关系，同时还应协调民用航空与非民用航空，特别是与军用航空的关系。民用航空是指除军用航空和公务航空以外的一切航空活动。军用航空是指军事部门使用航空器为军事目的进行的航空活动。公务航空是指国家机关使用航空器为执行公务进行的航空活动，如海关缉私、公安机关巡逻和追捕逃犯时使用航空器进行的航空活动。

民用航空划分为公共航空运输和通用航空两大类。公共航空运输是指向公众开放的，使用民用航空器在区域之间进行位置移动的活动，包括定期航空运输（定期航班）和不定期航空运输（主要形式是包机运输）。通用航空是指除了公共航空运输的一切民用航空活动；除了为取酬或收费的定期和不定期航空运输运营的所有民用航空活动；除了商业航空运输运营或空中作业运行的航空活动；除了军事、警务、海关缉私飞行和公共航空运输飞行的航空活动。通用航空包括航空作业、急救飞行、航空训练、航空体育和其他通用航空活动。

民航法调整民用航空活动中产生的社会关系，其范围十分广泛。凡与航空器、航空器的正常状态、航空器的操作、航空器所有权及其正常转移、机场、信标、商业航空运输及其国际通航、可能造成的损害责任、保险等有关的问题，都在民航法的调整范围之内，受民航法的约束。总而言之，民航法调整民用航空活动中产生的社会关系主要有以下三个方面：第一，纵向关系，是指民用航空主管机构与民用航空经营部门之间或上下级主管机构之间的领导与被领导的关系。国家民用航空主管机构根据社会对民用航空消费的需求和预测，确定民用航空业发展的规模和重点发展的方向，并在此基础上制定发展民用航空业的方针和措施。第二，横向关系，是指平等主体之间的关系，即民用航空企业之间的相互关系以及民用航空企业与消费者之间的关系。第三，民用航空与非民用航空的协调关系。

民航法不仅要调整民用航空活动中产生的社会关系，而且要调整与民用航空相关的其他活动，协调好它们之间的关系。这是因为：第一，民航法关于领空主权的规定，是一切航空活动都必须遵守的规则。第二，在同一空域中同时进行各种航空活动，无论是民用航空还是军用航空，为了保障飞行安全，都必须接受统一的空中交通管制，遵守统一的空中交通规则。第三，非民用航空部门参与民用航空活动，必须受民航法的约束。第四，民航法的国际性反映在国内法上，也就是说，民航法是一种涉外性很强的法律。

民航法调整大量具有涉外性的社会关系，如国家民用航空主管机构对外国民用航空公司在中国境内投资经营所形成的关系、国内民用航空公司与外国民用航空公司之间的关系、国内消费者和国外消费者乘坐国际航班和国内航班所形成的各种关系等。

三、民用航空法的特征

（一）民用航空法的国际性

民用航空所具有的国际性决定了民航法具有国际性。首先，航空运输的快速和长距离决定了航空运输从产生之日起就具有很强的国际性，所以相较于其他法律，航空法具有更强的国际性。其次，航空活动的国际性主要是由航空技术自身的特性、航空运输的特点和航空活动自身发展的需要决定的。航空活动的国际性决定了民航法具有国际性，主要表现在以下两方面：

首先，航空运输中介——空气空间的无边界性决定了航空活动具有国际性。航空运输的中介与海运、陆运的中介不同，受地理因素的影响，海运、陆运的中介是在人为划定的不同国度里；而航空运输的中介是空气空间，空气空间是围绕地球的一个立体存在，并无有形的边界可言，不受高山峻岭所阻，没有江湖海洋之隔，航空器的起飞和降落本身就是一种界限。从这一点来讲，人类在空气空间中的航空活动把世界上所有地理区域连接起来，既不受海洋的分隔，也无高山的阻挡，这恰恰是船舶、火车、汽车等交通工具所不能做到的。航空运输的这种特殊性质，决定了民航法的国际性。如果不采用国际统一的法律规则，而采用千差万别的国内法，航空活动势必寸步难行，进而会干扰、阻碍航空活动的发展。

其次，从人类开展航空活动的历史和现状来看，其目的主要是进行国际航空运输。对于小国家而言，因为航空器起飞不久就飞出了国界，所以使用高成本的航空器进行运输的意义不大。例如，在欧洲，中小国家林立，航空器在短时间内就可以飞越几个国家。鉴于航空活动所主要使用的航空器——飞机具有速度快的特性和优势，欧洲国家过去主要将其用于国际航行。因此，航空运输的主要目的是在国家之间架起"空中桥梁"，方便各国人民之间的往来。这也决定了航空活动具有国际性。航空器是一种高速交通工具，飞行的距离越远，就越能发挥它的优势，越能取得更好的效益。航空活动的国际性决定了民航法具有国际性。

此外，民航法的国际性还体现在以下两个方面：

（1）国际航空活动对统一的航空技术标准的需求，使得民航法具有国际性。民航法的统一性其实是指所有法律的一般属性，是法律具有规范作用的必备条件。在航空活动中，尤其是在国际航空活动中，如果没有统一的技术标准，航空业的发展将难以得到保障。只有建立一套统一的法律规范，民用航空活动的技术标准才能统一。《国际民用航空公约》第37条规定："缔约各国承允在关于航空器、人员、航路及各种辅助服务的规章、标准、程序及工作组织方面进行合作，凡采用统一办法而能便利、改进空中航行的事项，尽力求得可行的最高程度的一致。"国际空中航行委员会、国际航空法律专家技

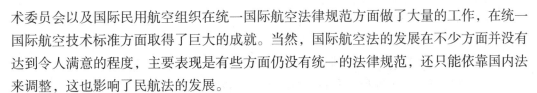

术委员会以及国际民用航空组织在统一国际航空法律规范方面做了大量的工作，在统一国际航空技术标准方面取得了巨大的成就。当然，国际航空法的发展在不少方面并没有达到令人满意的程度，主要表现是有些方面仍没有统一的法律规范，还只能依靠国内法来调整，这也影响了民航法的发展。

（2）各国国内航空法是一种涉外性很强的法律，国内航空法与国际航空法有着十分密切的关系。一般而言，国内航空法应尽可能地与国际航空法律规范一致，采用国际上的通行做法，否则既不利于国际航空事业发展，也将阻碍本国民用航空事业发展。国内航空法的许多法律规范往往直接来源于国际航空法。通过对各国航空法的比较研究不难发现，虽然各国的法律制度不同，航空法在形式上有所不同，但就其实质内容而言，各国航空法在某种程度上并没有本质上的不同。一方面是由于各个国家都签订了相关的国际条约，须履行所承担的国际义务；另一方面，从历史根源上讲，在航空法中，外交公约先于国内法。例如，《中华人民共和国民用航空法》在制定时既考虑适应中国特色社会主义市场经济的航空运输市场的需要，又尽可能地汲取现有的国际航空法律规范的精华，妥善处理与有关国际公约的关系，以使我国的民用航空法律制度与国际通行的法规接轨。

（二）民用航空法的独立性和综合性

1. 民航法的独立性

关于民航法是否具有独立性，能否成为一个独立的法律部门或法律学科，历来就存在很大的争议。从民航法的产生和发展的历史以及现今的研究成果来看，民航法作为一个独立的法律部门未免牵强。但是，将民航法作为一个独立的法律学科，确实是符合民航法研究和发展的需要的。从历史上看，有的学者否认民航法的独立性，他们认为航空法深受海商法和海洋法的影响，所规定的一些原则主要来源于海商法和海洋法。另外，有的学者认为，无论是在海上，还是在空中，都是航行，只不过所使用的交通工具不同，采用相同的原则是可行的；航海历史较航空历史要长得多，人们在确立航空法的基本原则时，采用海商法的模式是完全可以理解的。海商法对民航法影响的痕迹至今可见。例如，1929年《统一国际航空运输某些规则的公约》关于推定责任、责任限制、免责缘由等规定都是模仿了1924年《统一提单的若干法律规则的国际公约》（《海牙规则》）。20世纪40年代，有些国家颁布的航行法就包含大量适用于海上航行和空中航行的共同规则。个别国家将海上航行和空中航行的法律合并在一部法典中。

但是，事实证明，海商法的一些原则并不完全适用于民航法。特别是随着航空技术的迅速进步和航空法理论研究的进一步深入，民航法早已摆脱了海商法的模式。

2. 民航法的综合性

民航法的综合性是指调整民用航空及其相关领域产生的社会关系的各种法律手段纵横交错，法律调整的方法多样化。国际民用航空法的综合性囊括了国际公法与国际私法。国际航空活动首先要解决诸如领空、主权、国籍、国家间关系等属于国际公法范畴的问题。这些问题的解决方式与办法主要体现在以 1919 年《关于管理空中航行的公约》、1944 年《国际民用航空公约》和 1963 年《关于在航空器内的犯罪和犯有某些其他行为的公约》为代表的一系列制止航空犯罪的国际公约中。除此之外，国际民用航空法还包括规范涉及财产权利、合同、保险以及侵权行为等国际私法方面的内容，如以 1929 年《统一国际航空运输某些规则的公约》为代表的一系列国际私法公约。之所以说民航法具有综合性，主要基于两个方面的原因：第一，在航空活动的历史和实践中，公法和私法往往交织在一起，使传统上将法律划分为公法和私法的界限被打破；第二，民用航空部门是由多工种的人员组成的，民用航空活动是一项复杂的系统性工程，其所产生的社会关系呈现出多样性和复杂性。针对这样的情况实施法律调整，必将形成多种性质的法律关系，自然需要多种调整手段与之相适应。

（三）民用航空法兼具公法与私法的特点

民航法作为国际法的组成部分，首先要解决的就是诸如主权、国籍、国家关系等公法问题。在民航法中，1919 年《关于管理空中航行的公约》和取代它的现行的 1944 年《国际民用航空公约》，以及后来为制止航空犯罪而制定的 1963 年《关于在航空器内的犯罪和犯有某些其他行为的公约》、1970 年《关于制止非法劫持航空器的公约》（《海牙公约》）和 1971 年《关于制止危害民用航空安全的非法行为的公约》都是公法。在私法领域，由于各个国家的法律规则和法律传统存在巨大的差别与冲突，因此达到统一和相互协调特别困难。但是，采取统一的原则和规则又是开展国际航空运输必要的前提条件。1929 年《统一国际航空运输某些规则的公约》正是对航空损害赔偿实行统一责任规则的依据，迄今为止一直是国际航空法的基本组成部分。然而，民航法对国际统一法律规则的需要，至今并未能满足，仍存在若干问题。例如，空中交通管制员的责任、产品责任等问题仍待解决。

（四）民用航空法是平时法

民航法是平时法，是指民航法仅调整和平时期民用航空活动及其相关领域所产生的社会关系。如遇到战争或国家处于紧急状态，民用航空要受战时法令或紧急状态下的非常法的约束。《国际民用航空公约》第 3 条规定"本公约仅适用于民用航空器"，而不适用于"军事、海关和警察部门的航空器"。第 89 条规定："如遇战争，本公约的规定不妨碍受战争影响的任一缔约国的行动自由，无论其为交战国或中立国。如遇任何缔约国宣布其处于紧急状态，并将此通知理事会，上述原则同样适用。"

从动机来讲，最初发明航空器可能主要是人类出于对飞行的向往和对天空的征服欲望。但是，自从航空器出现和逐渐成熟，其功能日益多样化，就基本性质而言，航空器既可在战争时作为武器和运载军事物资与人员的工具，也可在和平时期充当客货运载的器械进行民用航空运输。在航空器的历史发展过程中，逐渐形成了一套在战争时期将航空器用作武器和以军事目的使用的规则，这些规则被并入战争法中，1899 年和 1907 年海牙和平会议通过的公约中都有关于空战的规定。而现代的国际航空法是以民用航空为其主要规定内容的。民航法是平时法的特点，就是要求在和平时期，所有航空活动都必须遵守统一的空中规则，以维持空中交通的正常秩序，保障飞行安全；但在国防需要的紧急情况下，军用航空器有优先通过权，以保障军用航空保卫国家领空不受侵犯的需要。而且，民航法是平时法，在战时或在国家宣布处于紧急状态的时候，它并不妨碍受战争影响的交战国和中立国的行动自由，交战国和中立国可以不受约束地采取一切必要的行动。民航法是平时法，说明航空法的规定应符合和平时期发展民用航空的客观规律。空域是航空活动的场所，是国家宝贵的航空资源，必须充分开发、合理利用。在和平时期，国家应全力支持民用航空活动，以保证民用航空的发展。当然，民用航空是国防的后备力量，国家大力发展现代化的民用航空，有强大的机群、布局合理的机场、先进的导航系统和足够的工作人员，平时可满足经济建设、人民生活和国际交往的需要，战时民用航空即可转入战时状态，为反抗侵略、保卫祖国服务。

四、民用航空法的形式渊源

民航法的形式渊源是一个相当复杂的概念，我们在这里所研究的既不是民航法的起源，也不是民航法的制定依据，更不是民航法历史发展上的渊源；我们要研究的仅是民航法的组成和具体的表现形式，即民航法的形式渊源。与其他法的形式渊源相比，民航法的形式渊源有其自身的特点，它主要是由制定法或成文法组成的。例如，与民航法联系比较密切的是海洋法。由于航海活动出现得较早，当时的法律制度不够发达，因此没有形成较完善的海洋法，直到1958年才制定了4个"日内瓦公约"——《领海与毗连区公约》《公海公约》《捕鱼及养护公海生物资源公约》和《大陆架公约》。而民航法恰恰相反，由于时代不同，民用航空的发展十分迅速，民用航空中的许多问题得到了明确规定。

（一）国际条约

国际条约是国家及其他国际法主体间所缔结的以国际法为准并确定其相互关系中的权利和义务的一种国际书面协议，也是国际法主体间相互交往的一种较为普遍的法律形式。国际条约主要包括多边国际条约和双边协定两种形式。《维也纳条约法公约》对其的定义是："称'条约'者，谓国家间所缔结而以国际法为准之国际书面协定，不论其载于一项单独文书或两项以上相互有关之文书内，亦不论其特定名称如何。"国际条约的名称很多，主要有条约、公约、协定、议定书、宪章、盟约、换文、宣言等。现今世界上比较有代表性的民航方面的国际条约，即批准和参加国较多的、已经普遍适用的、正在生效的国际公约，主要有3个序列：一是以《国际民用航空公约》为主体的序列。该公约是民用航空的宪章性文件，对国际法在航空领域的具体适用做了整体性规定。二是以《统一国际航空运输某些规则的公约》以及一系列修订文件为主体形成的序列，规定了国际航空运输中有关民事责任的国际私法规则。三是由1963年《关于在航空器内的犯罪和犯有某些其他行为的公约》、1970年《关于制止非法劫持航空器的公约》和1971年《关于制止危害民用航空安全的非法行为的公约》等形成的航空刑法序列。另外还有一些影响较小或根本没有达到法定批准加入国数而没有生效的公约。有些公约虽已生效，但批准或加入国数很少，在国际上的约束力十分有限。在民航法中还有一些国际公约，因参加国数较少或者受地域限制，我国至今尚未加入，不大为国人所知。例如，1933 年制定、1952 年修订的《关于外国航空器对地（水）面上第三者造成损害的公约》，1948 年在日内瓦订立的有关航空器财产权利的《国际承认航空器权利公约》。特别是世界主要的航空大国如美国、英国、加拿大等均未曾批准，致使一些公约的规则不具备普遍约束力。但是，这些公约以及区域性多边协定，如欧洲各国 1956 年签订的《关于欧洲非定期航班商业权利的多边协定》等，对民航法中某些重要领域的发展做了有益的尝试，仍应加以重视和研究。

国际条约中有关于国际民用航空的地区性多边和双边条约。地区性多边或双边条约，虽然只涉及少数有关国家，不直接表现为一般国际法，但都间接地表现为一般国际法。如果许多地区性多边或双边条约都做了同样的规定，这样的规定便构成国际法的一般规则。民航法有明显的国际性特点，在国际民用航空领域的地区性条约中，尤其是大量存在的双边航空运输协定，有很多规定都是相同或近似的，因而都可认为是国际民航法的形式渊源。

（二）国际惯例

不仅国际条约是国际航空法重要的形式渊源，国际惯例也是国际民航法的形式渊源，当没有条约规定的时候，惯例就成了适用的规则。国际惯例有一个形成的过程，一旦被国际社会所接受和承认，便成了国际习惯法原则，具有普遍的约束力。民航法作为国际法的一个组成部分或门类，要受国际法一般原则和习惯的制约，这是不言而喻的。国际公约的条款中除了已按航空特点引入民航法，如领空主权、国籍、管辖权等，《联合国宪章》以及其他国际法中有关条约法的规则，对民航法同样适用。例如，条约的缔结、批准、生效、加入、修改、退出、解释等规则，以及修约的继承等问题，都对民航法具有约束作用。

（三）国内法及法院判例

世界各国都有自己的民航法，而且因各国法律传统和法律制度不同而千差万别。当然，各国的民航法既有与国际公约、条约相协调一致的方面，也有相矛盾或冲突而只适用于各国国内的具体规则。这是因为世界上还没有统一的调整国际航空法律关系的国际公约。但是，在拟定国际公约、条约规则条款时，常常以某种法系或某些国家的法律原则或规则为蓝图或基础，尤其在私法领域。例如，虽然 1929 年《统一国际航空运输某些规则的公约》规定了在国际航空运输中限制承运人责任的原则，许多国家也将此原则引入国内法，但在美国国内却实行不限制责任的原则。在航空刑法方面，国内法的分量更是举足轻重。所谓国际刑法，实际上是一种联合刑法。在刑法领域，国际上只能就哪些行为构成犯罪、哪一国有刑事管辖权、应不应该起诉等问题制定统一规则，至于取证、量刑、判决等一系列实体法与程序法问题，则要由各国根据本国刑法和刑事诉讼法

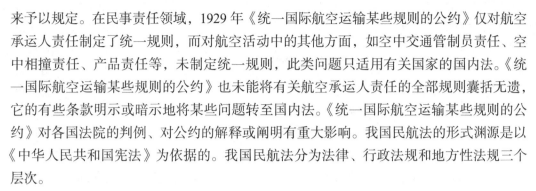

来予以规定。在民事责任领域，1929 年《统一国际航空运输某些规则的公约》仅对航空承运人责任制定了统一规则，而对航空活动中的其他方面，如空中交通管制员责任、空中相撞责任、产品责任等，未制定统一规则，此类问题只适用有关国家的国内法。《统一国际航空运输某些规则的公约》也未能将有关航空承运人责任的全部规则囊括无遗，它的有些条款明示或暗示地将某些问题转至国内法。《统一国际航空运输某些规则的公约》对各国法院的判例、对公约的解释或阐明有重大影响。我国民航法的形式渊源是以《中华人民共和国宪法》为依据的。我国民航法分为法律、行政法规和地方性法规三个层次。

从构成上说，我国民航法以已颁布实施的《中华人民共和国民用航空法》为核心，已形成一个内容齐全、层次分明、和谐协调的法律体系。

1. 国家关于民用航空颁布的法律

1995 年 10 月 30 日，第八届全国人民代表大会常务委员会第十六次会议通过了《中华人民共和国民用航空法》，自 1996 年 3 月 1 日起施行。《中华人民共和国民用航空法》是中华人民共和国成立以来第一部关于民用航空的专项法律。该法的颁布施行，标志着我国民用航空法治建设进入了一个崭新的历史时期。

2. 国家颁布的其他法律中关于民用航空的法律规范

鉴于民用航空是社会生活中不可缺少的一个组成部分，并占有一定的重要地位，在我国很多法律规定中，有不少关于民用航空的法律规范，涉及领空主权、空中航行和民用航空活动管理的法律规范，应编纂列入航空法，遵照执行。关于特别行政区的民用航空活动，遵照特别行政区基本法的有关规定执行。在这里需要说明的是，并不是所有从事民用航空的单位或个人所应遵守的法律规范，都应该列入航空法的范围之内。即使是民用航空主管部门所作出的规定，也只是根据部门的具体情况予以贯彻执行的内容，不应划入民用航空法律体系之中。

3. 全国人民代表大会常务委员会在需要时就民用航空事项作出的决议和决定

1992 年 12 月 28 日，第七届全国人民代表大会常务委员会第二十九次会议通过了《全国人民代表大会常务委员会关于惩治劫持航空器犯罪分子的决定》，该《决定》规定，以暴力、胁迫或者其他方法劫持航空器的，处十年以上有期徒刑或者无期徒刑；致人重伤、死亡或者使航空器遭受严重破坏或者情节特别严重的，处死刑；情节较轻的，处五年以上十年以下有期徒刑。全国人民代表大会常务委员会的这一决定，是对 1979 年《中华人民共和国刑法》的重要补充。这一重要决定经修改后已经并入 1997 年修订的《中华人民共和国刑法》之中。

4. 国务院发布的有关民用航空的行政法规和民用航空主管机关的民用航空规章

国务院发布（包括与中央军事委员会联合发布）的关于民用航空的行政法规，对依法管理我国民用航空活动具有重要意义，是民航法的重要组成部分。中国民用航空局是国务院直属的主管全国民用航空活动的行政机关。为确保与国家法律和国际通行规则相协调，中国民用航空局依据《中华人民共和国民用航空法》以及相关的国际民用航空公约等制定中国民用航空规章，中国民用航空规章是对在中华人民共和国境内进行各项民用航空活动的具体规定。

5. 关于民航法的立法、司法和行政解释

法律条文是在一定时期，根据客观情况和需要制定的，是对历史经验的总结，并对社会发展有一定的预见性。但是，客观事物是千变万化、不断发展的。因此法律条文必然具有局限性。此外，对法律条文的理解有误，必然影响法律实施的正确性，因此需要进行法律解释。法律解释主要分为法定解释和法理解释两大类。法定解释又称有权解释、正式解释，是指特定的国家机关依照宪法和法律赋予的职权，对有关法律规定进行解释，一般分为立法解释、司法解释和行政解释。法定解释具有法律效力，是广义上的法律的组成部分。我国宪法规定由全国人民代表大会常务委员会行使对宪法和法律的解释权。1981 年 6 月，第五届全国人民代表大会常务委员会第十九次会议通过了《全国人民代表大会常务委员会关于加强法律解释工作的决议》，规定对法律、法令、地方性法规的解释，要根据不同情况，分别由全国人民代表大会常务委员会、最高人民法院、最高人民检察院、国务院及主管部门，以及各省、自治区、直辖市人民代表大会常务委员会负责进行解释或作出规定。国务院授权中国民用航空局对有关的行政法规进行解释，并在其权限内对中国民用航空规章进行解释。中国民用航空局的解释属于行政解释，对我国民航法的实施和依法管理民用航空活动具有重要意义。

（四）其他

在民航法的形成和发展过程中，还有其他一些直接或间接的形式渊源。国际组织的立法或准立法文件，是民航法的另一种形式渊源。最显著的是国际民航组织（ICAO）和国际航空运输协会（IATA）的立法或准立法活动。1944 年《国际民用航空公约》第 54 条"理事会必须履行的职能"第 12 款规定：按照本公约第六章的规定，通过国际标准及建议措施；并为便利起见，将此种标准和措施称为本公约的附件，并将已经采取的行动通知所有缔约国。这一规定表明国际民航组织理事会被授予准立法权，因为作为公约附件的《国际标准及建议措施》具有准法律约束力，尽管这些标准及建议措施大多只涉及具体执行公约条款的技术性细则。后来的实践证明，这是一项相当大的立法权，由理事会制定或修改的 18 个附件所包含的法律规则，有些涉及十分重大的法律问题。国际民用航空界的另一个权威团体——国际航空运输协会（简称国际航协），是各国航空公司之间的行业组织，具有一定地位。它的立法活动，如通过的决议，在程序或形式上须经有关国家批准方能生效，生效后就成为重要的法律文件。

国际合同性协议有些也是航空法的形式渊源。例如，1966 年《蒙特利尔协议》是以美国民航委员会为一方，以世界各国航空公司为另一方的民间协议。该协议将对每一旅客死亡、受伤或其他身体损害所确定的责任限额，包括法律费用，提高到 75 000 美元，并修改了《统一国际航空运输某些规则的公约》的责任基础。就其实际法律意义来说，该协议相当于修订《统一国际航空运输某些规则的公约》的议定书，但却采用了与其内容极不相称的民间协议形式。这应该说是在国际航空法发展过程中在特定历史条件下出现的一种独特现象。

单元二　民用航空法的发展简史

一、民用航空法的萌芽时期

1783 年，蒙特哥菲尔兄弟制作的热气球首次载人飞行获得成功，这象征着人类开始征服空气空间，被载入了航空发展史册。后来，巴黎便发布了治安法令，规定未经警察当局批准，禁止热气球升空，有人将这一法令誉为世界上第一部航空法。1889 年，讨论航空法的国际会议在巴黎召开，但由于各国在航空法的一些基本问题上意见分歧较大，这次会议及以后的几次会议均未产生任何成果。1902 年，在国际法学会的布鲁塞尔年会上，法国著名法学家福希尔提出了人类第一部航空法典的建议草案——《浮空器的法律制度》。1903 年 12 月 17 日，世界上第一架载人动力飞机在美国北卡罗来纳州的基蒂霍克飞上了蓝天。这架飞机的发明者就是莱特兄弟。1909 年，在欧洲，布莱里奥驾驶第一架飞机飞越英吉利海峡，震惊世界。1910 年，欧洲 19 国又在巴黎开会讨论国际航空立法问题，但因对空气空间的法律地位，即航空自由还是领空主权的问题没有取得一致意见，所以未有成果。总之，在第一次世界大战以前，人类的航空活动基本上还处于试验阶段。热气球、飞船和简易飞机的各种性能还不稳定和成熟，除可执行若干军事使命外，还谈不上作为运输工具运载旅客、货物和邮件。这个时期，世界各国，尤其是英法两国虽在国内初步做了一些立法工作，但还谈不上形成了成套规则。

二、民用航空法的形成和完善时期

第一次世界大战期间，航空技术被广泛应用于战争。各国都从航空技术的进步中认识到，飞机作为一种新型运输工具，具有无限的发展前途。战争刺激了航空技术和航空制造业的发展，为战后和平时期大力发展民用航空进行了物质条件准备。未参与第一次世界大战的美洲大陆各国在制定国际航空法的基本原则方面就取得了突破性进展。早在 1916 年，在智利圣地亚哥举行的泛美航空第一次会议上通过了一套原则，内容包括：空气空间被宣布为国家财产；各国对其领土之上的空气空间拥有主权；飞机必须具有国籍，涂有本国标记，但在美洲各国之间，各美洲国家的飞机可自由航行；等等。这些都为战后欧洲乃至世界的国际航空立法准备了条件。1919 年，《关于管理空中航行的公约》在巴黎诞生，简称《巴黎公约》。根据该公约的规定，常设管理机构——空中航行国际委员会（ICAN）成立了。《巴黎公约》规定：缔约国承认，每个国家对其领土上方的空气空间拥有完全的和排他的主权。由于处于早期立法阶段，《巴黎公约》引入了海洋法中的一些规则。经过后来的实践检验，有些规则并不适合航空活动的性质，因此逐渐被改造，以适应航空活动的实际情况。但是，这并不妨碍《巴黎公约》在航空法发展史上的开创性地位，它所确定的基本内容今天依然适用。《巴黎公约》在航空法发展史上具有极其重要的意义：它是国际航空法的第一个多边国际公约，确立了领空主权原则，为空中航行的法律制度的建立奠定了坚实的基础；它被誉为"航空法的出生证"，标志着航空法的正式形成，表明了航空法是 20 世纪的产物。《巴黎公约》本应是世界性的公约，但由于有歧视性的条款和政治上的原因，该公约于 1922 年才开始生效。直到第二次世界大战前，只有几十个国家批准或加入。在这一期间，1926 年，西班牙和葡萄牙为首，集合拉丁美洲国家，在马德里签订了《伊比利亚美洲公约》（简称《马德里公约》）；1928 年，以美国为首，多国在哈瓦那签订了《泛美商业航空公约》（简称《哈瓦那公约》）。因此，《巴黎公约》作为国际条约的目标并未完全实现。虽然存在 3 个公约，但后 2 个公约关于空中航行的规定基本上是与《巴黎公约》一致的，因此关于空中航行的规定，《巴黎公约》在很大程度上促进了法律制度的统一。

随着国际航空运输的发展，在私法方面产生的法律冲突逐渐增多，因而开展了统一私法的国际活动。1925 年 10 月 27 日，在法国政府的倡导下，首次航空私法国际会议在巴黎召开，为统一国际航空运输的责任制度提出了一个公约草案，并成立国际航空法专业技术委员会。此后，经国际航空法专家技术委员会的努力，先后制定了 1929 年《统一国际航空运输某些规则的公约》、1933 年《统一预防性扣留航空器的某些规则的公约》、1938 年《关于统一与在海上援助和救助航空器或通过航空器施救相关的某些规则的公约》等法律文件。这些文件的全称，一般都被冠以"统一某些规则"的字样，可见这些文件制定者的用意。这些努力的确在统一国际航空私法上做出了一定的贡献。在这一时期，随着国际航空法的形成和发展，一些国家的国内航空法也在逐步完善。从以上情况不难看出，第一次世界大战后，随着民用航空发展前景的逐渐明朗，出现了国际航空立法的第一次高潮。这个时期形成的国际文件，为后来的国际航空发展奠定了良好的基础。

三、现代民用航空法的发展

第二次世界大战把航空科学与技术推向一个更高的阶段。美国凭借其在战争中的有利地位一跃成为航空超级大国，改变了战前以欧洲为中心的局面。

（一）芝加哥会议

为规划第二次世界大战后必然会大发展的国际民用航空事业，芝加哥会议在 1944 年召开。这是民用航空法发展史上规模空前、影响深远的盛会，实际共 52 个国家出席会议。

芝加哥会议以"国际航空立法"指导思想为基础进行激烈争论。会上提出的基本方案主要有三个：第一，美国的"航空自由论"，主张在国际航空运输中不受主权限制，由各国进行自由竞争。第二，英国的"协调论"，主张建立国际航空秩序，建立一定的国际机构以协调国际航空运输，负责分配世界各条航路，确定运力和运费。加拿大方案基本与此相同，但希望制定详细条文。第三，澳大利亚和新西兰方案，主张建立一个超国家性质的国际机构，统一经营国际航空运输，实现航空运输的国际化。芝加哥会议召开的时候，人们对战后国际格局的认识尚十分朦胧，抱有许多幻想。英国方案、澳大利亚和新西兰方案，在不同程度上反映了这种相当朦胧的幻想是不切实际的。

芝加哥会议的焦点集中在美国的"航空自由论"与英国的"协调论"上。会议上支持"航空自由论"的只有荷兰和个别北欧国家，而英国的"协调论"获得绝大多数国家的赞同，它最终反映在表述《国际民用航空公约》宗旨的序言中，"使国际民用航空得按照安全和有秩序的方式发展"；更反映在第1条"缔约各国承认每一国家对其领土之上的空气空间具有完全的和排他的主权"。当然，这次会议对"航空自由"的概念以及由此次会议形成的所谓"五种航空自由"的说法，与20世纪初的"航空自由论"在内容上有很大不同。

这次会议的主要成果是制定了被称作国际民航宪章的《国际民用航空公约》（简称《芝加哥公约》）。该公约规定，该公约取代了《巴黎公约》和《哈瓦那公约》，并废止一切与该公约相抵触的协议。因此，《芝加哥公约》是现行国际航空法的基础文件。该公约于1947年4月4日生效。我国也于1974年承认该公约。按照芝加哥会议的临时协议，在《芝加哥公约》生效前先设立临时性国际民用航空组织（PICAO），即1947年正式国际民航组织（ICAO）的前身。根据该公约第64条的规定，该正式国际民航组织于1947年成为联合国的一个专门机构。

（二）航空私法规则的完善

第二次世界大战之后，航空私法规则有了较大的完善，主要表现在以下几个方面。

1. 1948 年《日内瓦公约》的制定

1948年《日内瓦公约》的全称为《国际承认航空器权利公约》。它是在国际民航组织成立后，根据各国要求，在国际航空法专业技术委员会（CITEJA）第一小组研究文件草案的基础上，对已登记国法律登记的航空器产权以及购买、租赁、抵押等权利的国际承认问题作出了统一规定。这是国际航空私法方面的一个重要国际公约。

2. 1952 年《罗马公约》及其议定书的制定

1952年《罗马公约》的全称为《关于外国航空器对地（水）面第三者造成损害的公约》，是经国际民用航空组织法律委员会多次会议讨论，国际民航组织在罗马召开外交会议重新制定的一个新的条约文本。它是为了取代1933年《罗马公约》而制定的。后来国际民航组织又根据各国对1952年《罗马公约》的意见，于1978年在蒙特利尔制定了议定书，即《关于外国航空器对地（水）面上第三者造成损害的公约的议定书》。该议定书主要提高了赔偿责任限额，在赔偿、保险方面做了有益的改进与补充。但是，该公约及其议定书的批准和加入国一直比较少。

3. 1929 年《华沙公约》的修订

为了适应国际航空运输的迅猛发展和解决对航空承运人赔偿限额问题上存在的尖锐分歧，在国际民用航空组织法律委员会的议事日程中，对 1929 年《统一国际航空运输某些规则的公约》的修订一直占有重要位置。当时一方是美国，另一方是世界其他国家，双方存在分歧，尤其是新兴的第三世界国家。

（1）1955 年《海牙议定书》。这是战后对 1929 年《统一国际航空运输某些规则的公约》的第一个修订文件。该议定书在使华沙责任体制更加完善方面做出了巨大贡献；但它只把责任限额提高至 25 万法郎，对此美国很不满意。

（2）1966 年《蒙特利尔协议》。1955 年在美国针对《海牙议定书》展开的大辩论中，主张退出《统一国际航空运输某些规则的公约》的一派占据了优势，《统一国际航空运输某些规则的公约》形成的全世界统一责任规则的体制面临分裂的危险。英、美是当时的航空大国，国际客运航班中的美国旅客占比近半，这一严酷事实迫使各国再次作出让步，从而产生了 1966 年《蒙特利尔协议》，将进出、经停美国的国际客运航班的赔偿限额大幅提高。

（3）1971 年《危地马拉城议定书》。为了满足美国的要求，后来产生的 1971 年《危地马拉城议定书》，将《统一国际航空运输某些规则的公约》的责任限额再度提高到 10 万美元，但这个数字仍未能使美国参议院满意，一直不予批准。随着 20 世纪 70 年代的国际金融危机爆发，美元大幅度贬值，动摇了战后以美元作为国际货币标准单位的地位，国际货币基金组织被迫改用特别提款权。为使《统一国际航空运输某些规则的公约》体制的责任限额获得相对稳定的地位，后来在国际民航组织的主持下又签订了几份议定书。

（三）航空刑法的形成

从 20 世纪 60 年代开始，航空刑法取得了突破性进展。其中，航空器的法律地位是争议较大的话题。国际航空法专业技术委员会（CITEJA）曾对此以及航空器机长的法律地位问题做了不少研究，学者们也提出过各种各样的公约草案，但一直停留在理论争议上。航空的国际性使得传统国际法关于管辖权的规则无法适配。例如，一国航空器驶经外国领空时，航空器上的犯罪或民事法律事实和行为，应归哪国管辖？从表面上看，这种情况与外国船舶行驶在一国领海的情况相似，但实际上相当复杂。航空与航海毕竟有很大区别，事实证明，照搬海洋法的规则并不合理。

1. 1963 年《东京公约》的制定

国际民用航空组织法律委员会经过多年艰苦讨论，才于 1963 年在东京制定了《关于在航空器内的犯罪和犯有某些其他行为的公约》（简称《东京公约》）。该公约在国际法上第一次认可了航空器登记国的刑事管辖权。但是，各国对这个公约相当不满意，致使《东京公约》直至 1969 年 12 月 14 日才生效。

2. 1970 年《海牙公约》和 1971 年《蒙特利尔公约》的制定

在 20 世纪 60 年代末和 70 年代初，国际恐怖主义恶浪冲击着国际航空，接连发生

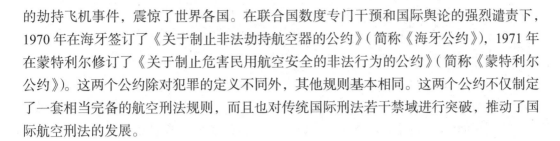

的劫持飞机事件，震惊了世界各国。在联合国数度专门干预和国际舆论的强烈谴责下，1970 年在海牙签订了《关于制止非法劫持航空器的公约》（简称《海牙公约》），1971 年在蒙特利尔修订了《关于制止危害民用航空安全的非法行为的公约》（简称《蒙特利尔公约》）。这两个公约除对犯罪的定义不同外，其他规则基本相同。这两个公约不仅制定了一套相当完备的航空刑法规则，而且也对传统国际刑法若干禁域进行突破，推动了国际航空刑法的发展。

四、我国民用航空业的发展

交通运输是国民经济的基础性、先导性、战略性产业和重要的服务性行业，被誉为国民经济"大动脉"。民用航空的发展，是国家经济发展和现代化程度的象征。中国民航事业从无到有，发展到现在已初具规模，我国正向世界航空大国迈进。中国民航法治建设的任务就是要建立、健全民航法律体系，充分发挥法律的作用，引导推进和保障中国民航事业持续、快速、健康地发展，以适应国家经济发展和社会进步的需要。中国的民航事业发展史，以 1949 年 10 月 1 日中华人民共和国宣告成立为分界点划分为旧中国、新中国的民航事业。旧中国和新中国的民航事业展现了两种完全不同的面貌。

（一）旧中国的民用航空事业

1910 年清朝政府提议兴办航空事业，当时购买了法国苏姆式飞机 1 架，在北京南苑五里店选建飞机场，并训练飞行人员，这被视为中国近代航空史之起点。1919 年 3 月北洋政府交通部成立了筹办航空事宜处，1921 年 2 月将其改组为航空署，隶属于军政部，陆续购进飞机共 8 架，制定了运输章则和开航计划。1920 年北京—天津段通航，断断续续飞行了一年多；1921 年北京—济南段通航；后来所有航空运输业务陆续停办。

1924 年，在孙中山先生的领导下，在广州的大沙头开办了航空学校，培养了多名飞行员。1929 年 7 月 8 日沪蓉线上海—南京段通航，10 月上海—汉口航线通航。

1930 年 8 月，国民政府成立中国和美国合资的中国航空公司（中方占股 55%，美方占股 45%）。1931 年 2 月，中国和德国合资成立欧亚航空公司（中方占股 2/3，德方占股 1/3），1941 年改为中方独资经营，1943 年欧亚航空公司改组为中央航空公司并于 3 月正式成立。从以上的情况可以看出，在旧中国主要是中国航空公司和中央航空公司（简称两航）开展运营活动。在当时特殊的历史条件下，两航经历了艰难曲折和畸形发展的历程。

（二）新中国的民用航空事业

1949 年 10 月 1 日，中华人民共和国的成立为新中国民航事业的建设开辟了一条崭新的社会主义道路。中国人民政治协商会议第一届全体会议通过的《中国人民政治协商会议共同纲领》提出了要"有计划有步骤地建造各种交通工具和创办民用航空"。1949 年 11 月 2 日，新中国民用航空局成立；成立一周年后，中国航空公司和中央航空公司组织 12 架飞机北飞至北京和天津。这 12 架起义飞机和后来由两航机务人员修复的国民党遗留在大陆的十几架飞机构成了新中国民航初期的机群主体。1950 年 7 月 1 日，中苏民用航空股份公司正式成立，自当日起开辟北京至赤塔、伊尔库茨克和阿拉木图的三条国际航线。与此同时，民用航空局也在积极筹划国内航线的开辟。1950 年 8 月 1 日，"天津—北京—汉口—重庆"与"天津—北京—汉口—广州"两条航线开通。中国民航自成立至 1980 年，领导体制经过多次变动但一直实行的是以军队领导为主的政企合一的管理体制，集政府部门、航空公司和机场于一身，它既是主管民用航空事业的政府职能部门，又是直接经营民用航空业务的全国性企业，规模不大，生产力水平不高，发展缓慢，不能适应国民经济发展和社会进步的需要。

1978 年党的十一届三中全会召开，实现了伟大转折，开启了历史新时期。为适应这一新的形势的需求，中国民用航空管理体制进行了根本性的改革，新中国的民用航空事业进入了飞速发展的时期。1980 年，中国民用航空脱离军队建制，实行政企分开，走企业化道路。

（三）我国民用航空业未来的发展趋势

随着我国经济的增长和人民生活水平日益的提高，民用航空业的需求不断增长。预计未来民用航空业将会出现较为明显的增长。我国民用航空业在坚持自主创新的基础上积极开展对外开放合作，带动了航空全产业链能力水平的提升。未来，国家经济发展、工业技术进步和相关政策进一步开放，将促进产业竞争和资源优化配置。我国民用航空业虽然与一些国家仍有差距，但近年来发展迅速，市场前景广阔。

五、我国民用航空法治建设

随着民用航空的发展，制定与一定经济基础相适应的航空法律迫在眉睫。北洋政府 1921 年成立航空署后公布了《京沪航空线京济运输暂行规则》《京济间载客暂行章程》《飞机乘客应守规则》《招商代收及接送客货暂行办法》。当时的中国政府没有加入 1919 年《巴黎公约》。1935 年，《外国民用飞机进入国境暂行办法》颁布。1941 年，《空中交通规则》和《航空无线电台设施规则》颁布。1941 年，《民用航空法》颁布，但并未实施。1947 年，国民政府交通部民用航空局成立，《民用航空驾驶员检定给照暂行规则》《民用航空人员体格标准暂行规则》《空中交通暂行规则》《民用航空器登记暂行规则》《民用航空器标志暂行规则》《空中交通管制员检定给照暂行规则》《航空器灯光及目视信号规则》《民用航空器适航证书请领规则》颁布。在国际航空法方面，1944 年中国政府派代表参加了芝加哥会议，签署了 1944 年《芝加哥公约》并于 1946 年送交了批准书。

1950 年《中华人民共和国飞行基本规则》《外国民用航空器飞行管理规则》发布，1951 年《飞行旅客意外伤害强制保险条例》发布，1951 年《进出口飞机、机员、旅客、行李检查暂行通则》发布，这是新中国成立后早期颁布的航空法规。此后民用航空局根

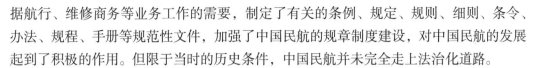

据航行、维修商务等业务工作的需要，制定了有关的条例、规定、规则、细则、条令、办法、规程、手册等规范性文件，加强了中国民航的规章制度建设，对中国民航的发展起到了积极的作用。但限于当时的历史条件，中国民航并未完全走上法治化道路。

邓小平同志明确指出："我们国家缺少执法和守法的传统，从党的十一届三中全会以后就开始抓法制，没有法制不行。"①1979 年制定中国航空法标志着中国民航法治建设的开始。在此之前，民航领域的管理更多是依靠行政命令和零散的规定。航空法的立法筹备促使中国民用航空局成立专门的领导小组和起草小组，这是使民航管理步入法治轨道的关键步骤。1979 年至 1995 年，航空法草案起草和修改，在行政法规、规章和规范性文件方面成果也十分显著。大量民用航空规章的发布，以及大量规范性文件的出台，使得我国构建了相对完整的民航法规体系。

1995 年 10 月 30 日第八届全国人民代表大会常务委员会第十六次会议通过了《中华人民共和国民用航空法》，中国民用航空法治建设步入了崭新的阶段。

（一）《中华人民共和国民用航空法》概述

《中华人民共和国民用航空法》是宣告国家领空主权、规范民用航空的行政管理和民商关系、规定行政处罚和刑事处罚的重要法律，涉及面相当广泛，内容极其丰富。

1. 立法宗旨

《中华人民共和国民用航空法》的立法宗旨是为了维护国家的领空主权和民用航空权利，保障民用航空活动安全和有秩序地进行，保护民用航空活动当事人各方的合法权益，促进民用航空事业的发展。

2. 立法原则

民用航空活动涉及的法律关系十分复杂，又具有国际性，因此应尽可能采用国际通行做法。《中华人民共和国民用航空法》的起草遵循了下列原则。

（1）适应社会主义市场经济体制需要的原则。《中华人民共和国民用航空法》借鉴国际航空立法的经验，坚持纵向的行政管理法律规范与横向的民商法律规范并重，对民商法律关系作了较多规定，以便有效地保护参与民用航空活动有关各方当事人的合法权益。

（2）适应改革开放实际需要的原则。《中华人民共和国民用航空法》根据民用航空活动国际性强的特点，从中国的实际出发，尽可能地采用了国际航空法律规范，以便中国的民用航空法律制度与国际通行的规则接轨。

（3）确保民用航空活动安全有序进行的原则。航空运输工具速度快、风险大、技术要求高，因而《中华人民共和国民用航空法》强化了安全管理规范，将安全管理置于民用航空行政管理的首位。

（4）与国家其他法律相互衔接、协调配套的原则。《中华人民共和国民用航空法》是一部规范民用航空活动的重要法律，原则上协调了民用航空与军用航空的关系，既是

---

① 邓小平. 邓小平文选：第 3 卷［M］. 北京：人民出版社，1993：163.

整个国家社会主义法律体系（母系统）的组成部分，又是中国航空法律体系（子系统）的核心部分。因此在国家其他法律中有明确规定的，援引这些法律规定，《中华人民共和国民用航空法》不再重复规定。《中华人民共和国民用航空法》对有些事项只作了原则规定而明确授权国务院和中央军事委员会作出具体规定并授权国务院民用航空主管部门根据法律和国务院的决定，在本部门的权限内，发布有关民用航空活动的规定、决定，从而使我国航空法律体系形成法律、行政法规和规章 3 个层次，组成相互衔接、协调配套的统一有机整体。

3. 立法意义

《中华人民共和国民用航空法》是新中国第一部全面规范民用航空活动的法律，是我国民用航空发展历史的重要里程碑。实施《中华人民共和国民用航空法》、依法治理民用航空、大力加强民用航空法治建设，促进了我国民用航空事业在新时期持续、快速健康地发展。

（二）《中华人民共和国民用航空法》的修改与完善

自《中华人民共和国民用航空法》颁布实施以来，国务院和中国民用航空局制定颁布了一大批与《中华人民共和国民用航空法》相配套的行政法规、规章。这些行政法规、规章极大地促进了中国民用航空事业的发展。但随着民用航空事业的快速发展和民用航空体制改革的深化，法律、行政法规、规章与新形势不相适应的情况日渐突出。为此，中国民用航空局决定把立法工作的重点放在民航法规体系框架的修改上，中国民用航空局政策法规部门及各业务司局借鉴市场经济发达国家民用航空法律制度，结合民用航空行政主体职能与行政相对人地位的变化，加强法律、行政法规、规章的立、改、废研究，建立分类管理、完善配套、与时俱进的民航发展和监管政策体系。

知识拓展
特别法优于一般法

🔍 **知识巩固**

1. 简述民用航空法的特征。
2. 民用航空法的形式渊源包括哪些？
3. 简述民用航空法的调整对象。
4. 新中国第一部全面规范民用航空活动的法律是什么？该部法律共有几章？

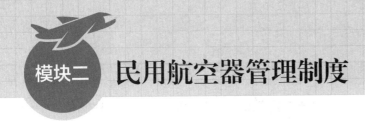

模块二 民用航空器管理制度

知识目标

（1）理解航空器的概念与分类

（2）掌握民用航空器的国籍与登记制度，了解民用航空器国籍的概念、登记程序及重要性

（3）熟悉民用航空器的权利

（4）了解民用航空器的适航管理

能力目标

（1）根据民用航空器管理制度，对具体案例进行分析和评估，提出合理的解决方案

（2）具备一定的实践操作能力，如进行航空器登记、适航检查等实际操作

素质目标

（1）具备扎实的民用航空器管理知识，形成专业的思维模式

（2）理解民用航空器管理的重要性和责任，具备高度的职业责任感

学习领航

认识民用航空器管理制度与国家安全之间的紧密联系，树立作为未来航空从业人员的国家安全意识。

单元一　航空器的概念及分类

背景知识

飞机：由固定翼产生升力，由推进装置产生推（拉）力，在大气层中飞行的重于空气的航空器。

滑翔机：一种没有动力装置，重于空气的固定翼航空器。它既可以由飞机拖曳起飞，也可以用绞盘车或汽车牵引起飞，还可以从高处的斜坡上下滑到空中。在无风情况下，滑翔机在下滑飞行中依靠自身重力的分量获得前进动力，这种损失高度的无动力下滑飞行称为滑翔。在上升气流中，滑翔机可像老鹰展翅那样平飞或升高，通常称为翱翔。

直升机：主要由机体和升力（含旋翼和尾桨）、动力、传动三大系统以及机载飞行设备等组成。旋翼一般由涡轮轴发动机或活塞发动机通过由传动轴及减速器等组成的机械传动系统来驱动，也可由桨尖喷气产生的反作用力来驱动。

一、航空器的概念

航空器是进行航空活动的重要工具。并非所有能在空中飞行的机器都是航空器，航空器是大气层中靠空气的反作用力，而不是靠空气对地（水）面的反作用力作支撑的任何器械。由此可以看出，凡利用空气对地（水）面反作用取得支撑力的器械，如气垫车、气垫船之类，不属于航空器。凡不依靠空气反作用力取得支撑飞行的器械，如火箭、导弹之类，亦不属于航空器。

二、航空器的分类

（一）从技术层面分类

从技术层面进行分类，航空器分为轻于空气的航空器和重于空气的航空器。前者包括气球、飞艇等，后者包括飞机、直升机、滑翔机等。

（二）从法律维度分类

从法律维度分类，航空器分为国家航空器和民用航空器，它们分别具有不同的法律地位。

1. 国家航空器

《巴黎公约》第30条规定："以下飞机应被视为国有飞机：（a）军用飞机。（b）专门用于国家服务的飞机，如邮政、海关、警察。所有其他飞机均须当作为私人飞机。除军用、海关和警用飞机以外的所有国家飞机应被视为私人飞机，因此应受本公约所有规定的约束。"

2. 民用航空器

《中华人民共和国民用航空法》第 5 条规定："本法所称民用航空器，是指除用于执行军事、海关、警察飞行任务外的航空器。"也就是说国家航空器之外的航空器都属于民用航空器。另外，《中华人民共和国民用航空法》第 15 条规定："国家所有的民用航空器，由国家授予法人经营管理或者使用的，本法有关民用航空器所有人的规定适用于该法人。"例如，我国航空企业中执行国内、国际航空运输任务的航空器，虽然作为生产资料，其所有权归国家，但它们执行的任务却是民用的，因此不属于国家航空器。

单元二　民用航空器的国籍

一、民用航空器国籍的意义

国籍制度最早用来识别某一自然人在法律上的身份。国籍是指一个人作为某一国家的国民而隶属于该国的身份。在现代社会中，国籍的概念已从自然人扩大到船舶、航空器等。最早对民用航空器国籍提出设想的是法国法学家福希尔，他认为应当制定国籍规则来指导航空活动。后来许多国际航空条约都对民用航空器的国籍做出了具体规定。民用航空器只有取得一国国籍，才能投入飞行。民用航空器国籍的意义在于，它是民用航空器与其国籍国之间联系的法律纽带。一方面，民用航空器国籍的所属国以民用航空器国籍为依据对民用航空器享有权利，承担义务，实施管理和保护，如对航空器上发生的事件具有管辖权。另一方面，民用航空器国籍的所属国要保证具有该国国籍的民用航空器不论飞到什么地方，都遵守当地关于民用航空器正常飞行和地面转移的有关规则和规章，承诺承担该民用航空器的有关责任。此外，民用航空器的国籍国还要保护航空器的所有人、经营人和民用航空器的合法权利，并加强对民用航空器的管理，对民用航空器进行有效的行政、技术及社会事项的管辖和控制，以保证取得该国国籍的民用航空器与所属国之间有真正的联系。

虽然民用航空器的国籍制度避免了民用航空器无人管辖、双重或多重管辖的混乱，但也存在一些弊端。例如，当各国航空企业之间互换飞机、租机与包机时，会导致国籍登记国与经营人所属国相分离，由此引起一系列复杂的法律问题。

二、民用航空器国籍登记的法律规定

民用航空器国籍及其登记的法律基础是《芝加哥公约》和缔约国本国的法律和规章。

（一）《芝加哥公约》的相关规定

《芝加哥公约》第 17 条规定："航空器具有其登记的国家的国籍"，即航空器在何国登记就具有何国国籍（国际组织拥有航空器，也必须在某个国家登记以取得国籍）。《芝加哥公约》第 18 条规定："航空器在一个以上国家登记不得认为有效，但其登记可由一国转移至另一国"，即一个航空器只允许有一个国籍。《芝加哥公约》第 19 条规定："航空器在任何缔约国登记或转移登记，应按该国的法律或规章办理"，即航空器能否在一国登记，取决于登记国的法律规定。《芝加哥公约》第 77 条规定："本公约不妨碍两个或两个以上缔约国组成航空运输的联营组织或国际性的经营机构，以及在任何航线或地区合营航班……理事会应决定本公约关于航空器国籍的规定以何种方式适用于国际经营机构所用的航空器。"

知识拓展
《民用航空器国籍
登记规定》

（二）我国民用航空器国籍登记条件的相关规定

背景知识

目前，我国各航空公司租赁的民用航空器绝大多数都已在我国登记。符合规定的民用航空器的所有人或者占有人（以下简称申请人）向中国民用航空局申请中华人民共和国民用航空器国籍登记，应当按照中国民用航空局规定的格式如实填写民用航空器国籍登记申请书，并提交下列文件：证明申请人合法身份的文件；作为取得民用航空器所有权证明的购买合同和交接文书，或者作为占有民用航空器证明的租赁合同和交接文书；未在外国登记国籍或者已注销外国国籍的证明；中国民用航空局要求提交的其他有关文件。

民用航空器国籍登记的条件及登记程序一般由航空器登记国的国内法确定。虽然各国对民用航空器国籍登记条件的要求不同，但都遵循在一个国家单一登记的原则。

《中华人民共和国民用航空法》第 7 条规定："下列民用航空器应当进行中华人民共和国国籍登记：（一）中华人民共和国国家机构的民用航空器；（二）依照中华人民共和国法律设立的企业法人的民用航空器；企业法人的注册资本中有外商出资的，其机构设置、人员组成和中方投资人的出资比例，应当符合行政法规的规定；（三）国务院民用航空主管部门准予登记的其他民用航空器。自境外租赁的民用航空器，承租人符合前款规定，该民用航空器的机组人员由承租人配备的，可以申请登记中华人民共和国国籍，但是必须先予注销该民用航空器原国籍登记。"

《民用航空器国籍登记规定》第 5 条规定："下列民用航空器应当依照本规定进行国籍登记：（一）中华人民共和国国家机构的民用航空器；（二）依照中华人民共和国法律设立的企业法人的民用航空器；（三）在中华人民共和国境内有住所或者主要营业所的中国公民的民用航空器；（四）依照中华人民共和国法律设立的事业法人的民用航空器；

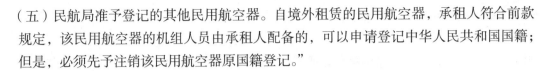

（五）民航局准予登记的其他民用航空器。自境外租赁的民用航空器，承租人符合前款规定，该民用航空器的机组人员由承租人配备的，可以申请登记中华人民共和国国籍；但是，必须先予注销该民用航空器原国籍登记。"

三、我国民用航空器国籍登记的程序

我国民用航空器国籍登记工作的主管部门是国务院民用航空主管部门，目前是中国民用航空局（简称民航局）。它代表国家负责民用航空器的登记管理，颁发民用航空器的国籍登记证书。《中华人民共和国民用航空法》第 6 条规定："经中华人民共和国国务院民用航空主管部门依法进行国籍登记的民用航空器，具有中华人民共和国国籍，由国务院民用航空主管部门发给国籍登记证书。"另外，《中华人民共和国民用航空器国籍登记条例》（以下简称《条例》）和《民用航空器国籍登记规定》（以下简称《规定》）对民用航空器的登记作了较详细的规定。

国务院民用航空主管部门设立中华人民共和国民用航空器国籍登记簿，统一记载民用航空器的国籍登记事项。民用航空器国籍登记的程序分为一般登记、变更登记、注销登记和临时登记。

（一）一般登记程序

1. 申请人应该提交的文件

《条例》第 7 条规定："申请中华人民共和国民用航空器国籍登记的，申请人应当按照国务院民用航空主管部门规定的格式如实填写民用航空器国籍登记申请书，并向国务院民用航空主管部门提交下列文件：（一）证明申请人合法身份的文件；（二）作为取得民用航空器所有权证明的购买合同和交接文书，或者作为占有民用航空器证明的租赁合同和交接文书；（三）未在外国登记国籍或者已注销外国国籍的证明；（四）国务院民用航空主管部门要求提交的其他有关文件。"

2. 主管部门的工作程序

《条例》第 8 条规定："国务院民用航空主管部门应当自收到民用航空器国籍登记申请之日起 7 个工作日内，对申请书及有关证明文件进行审查；经审查，符合本条例规定的，应当向申请人颁发中华人民共和国民用航空器国籍登记证书。"

《规定》第 12 条规定："民航局在民用航空器国籍登记簿中载明下列事项：（一）民用航空器国籍标志和登记标志；（二）民用航空器制造人名称；（三）民用航空器型号；（四）民用航空器出厂序号；（五）民用航空器所有人名称及其地址；（六）民用航空器占有人名称及其地址；（七）民用航空器登记日期；（八）民用航空器国籍登记证书签发人姓名；（九）变更登记日期；（十）注销登记日期。"

（二）变更登记程序

《规定》第 14 条规定："取得中华人民共和国国籍的民用航空器，遇有下列情形之一时，应当向民航局申请办理变更登记：（一）民用航空器所有人或其地址变更；

（二）民用航空器占有人或其地址变更；（三）民航局规定需要办理变更登记的其他情形。申请人应当按照民航局规定的格式填写民用航空器变更登记申请书，并提交有关证明文件，交回原民用航空器国籍登记证书。民航局自收到民用航空器国籍登记变更申请之日起7个工作日内，对申请书及有关证明文件进行审查；经审查，符合本规定的，即在中华人民共和国民用航空器国籍登记簿上进行变更登记，并颁发变更后的民用航空器国籍登记证书。"

（三）注销登记程序

《规定》第15条规定："取得中华人民共和国国籍的民用航空器，遇有下列情形之一的，应当向民航局申请办理注销登记：（一）民用航空器所有权依法转移境外并已办理出口适航证的；（二）民用航空器退出使用或者报废的；（三）民用航空器失事或者失踪并停止搜寻的；（四）符合本规定第五条第二款规定的民用航空器租赁合同终止的；（五）民航局规定需要办理注销登记的其他情形。申请人应当按照民航局规定的格式填写民用航空器注销登记申请书，并提交有关证明文件，交回原民用航空器国籍登记证书，但本条前款第（三）项的情况除外。民航局自收到申请书之日起7个工作日内，对申请书及有关证明文件进行审查；经审查，符合本规定的，即注销该民用航空器的国籍登记。民用航空器注销国籍登记的，该航空器上的国籍标志和登记标志应当予以覆盖。"

（四）临时登记程序

《规定》第31条规定："对未取得民用航空器国籍登记证书的民用航空器，申请人应当在进行下列飞行前30日内，按照民航局规定的格式如实填写申请书，并向民航局提交有关证明文件，办理临时登记：（一）验证试验飞行、生产试验飞行；（二）表演飞行；（三）为交付或者出口的调机飞行；（四）其他必要的飞行。前款申请人是指民用航空器制造人、销售人或者民航局认可的其他申请人。民航局准予临时登记的，应当确定临时登记标志，颁发临时登记证书。临时登记证书在其载明的期限内有效。"

《规定》第32条规定："临时登记标志应当按照本规定第四章在航空器上标明。取得临时登记标志的民用航空器出口的，可以使用易于去除的材料将临时登记标志附着在民用航空器上，并应当完全覆盖外方要求预先喷涂的外国国籍标志和登记标志。"

《规定》第33条规定："载有临时登记标志的民用航空器不得从事本规定第三十一条第一款以外的飞行活动。"

四、民用航空器的国籍标志和登记标志

背景知识

我们经常说的飞机号、机尾号、注册号就是民用航空器标志，它用来识别飞机，在世界范围内绝无重号（就像我们的身份证号一样）。民用航空器的国籍标志和登记标志

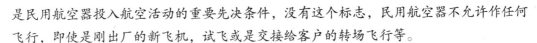

是民用航空器投入航空活动的重要先决条件，没有这个标志，民用航空器不允许作任何飞行，即使是刚出厂的新飞机，试飞或是交接给客户的转场飞行等。

共用标志：用来对国际联营组织的民用航空器进行联合登记。

（一）认识国籍标志和登记标志

1. 国籍标志

国籍标志是识别民用航空器国籍的标志，由一个或一组字母组成，由民用航空器登记国从国际电信联盟分配给该国的无线电呼叫信号中的国籍代号系列中选择，须将国籍标志通知国际民用航空组织。

2. 登记标志

登记标志是民用航空器登记国在民用航空器登记后给定的标志。《条例》第15条规定："中华人民共和国民用航空器的国籍标志为罗马体大写字母B。中华人民共和国民用航空器的登记标志为阿拉伯数字、罗马体大写字母或者二者的组合。"《条例》第16条规定："中华人民共和国民用航空器的国籍标志置于登记标志之前，国籍标志和登记标志之间加一短横线。"

（二）国籍标志和登记标志的相关规定

国籍标志和登记标志必须按规定的尺寸和字体涂抹在民用航空器上，或者用其他能保证同等耐久的方法附在民用航空器上，并保持清晰可见。《中华人民共和国民用航空法》第8条规定："依法取得中华人民共和国国籍的民用航空器，应当标明规定的国籍标志和登记标志。"此外，《条例》和《规定》对民用航空器的国籍标志和登记标志做了较详细的规定。其中，《规定》第24条规定："民用航空器上国籍标志和登记标志的位置应当符合下列规定：（一）固定翼航空器——位于机翼和尾翼之间的机身两侧或垂直尾翼两侧（如系多垂直尾翼，则应在两外侧）和机翼的下表面。机翼下表面的国籍标志和登记标志应位于左机翼的下表面，除非它们延伸穿过机翼的整个下表面。（二）旋翼航空器——位于尾梁两侧或垂直尾翼两侧。（三）飞艇——位于飞艇艇身或安定面上。如标志在艇身上，则应沿纵向配置在艇身两侧及顶部对称线处；如标志在安定面上，则应位于右水平安定面上表面、左水平安定面下表面和垂直安定面下半部两侧。（四）载人气球——靠近球体表面水平最大圆周直径两端对称部位上。航空器构形特别，其国籍标志和登记标志的位置不符合本条前款规定的，应当位于易于识别该航空器的部位。"

《规定》第25条规定："民用航空器上国籍标志和登记标志的字体和尺寸应当符合下列规定：（一）字母、数字、短横线（以下简称字）均由不加装饰的实线构成；（二）除短横线外，机翼及飞艇、气球上每个字的字高不小于50厘米，机身、垂直尾翼、尾梁上每个字的字高不小于30厘米；（三）每个字的字宽和短横线的长度为字高的三分之二；（四）每个字的笔划的宽度为字高的六分之一；（五）每两个字的间隔不小于字宽的四分之一，不大于字宽的四分之三；（六）每个单独一组的国籍标志和登记标志的字高应相等。民用航空器上国籍标志和登记标志的字体或尺寸不符合本条前款规定的，应当经过民航局核准。"

《规定》第26条规定："民用航空器两侧标志的位置应当对称，字体和尺寸应当相同。机翼或水平安定面上字母和数字的顶端应朝向前缘，其距前后缘的距离应尽可能相等。国籍标志和登记标志的颜色应与背底颜色成鲜明对照，并保持完整清晰。"

《规定》第27条规定："任何单位或者个人不得在民用航空器上喷涂、粘贴易与国籍标志和登记标志相混淆的图案、标记或者符号。在民用航空器上喷涂中华人民共和国国旗、民航局局徽、'中国民航'字样，应当符合民航局规定。"

《规定》第28条规定："民用航空器所有人或者占有人的名称和标志，应当按下列规定在其每一航空器上标明：（一）名称喷涂在航空器两侧，固定翼航空器还应当喷涂在右机翼下表面、左机翼上表面。（二）标志喷涂在航空器的垂尾上；航空器没有垂尾的，喷涂在符合民航局规定的适当位置。本条所称名称，是指民用航空器所有人或者占有人的法定名称或者简称。"

《规定》第29条规定："民用航空器所有人或者占有人的标志不得与其他机构的标志相混淆。民用航空器所有人或者占有人应当将每一型号航空器外部喷涂方案的工程图（侧视、俯视、仰视图）及彩图或者彩照报民航局备案。"

《规定》第30条规定："取得中华人民共和国国籍的民用航空器，应当载有一块刻有国籍标志和登记标志的识别牌。该识别牌应当用耐火金属或者其他具有合适物理性质的耐火材料制成，并且应当固定在航空器内主舱门附近的显著位置。"

五、民用航空器登记国的权利和义务

（一）民用航空器登记国对在域外的本国航空器享有的权利

《规定》第6条规定："民用航空器依法登记后，取得中华人民共和国国籍，受中华人民共和国法律管辖和保护。"

1. 管辖权

民用航空器登记国对在域外的本国航空器在一定条件下有管辖权：

（1）民用航空器登记国的有关法律，在民用航空器所在地国的法律或者航空器登记国缔结或参加的国际条约没有另外规定时，亦适用于在域外的本国民用航空器。

（2）当民用航空器在飞行中，在公海海面上或者在不属于任何国家领土的地区的地（水）面上时，该航空器内所产生的法律关系，由航空器登记国的法律调整。

（3）当民用航空器在飞行中，在公海海面上或者在不属于任何国家领土的地区的地（水）面上时，该民用航空器的登记国对在其内发生的犯罪和其他某些行为有管辖权，但不排除该民用航空器飞经国依据该国法律行使刑事管辖权。

需要注意的是，有些民用航空器登记国的国内法规定了较宽的域外刑事管辖权，会与民用航空器所在国的属地管辖权相冲突。这种冲突只能通过适当的途径解决。

2. 保护权

民用航空器登记国有权保护在域外的本国民用航空器，主要体现在：

（1）当民用航空器在国外遇险时，在该民用航空器遇险所在地当局的管制下，民用航空器登记国当局有权采取情况所需的援助措施。

（2）当民用航空器在外国发生事故时，民用航空器登记国有权指派观察员在调查时到场，并有权要求和接受主持调查的国家提供此事的报告及调查结果。

（3）民用航空器登记国的领事官员根据双边领事条约的规定，在领区内有权对停留在接受国的机场或在空中飞行的本国民用航空器提供一切必要的协助，可以同本国机长和机组成员进行联系，并可请求接受国主管当局提供协助。

（4）民用航空器登记国的领事官员有权在领区内就本国民用航空器采取下列措施：1）在不损害接受国主管当局权利的情况下，对本国民用航空器在飞行中和在机场停留时发生的任何事件进行调查，对机长和任何机组成员进行询问，检查航空器证书，接受关于民用航空器飞行和目的地的报告，并为民用航空器降落、飞行和在机场停留提供必要的协助。2）如登记国法律有规定，则在不损害接受国当局权利的情况下解决机长和任何机组成员发生的各种争端。3）对机长和任何机组成员的住院治疗和遣送回国采取措施。4）接受、出具或证明本国法律就民用航空器规定的任何报告或其他证件。

（5）当接受国法院或其主管当局对民用航空器或其机长或任何机组成员采取任何强制措施或进行正式调查时，民用航空器登记国的领事官员可以事先得到通知，以便本人或派代表到场。如情况紧急事先未得到通知，可以在接受国采取上述行动后立即得到通知，并可请求接受国提供所采取行动的一切有关资料。

（6）当民用航空器机长、民用航空器经营人及其代理人或有关的保险机构都不能对发生事故的民用航空器的物品采取保护或处置措施时，民用航空器登记国的领事官员有权代表他们为此采取相应措施。

3. 管理权

民用航空器登记国有权对从事国际航行的本国民用航空器加强管理，予以控制，主要体现在：

（1）从事国际航行的每一民用航空器应载有其登记国的国籍标志和登记标志。

（2）从事国际航行的每一民用航空器应携带其登记国发给或核准的下列证件：1）航空器登记证；2）航空器适航证；3）每一机组成员的适当的执照；4）航空器航行记录簿；5）航空器无线电台许可证，如该航空器有无线电设备；6）列有乘客姓名及其登机地与目的地的清单，如该航空器载有乘客；7）货物舱单和详细的申报单，如该航空器载有货物。

民用航空器登记国颁发或核准的适航证和合格证书及执照，只要发给或核准此项证书或执照的要求等于或高于《国际民用航空公约》制定的最低标准，其他国家应承认其有效。民用航空器登记国可以通过国内法的规定，加强对在该国登记的航空器的管理和控制。例如，有的国家还规定民用航空器的机组成员必须是民用航空器登记国的公民。

（二）民用航空器登记国应承担的义务

1. 发证义务

民用航空器登记国为其民用航空器颁发或核准适航证、合格证书、执照，既是权利，也是义务，发证要求不得低于国际最低标准。

2. 管辖义务

民用航空器登记国对在其民用航空器内发生的犯罪和其他某些行为，应采取必要措施，以确立其作为登记国的管辖权。

3. 保证义务

民用航空器登记国应采取措施，以保证在其领土上空飞行或在其领土内运转的每一航空器及每一具有其国籍标志的民用航空器，不论在何地，都遵守当地关于民用航空器飞行和运转的现行规则和规章，尤其是遵守拦截指令，并承允对违反适用规章的一切人员起诉，予以严厉惩罚。

4. 提供资料义务

如果有要求，民用航空器登记国应将在该国登记的某一民用航空器的情况提供给其他国家或国际民用航空组织，并应按照国际民用航空组织的规章，向该组织提交可提供的有关在该国登记的经常从事国际航行的民用航空器所有权和控制权的有关资料。

5. 禁止义务

民用航空器登记国应采取适当措施，禁止将在该国登记的任何民用航空器肆意用于与民用航空法律、行政法规、规章宗旨不相符合的目的。

任何国家违反所承担的义务，应负相应的国际责任。

单元三　民用航空器的权利

一、民用航空器权利概述

民用航空器的权利并不是指民用航空器本身具有的权利，而是指民用航空器的所有人或经营人、债权人等对民用航空器享有的权利。

《中华人民共和国民用航空法》第10条规定："本章规定的对民用航空器的权利，包括对民用航空器构架、发动机、螺旋桨、无线电设备和其他一切为了在民用航空器上使用的，无论安装于其上或者暂时拆离的物品的权利。"

可以看出，权利人对民用航空器的权利是指对作为整体的航空器所享有的权利，包括航空器的各个组成部分，而不是指对民用航空器的各个组成部分分别享有权利。

二、民用航空器主要权利的分类

《中华人民共和国民用航空法》第11条规定："民用航空器权利人应当就下列权利分别向国务院民用航空主管部门办理权利登记：（一）民用航空器所有权；（二）通过购买行为取得并占有民用航空器的权利；（三）根据租赁期限为六个月以上的租赁合同占有民用航空器的权利；（四）民用航空器抵押权。"由此可以看出民用航空器权利的主要类型。

（一）民用航空器所有权

民用航空器所有权是指民用航空器所有人依法对其民用航空器享有占有、使用、收益和处分的权利。民用航空器所有权的取得和一般财产所有权的取得方式相同，即原始取得和继受取得。前者是指如民用航空器制造商对自己制造的民用航空器拥有的所有权；后者是指如航空企业对直接购买的民用航空器拥有的所有权。

1. 占有

占有是指对民用航空器在事实上或法律上的控制。通常情况下，民用航空器的占有权一般为民用航空器所有人享有，但也可以由非所有人享有。例如，在民用航空器的租赁中，承租人依法享有对该民用航空器的占有权。

2. 使用

使用是指按照民用航空器的性能和用途对其加以利用。行使使用权可以充分发挥民用航空器的经济效益，为民用航空器所有人及相关人事业的发展、满足广大旅客及货主需求服务。使用权一般由民用航空器所有人直接所有，也可以依法由非所有人间接所有。例如，民用航空器的承租人在租赁期间，可以享有民用航空器的使用权。

3. 收益

民用航空器所有人、承租人和其他相关人可通过使用民用航空器从中取得收益，如通过国际、国内航空运输、货物运输来获得一定的经济效益。

4. 处分

处分是指民用航空器所有人可依法对民用航空器进行处置。处分权通常情况下由航空器所有人行使，但在法律规定或合同约定的情况下，非所有人对他人的民用航空器也可以行使处分权。

以上4种权利共同构成民用航空器所有权的内容，但在实践中，这4种权利并非不可分割，而是可以根据法律、通过拟订合同或按所有人的意志，将这些权利与民用航空器所有人分离，转让给其他人。

（二）通过购买行为取得并占有民用航空器的权利

这里的通过购买行为取得并占有民用航空器的权利，不同于前面提到的原始取得和继受取得的对民用航空器的所有权，而是指民用航空器购买人通过附条件买卖、分期付款买卖、租购等交易形式购买民用航空器，在未取得该民用航空器的所有权之前，对该民用航空器行使所有权中的占有权和使用权。

（三）根据租赁期限为6个月以上的租赁合同占有民用航空器的权利

这里的占有民用航空器的权利，既包括根据经营性租赁合同占有民用航空器的权利，也包括根据融资租赁合同占有民用航空器的权利，但不论采用何种租赁形式，其合同约定的租赁期限至少为6个月。

（四）民用航空器抵押权

民用航空器抵押权是指债权人对于债务人或第三人不转移占有而提供担保的民用航空器，在债务人不履行债务时，债权人有权依法折价或拍卖、变卖该民用航空器，并优先受偿该民用航空器的价款。《中华人民共和国民法典》第395条规定："债务人或者第三人有权处分的下列财产可以抵押：（一）建筑物和其他土地附着物；（二）建设用地使用权；（三）海域使用权；（四）生产设备、原材料、半成品、产品；（五）正在建造的建筑物、船舶、航空器；（六）交通运输工具；（七）法律、行政法规未禁止抵押的其他财产。抵押人可以将前款所列财产一并抵押。"

三、民用航空器权利的登记

背景知识

由于民用航空器价值很大，因此法律对其所有权的取得、转让和消灭都做了严格的规定。《中华人民共和国民用航空法》第14条规定："民用航空器所有权的取得、转让和消灭，应当向国务院民用航空主管部门登记；未经登记的，不得对抗第三人。民用航空器所有权的转让，应当签订书面合同。"

对于民用航空器国籍登记和权利登记转移到国外的情况，《中华人民共和国民用航空法》第13条规定："除民用航空器经依法强制拍卖外，在已经登记的民用航空器权利得到补偿或者民用航空器权利人同意之前，民用航空器的国籍登记或者权利登记不得转移至国外。"

民用航空器权利登记是指权利登记机关，即国务院民用航空主管部门，应权利登记申请人的申请，对民用航空器权利人、权利性质及种类、权利取得时间、民用航空器国籍等有关事项，在民用航空器权利登记簿中进行登记的一种法律制度。

（一）民用航空器权利登记制度的意义

《中华人民共和国民用航空法》第11条规定，民用航空器权利人应当就下列权利分别向国务院民用航空主管部门办理权利登记：民用航空器所有权；通过购买行为取得并占有民用航空器的权利；根据租赁期限为六个月以上的租赁合同占有民用航空器的权利；民用航空器抵押权。民用航空器权利登记制度的意义如下：

1. 便于保护

在民用航空器权利登记机关（国务院民用航空主管部门）登记的民用航空器权利由

于受到法律的确认，取得社会公认的权威，得到国家强制力的保护，因此可以对抗权利人之外的任何人，包括第三人。例如，某民用航空器所有人将其航空器出租给承租人，承租人依据租赁合同对该民用航空器享有占有权和使用权，而不享有所有权，该承租人将民用航空器转让给了第三人，且第三人在不知情的情况下继受了民用航空器，此情况下，如果该民用航空器所有权人依法登记了所有权，那么其可以对抗第三人，将民用航空器追索回来；如果没有办理所有权登记，则该民用航空器所有权人不能对抗第三人，而只能向承租人提出赔偿要求。

2. 方便管理

民用航空器是具有重大价值的动产，经常航行于各国领空或公海上空，通过权利登记制度对其进行管理，便于国家掌握其动向。

3. 公示社会

通过权利登记，民用航空器的权利状况能够向社会公开，从而方便维护民用航空器的交易安全。例如，某航空企业以其拥有的民用航空器做抵押，从银行筹措运营资金，但银行却担心该企业不拥有这些民用航空器的所有权；如果实行权利登记制度，民用航空器的权利状况全部公开，银行就可以随时掌握民用航空器的权利变化状况，从而消除担心和疑虑。

（二）民用航空器权利登记机关和登记簿

1. 民用航空器权利登记机关

我国的民用航空器权利登记机关是国务院民用航空主管部门，现阶段是指中国民用航空局。《中华人民共和国民用航空器权利登记条例实施办法》（以下简称《实施办法》）第 2 条规定："中国民用航空总局民用航空器权利登记职能部门（以下称登记部门），负责办理民用航空器权利登记的具体事宜。"

2. 民用航空器权利登记簿

民用航空器权利登记簿是由国务院民用航空器主管部门设立，统一记载民用航空器的权利状况的法律性文件。《中华人民共和国民用航空法》第 12 条规定："国务院民用航空主管部门设立民用航空器权利登记簿。同一民用航空器的权利登记事项应当记载于同一权利登记簿中。民用航空器权利登记事项，可以供公众查询、复制或者摘录。"

（三）民用航空器不同权利的登记要求

《中华人民共和国民用航空器权利登记条例》（以下简称《条例》）第 4 条规定："办理民用航空器所有权、占有权或者抵押权登记的，民用航空器权利人应当按照国务院民用航空主管部门的规定，分别填写民用航空器所有权、占有权或者抵押权登记申请书，并向国务院民用航空主管部门提交本条例第五条至第七条规定的相应文件。"

1. 民用航空器所有权登记

《条例》第 5 条规定："办理民用航空器所有权登记的，民用航空器的所有人应当提交下列文件或者经核对无误的复印件：（一）民用航空器国籍登记证书；（二）民用航空

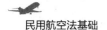

器所有权取得的证明文件；（三）国务院民用航空主管部门要求提交的其他必要的有关文件。"

2. 民用航空器占有权登记

《条例》第6条规定："办理民用航空器占有权登记的，民用航空器的占有人应当提交下列文件或者经核对无误的复印件：（一）民用航空器国籍登记证书；（二）民用航空器所有权登记证书或者相应的所有权证明文件；民用航空器设定抵押的，还应当提供有关证明文件；（三）符合《中华人民共和国民用航空法》第十一条第（二）项或者第（三）项规定的民用航空器买卖合同或者租赁合同；（四）国务院民用航空主管部门要求提交的其他必要的有关文件。"

3. 民用航空器抵押权登记

《条例》第7条规定："办理民用航空器抵押权登记的，民用航空器的抵押权人和抵押人应当提交下列文件或者经核对无误的复印件：（一）民用航空器国籍登记证书；（二）民用航空器所有权登记证书或者相应的所有权证明文件；（三）民用航空器抵押合同；（四）国务院民用航空主管部门要求提交的其他必要的有关文件。"《条例》第8条规定："就两架以上民用航空器设定一项抵押权或者就同一民用航空器设定两项以上抵押权时，民用航空器的抵押权人和抵押人应当就每一架民用航空器或者每一项抵押权分别办理抵押权登记。"

（四）民用航空器权利的变更和注销登记

1. 变更登记

《条例》第15条规定："民用航空器权利登记事项发生变更时，民用航空器权利人应当持有关的民用航空器权利登记证书和变更证明文件，向国务院民用航空主管部门办理变更登记。民用航空器抵押合同变更时，由抵押权人和抵押人共同向国务院民用航空主管部门办理变更登记。"

2. 注销登记

《条例》第17条规定："遇有下列情形之一时，民用航空器权利人应当持有关的民用航空器权利登记证书和证明文件，向国务院民用航空主管部门办理注销登记：（一）民用航空器所有权转移；（二）民用航空器灭失或者失踪；（三）民用航空器租赁关系终止或者民用航空器占有人停止占有；（四）民用航空器抵押权所担保的债权消灭；（五）民用航空器优先权消灭；（六）国务院民用航空主管部门规定的其他情形。"

四、民用航空器的优先权

《中华人民共和国民用航空法》第18条规定："民用航空器优先权，是指债权人依照本法第十九条规定，向民用航空器所有人、承租人提出赔偿请求，对产生该赔偿请求的民用航空器具有优先受偿的权利。"民用航空器的优先权是以民用航空器为标的，以担保特定债权的实现为目的，通过司法程序对民用航空器扣押以至出卖民用航空器，使债权人从民用航空器变卖所得价款中依法定顺序优先受偿的一种法定担保物权。

（一）民用航空器优先权的债权项目

《中华人民共和国民用航空法》第 19 条第 1 款规定："下列各项债权具有民用航空器优先权：（一）援救该民用航空器的报酬；（二）保管维护该民用航空器的必需费用。"也就是说，具有我国民用航空器法定优先权的债权项目，一是援救民用航空器的报酬，二是保管维护民用航空器必需的额外费用。除此之外，旅客的人身伤亡等赔偿方面的债权均不具有民用航空器优先权。这也是民用航空器优先权"法定"的特点决定的，即只有法律明文规定的债权才具有民用航空器优先权。

（二）具有民用航空器优先权的受偿顺序

《中华人民共和国民用航空法》第 19 条第 2 款规定："前款规定的各项债权，后发生的先受偿。"也就是说，具有民用航空器优先权的债权的受偿顺序是后发生的债权先受偿。因为后发生的债权为先发生的、已经存在的债权的受偿起到了保全作用。没有后发生的债权，先前发生的债权可能也得不到清偿。

例如，某民用航空器在海上遇难，甲海运公司对其成功施救后，乙航空维修公司又对其进行必要的维修，使其恢复适航状态和功能，这样，救助的效果和价值才得以体现，否则，该民用航空器可能因维修不善而废弃。民用航空器的废弃，会导致以民用航空器为标的、担保发生在前的债权，即援救报酬优先权随之消灭。

（三）民用航空器优先权与抵押权的受偿顺序

《中华人民共和国民用航空法》第 22 条规定："民用航空器优先权先于民用航空器抵押权受偿。"民用航空器优先权作为一种法定担保物权，体现其法定性的一个重要表现，就是相对于民用航空器抵押权而言具有较高的受偿位次。这是国际上的通行做法，目的是鼓励援救遇险的民用航空器，从法律上保障援救人在经济上优先得到补偿。

例如，某一民用航空器既有民用航空器抵押权人的权利请求，又有民用航空器优先权的债权人的权利请求，那么，优先权人将优先于抵押权人得到清偿。

（四）民用航空器优先权的登记

《中华人民共和国民用航空法》第 20 条规定："本法第十九条规定的民用航空器优先权，其债权人应当自援救或者保管维护工作终了之日起三个月内，就其债权向国务院民用航空主管部门登记。"

这项规定明确了以下几方面的内容：

（1）明确了申请登记的义务主体——援救民用航空器的报酬的权利请求人和保管维护民用航空器的必需费用的权利请求人为债权人。

（2）明确了权利登记的内容——援救民用航空器的报酬和保管维护民用航空器的必需费用。

（3）明确了权利登记机关——国务院民用航空主管部门。

（4）明确了登记时效——债权人应当在自援救或保管维护工作终了之日起三个月内进行登记；未进行登记的，民用航空器优先权终止。

（五）民用航空器优先权的终止

《中华人民共和国民用航空法》第 25 条规定："民用航空器优先权自援救或者保管维护工作终了之日起满三个月时终止；但是，债权人就其债权已经依照本法第二十条规定登记，并具有下列情形之一的除外：（一）债权人、债务人已经就此项债权的金额达成协议；（二）有关此项债权的诉讼已经开始。民用航空器优先权不因民用航空器所有权的转让而消灭；但是，民用航空器经依法强制拍卖的除外。"

本条规定明确了民用航空器优先权的时效为 3 个月，但是有两种情况例外：一是援救民用航空器的报酬的权利请求人、保管维护民用航空器的必需费用的权利请求人依法进行了优先权登记，而且民用航空器的援救人、保管维护人与民用航空器所有人、承租人双方就援救报酬、保管维护的必需费用达成了协议；二是援救民用航空器的报酬的权利请求人、保管维护民用航空器的必需费用的权利请求人依法进行了优先权登记，而且民用航空器的援救人、保管维护人已就援救报酬、保管维护的必需费用对民用航空器所有人、承租人提起了诉讼。

（六）民用航空器优先权的行使方式及行使费用的拨付

1. 民用航空器优先权的行使方式

《中华人民共和国民用航空法》第 24 条规定："民用航空器优先权应当通过人民法院扣押产生优先权的民用航空器行使。"民用航空器优先权作为一种法定担保物权，其"法定性"不仅表现在标的的范围、担保的债权项目以及受偿顺序等方面，还表现在民用航空器优先权的行使方式上。在我国，享有民用航空器优先权的权利人须依照我国民事诉讼法中有关保全的规定，向人民法院申请保全，由人民法院依法裁定扣押民用航空器，从而保证权利人民用航空器优先权的实现。

2. 民用航空器优先权行使费用的拨付

《中华人民共和国民用航空法》第 21 条规定："为了债权人的共同利益，在执行人民法院判决以及拍卖过程中产生的费用，应当从民用航空器拍卖所得价款中先行拨付。"本条规定实际上确定了这样一种受偿顺序：为了债权人的共同利益，在执行人民法院判决以及拍卖过程中产生的费用先于民用航空器的优先权受偿。

单元四　民用航空器的适航管理

一、民用航空器适航管理的含义、特点及分类

（一）民用航空器适航管理的含义

民用航空器的适航管理是以保障民用航空器的安全性为目标的技术管理，是国家适

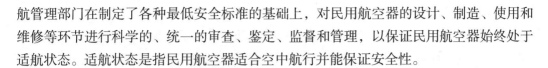

航管理部门在制定了各种最低安全标准的基础上，对民用航空器的设计、制造、使用和维修等环节进行科学的、统一的审查、鉴定、监督和管理，以保证民用航空器始终处于适航状态。适航状态是指民用航空器适合空中航行并能保证安全性。

（二）民用航空器适航管理的特点

民用航空器的适航管理是保障民用航空安全最基础的工作之一。各国对民用航空器适航管理都予以高度重视，都给予法律保障。民用航空器适航管理的特点如下：

（1）适航管理具有权威性。适航管理所依据的适航标准和审定监督规则具有国家法律效力，所有的适航规章和标准都是强制性的，必须严格执行。适航管理部门必须具有高度的权威性。民用航空器的设计、制造、使用和维修的单位和个人，必须服从国家适航管理部门统一、公正的管理。

（2）适航管理具有国际性。民用航空器既是国际民用航空运输的重要工具，也是国际上的重要商品。民用航空器生产日趋国际化，这决定了各国的适航管理必然具有国际性。一方面，各国的适航管理部门为了保证本国民用航空的安全和利益，会根据本国的适航标准，严格审查各种进口民用航空商品；另一方面，各国也要积极扩大国际交流，制定能在国际上得到普遍认同的适航标准。

（3）适航管理具有完整性。任何一个国家的适航管理部门，对民用航空器的设计、制造、使用、维修，直至其退役的全过程，都要实施以安全为目的，统一的闭环式审查鉴定、监督和管理。

（4）适航管理具有动态发展性。航空科技进步和民用航空业的不断发展，要求各国适航管理部门不断改进和增加新的适航标准，适航管理也必然随之发展变化。因此，适航管理是动态发展的。

（5）适航管理具有独立性。为了保证适航管理部门在立法和执法工作上的公正性和合理性，各国适航管理部门几乎都在经济上和管理体制上与民用航空设计、制造、使用和维修等环节有所分别。只有适航管理部门具有独立性，才能真正严格地按照国家航空安全与发展需要，为保障民用航空安全和促进民用航空运输业及制造业的发展进行公正、有效的适航管理。

（三）民用航空器适航管理的分类

民用航空器是否适航，应以其是否满足以下两个条件为标准：民用航空器是否始终满足其型号设计的要求；民用航空器是否始终处于安全运行状态。与之相适应，民用航空器的适航管理也分为两类，即初始适航管理和持续适航管理。

1. 初始适航管理

初始适航管理是指在民用航空器交付使用前，适航管理部门依据各类适航标准和规范对民用航空器的设计和制造进行管理，以确保民用航空器和民用航空器部件的设计、制造是按照适航管理部门的规定进行的。初始适航管理主要通过颁发和控制证件的方法来进行。

2. 持续适航管理

持续适航管理指民用航空器满足初始适航标准，获得适航证并投入运行后，为保持它在设计制造时的基本安全标准或适航水平，即为保证民用航空器能始终处于安全运行状态而进行的管理。持续适航实际上是对使用、维修的控制。

二、民用航空器适航管理的主要内容

《中华人民共和国民用航空器适航管理条例》（以下简称《条例》）第2条规定："在中华人民共和国境内从事民用航空器（含航空发动机和螺旋桨，下同）的设计、生产、使用和维修的单位或者个人，向中华人民共和国出口民用航空器的单位或者个人，以及在中华人民共和国境外维修在中华人民共和国注册登记的民用航空器的单位或者个人，均须遵守本条例。"

该条规定指出了我国民用航空器适航管理的主要对象和内容。民用航空器适航管理主要包括民用航空器的设计、生产、使用、维修、进出口等几个方面的内容。

（一）民用航空器的设计适航管理

《中华人民共和国民用航空法》第34条规定："设计民用航空器及其发动机、螺旋桨和民用航空器上设备，应当向国务院民用航空主管部门申请领取型号合格证书。经审查合格的，发给型号合格证书。"

《条例》第6条规定："任何单位或者个人设计民用航空器，应当持航空工业部对该设计项目的审核批准文件，向民航局申请型号合格证。民航局接受型号合格证申请后，应当按照规定进行型号合格审定；审定合格的，颁发型号合格证。"

对民用航空器的设计进行型号合格审定，是适航管理中最重要的环节之一。因为民用航空器的固有安全水平是在设计阶段确定的。适航部门要根据适航标准，按照严格、详细的审定程序，对民用航空器设计过程和有关的试验进行逐项审查和监督。只有符合适航标准、通过型号合格审定、取得型号合格证的民用航空器，才具备投入生产的资格。

（二）民用航空器的生产、维修适航管理

《中华人民共和国民用航空法》第35条规定："生产、维修民用航空器及其发动机、螺旋桨和民用航空器上设备，应当向国务院民用航空主管部门申请领取生产许可证书、维修许可证书。经审查合格的，发给相应的证书。"该条规定既有对民用航空器进行初始适航管理的内容，又有对民用航空器进行持续适航管理的内容。根据该条规定，民用航空器及其发动机、螺旋桨和民用航空器上设备的生产者、维修者，必须分别向国务院民用航空主管部门申请领取生产许可证书、维修许可证书；国务院民用航空主管部门经过审查，对合格的申请人颁发生产许可证书、维修许可证书。

《条例》第7条第1款规定："任何单位或者个人生产民用航空器，应当具有必要的生产能力，并应当持本条例第六条规定的型号合格证，经航空工业部同意后，向民航局

申请生产许可证。民航局接受生产许可证申请后，应当按照规定进行生产许可审定；审定合格的，颁发生产许可证，并按照规定颁发适航证。"

（三）民用航空器的使用适航管理

《中华人民共和国民用航空法》第37条规定："具有中华人民共和国国籍的民用航空器，应当持有国务院民用航空主管部门颁发的适航证书，方可飞行。出口民用航空器及其发动机、螺旋桨和民用航空器上设备，制造人应当向国务院民用航空主管部门申请领取出口适航证书。经审查合格的，发给出口适航证书。租用的外国民用航空器，应当经国务院民用航空主管部门对其原国籍登记国发给的适航证书审查认可或者另发适航证书，方可飞行。"

（四）民用航空器的进出口适航管理

《中华人民共和国民用航空法》第36条规定："外国制造人生产的任何型号的民用航空器及其发动机、螺旋桨和民用航空器上设备，首次进口中国的，该外国制造人应当向国务院民用航空主管部门申请领取型号认可证书。经审查合格的，发给型号认可证书。已取得外国颁发的型号合格证书的民用航空器及其发动机、螺旋桨和民用航空器上设备，首次在中国境内生产的，该型号合格证书的持有人应当向国务院民用航空主管部门申请领取型号认可证书。经审查合格的，发给型号认可证书。"

三、民用航空器适航管理的机关

由于民用航空运输业风险大、适航管理工作的好坏直接关系航空运输安全和人民的生命、财产安全，因此适航管理部门必须具有足够的技术力量、完善的管理体系和丰富的经验。

《条例》第4条规定："民用航空器的适航管理由中国民用航空局（以下简称民航局）负责。"中国民用航空局对中国民用航空器设计、制造、使用和维修实施全面适航管理。中国民用航空局下设航空器适航审定司具体负责民用航空器适航管理工作。中国民用航空局下属地区管理局分别设有适航审定处、维修处，受中国民用航空局领导。此外，上海、沈阳等地设有航空器适航审定中心，航空器适航审定中心对民用航空商品的设计进行型号合格审定，对民用航空商品的生产进行生产许可审定。

四、民用航空器运行适航管理的规定

民用航空器运行是指以航行（包括驾驶、操纵航空器）为目的，使用或获准使用民用航空器，不论所有人、使用人或其他人对民用航空器是否拥有合法的控制权。

根据中国民用航空总局1995年5月12日发布的《民用航空器运行适航管理规定》（以下简称《规定》），民用航空器在运行过程中应该遵守以下规定。

（一）一般规定

《规定》第4条规定："营运人应当按照民航总局的规定获得批准或许可，并遵守获

准的条件从事航空器运行。"

《规定》第 5 条规定："营运人从事航空器运行时，必须遵守本规定和民航总局其他有关各类人员、飞行、机场使用等方面的规定。"

《规定》第 6 条规定："航空器运行时，必须携带现行有效的国籍登记证、适航证和无线电电台执照原件。"

《规定》第 7 条规定："航空器运行期间，应当按照《民用航空器国籍和登记的规定》，始终保持其外部的国籍标志、登记标志及营运人标志正确清晰。"

《规定》第 8 条规定："航空器的运行类别和使用范围，必须符合该航空器适航证的规定。"

《规定》第 9 条规定："投入运行的航空器必须保持该航空器的安全性始终不低于其型号合格审定基础对该航空器的最低要求。航空器改变获准的客舱布局、使用限制或载重平衡数据，必须重新取得民航总局的批准或认可。"

《规定》第 10 条规定："投入运行的航空器必须依据其所遵循的飞行规则、预定飞行的航线、地区、目的地机场和备降机场条件等，确认其性能使用限制、仪表和设备均符合民航总局的有关规定。"

《规定》第 11 条规定："投入运行的航空器必须遵守民航总局有关民用航空器追溯性适航要求的规定。"

《规定》第 12 条规定："投入运行的航空器必须按照《民用航空器适航指令规定》，执行有关该航空器的适航指令所规定的检查要求、改正措施或使用限制。"

《规定》第 13 条规定："投入运行的航空器必须配备与运行类别相适应的和为特殊作业所附加的经批准的航空器部件。"

《规定》第 14 条规定："航空器运行时，其所有系统及航空器部件应当始终处于安全可用状态。但是，当航空器符合下列条件时，允许带有某些不工作的航空器部件运行：（一）符合民航总局批准或认可的最低设备清单（MEL）；（二）保证航空器是在规定的使用限制条件下运行；（三）适航指令要求必须工作的航空器部件均能正常工作。"

《规定》第 15 条规定："航空器在运行中必须携带下列现行有效的非缩微形式的手册：（一）飞行手册（AFM）；（二）最低设备清单（MEL）；（三）使用手册（OM），外形缺损清单（CDL），快速参考手册（QRH），缺件放行指南（DDG）等手册中的适用者。"

《规定》第 16 条规定："航空器在型号合格审定阶段必须进行航空器评审；引进的航空器在首次颁发适航证前，也必须进行航空器评审。"

（二）有关营运人的适航性责任的规定

《规定》第 17 条规定："营运人应当对航空器的适航性负责，必须做到：（一）每次飞行前实施飞行前检查，确信航空器能够完成预定的飞行；（二）正确理解和使用最低设备清单，按民航总局批准或认可的标准排除任何影响适航性和运行安全的故障或缺

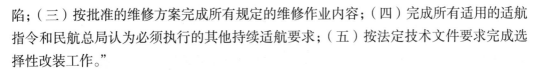

陷；（三）按批准的维修方案完成所有规定的维修作业内容；（四）完成所有适用的适航指令和民航总局认为必须执行的其他持续适航要求；（五）按法定技术文件要求完成选择性改装工作。"

（三）有关民用航空器的飞行记录本的规定

《规定》第 20 条规定："每架运行的航空器必须配备经民航总局批准或认可的飞行记录本。飞行记录本每次飞行记录的内容必须保存到航空器或航空器部件报废后十二个月为止。飞行记录至少应当包括下列内容：（一）民航总局认为必要的，用以确信航空器可以继续安全飞行的信息；（二）航空器当前的维修状态说明和航空器返回使用的放行证明；（三）所有已经发现的影响航空器使用的信息；（四）必须使机组掌握的维修管理信息。"

五、违反民用航空器适航管理的法律责任

案例阅读

20××年8月23日，A航空公司B737-800飞机执行某航班任务，由于在某机场起飞后前起落架无法收上，被迫返航。A航空公司将此次不安全事件报告给中国民用航空地区管理局。

甲地区民航监管局组织监察员，通过查阅飞机维修记录、询问维修人员和机组成员等方式，对事件进行了调查。经查明：8月22日晚，A航空公司B737-800飞机在某机场过夜，由机场机务工程部负责完成该机航后维护工作，按工作单卡的要求在左、右主起落架和前起落架分别安装了起落架下位锁销，以及前轮转弯销共计4根销。8月23日早7时45分，放行人员贺某和勤务人员姚某共同实施该飞机航前维护工作，放行人员贺某先对飞机外观进行了例行检查，勤务人员姚某取下左、右主起落架2根下位锁销以及前轮转弯销共计3根销后，将其拿入驾驶舱交与放行人员贺某，放行人员贺某在没有进行清点的情况下将上述3根销放进了驾驶舱指定位置。9时机组成员到场，放行人员贺某未与机组当面进行安全销的清点和交接工作。机长在对飞机的外观进行例行检查后，没有发现被遗漏的前起落架下位锁销。9时40分放行人员贺某在飞机推出前进行最后一次绕机检查时，仍未发现被遗漏的前起落架下位锁销。9时50分该机起飞，起飞后机组收起落架时发现前起落架指示灯红灯常亮，机组执行起落架手柄不一致检查，完成程序后起落架仍未收起，遂怀疑起落架下位锁销未拔，机长要求观察员检查飞机上起落架锁销，此时才发现缺少一个，与签派联系后决定返航某机场，经过近3个小时耗油，于13时15分在某机场安全落地。落地后机场维修人员检查确认前起落架下位锁销未拔下。放行人员贺某未严格执行工作单卡中的维护检查内容，漏拔前起落架下位锁销，导致飞机起飞后无法收上前起落架返航，构成一起典型的人为原因导致的不安全事件。

　　另查明，A 航空公司为非基地航空公司，其将在某机场的飞机维修和机务服务工作授权委托给某机场负责。放行人员贺某持有中国民用航空局颁发的民用航空器维修人员执照，取得了某地区管理局批准的 B737-800 机型的资格认证，且在有效期内；取得了某机场 B737-800 机型的航空器放行人员授权，且在有效期内；取得了 A 航空公司 B737-800 机型航前、短停、航后航线维修放行授权，且在有效期内。勤务人员姚某未取得民航局颁发的民用航空器维修人员执照，但完成了相关勤务工作岗位培训。

　　[评析]

　　某民航监管局根据调查的事实，依据《民用航空器维修人员执照管理规则》第66.24 条规定，按照法定程序对当事人贺某处以暂扣民用航空器维修人员执照 6 个月的行政处罚；勤务人员姚某因未取得民航局颁发的民用航空器维修人员执照，建议由某机场根据其内部规定予以处理。

　　资料来源：中国航空运输协会法律委员会. 中国民航法律案例精解 [M]. 北京：知识产权出版社，2016.

　　民用航空器的适航管理关系民用航空活动的安全，相关企业和人员必须遵守相关规定，否则将要承担相应的法律责任。《条例》对此作了许多规定。

　　《条例》第 19 条规定："民航局有权对生产、使用、维修民用航空器的单位或者个人以及取得适航证的民用航空器进行定期检查或者抽查；经检查与抽查不合格的，民航局除按照本条例的有关规定对其处罚外，还可吊销其有关证件。"

　　《条例》第 20 条规定："使用民用航空器进行飞行活动的任何单位或者个人有下列情形之一的，民航局有权责令其停止飞行，并视情节轻重，处以罚款：一、民用航空器未取得适航证的；二、民用航空器适航证已经失效的；三、使用民用航空器超越适航证规定范围的。"

　　《条例》第 21 条规定："维修民用航空器的单位或者个人，有下列情形之一的，民航局有权责令其停止维修业务或者吊销其维修许可证，并视情节轻重，处以罚款：一、未取得维修许可证，擅自承接维修业务的；二、超过维修许可证规定的业务范围，承接维修业务的；三、由未取得维修人员执照的人员负责民用航空器的维修并放行的。"

　　《条例》第 22 条规定："任何单位或者个人违反本条例第七条规定，擅自生产民用航空器的，民航局有权责令其停止生产，并视情节轻重，处以罚款。"

　　《条例》第 23 条规定："按照本条例受到处罚的单位的上级主管机关，应当根据民航局的建议对受罚单位的主要负责人或者直接责任人员给予行政处分；情节严重，构成犯罪的，由司法机关依法追究刑事责任。"

　　《条例》第 24 条规定："民航局因适航管理工作的过失造成人身伤亡或者重大财产损失的，应当承担赔偿责任，并对直接责任人员给予行政处分；直接责任人员的行为构成犯罪的，由司法机关依法追究刑事责任。"

《条例》第 25 条规定："民航局从事适航管理的工作人员，利用职务之便营私舞弊的，应当给予行政处分；情节严重，构成犯罪的，由司法机关依法追究刑事责任。"

《条例》第 26 条规定："任何单位或者个人对民航局作出的罚款决定不服的，可以在接到罚款通知书之日起十五日内向民航局提请复议，也可以直接向人民法院起诉；期满不提请复议也不起诉又不执行的，民航局可以申请人民法院强制执行。"

知识拓展
《民用机场
管理条例》

🔍 知识巩固

1. 民用航空器和军用航空器有何区别？

2. 简述民用航空器的分类。

3. 简述民用航空器适航管理的特点。

4. 当民用航空器在登记国领域内时，登记国对该民用航空器享有哪些权利、需要承担哪些义务？

5. 当民用航空器在登记国领域外时，登记国对该民用航空器享有哪些权利、需要承担哪些义务？

模块三 航空人员管理制度

知识目标

（1）了解民用航空人员的分类和法律责任

（2）熟悉民用航空人员的训练与资格管理制度

（3）掌握民用航空人员的工作时限和体检规则

能力目标

（1）能够解释民用航空人员管理制度的重要性和目的，理解民用航空人员管理对飞行安全和运营效率的重要性

（2）能够分析不同国家和地区的民用航空人员管理制度的差异，比较不同国家民用航空人员管理的相关行政法规和实施情况

（3）能够应用民用航空人员管理制度的相关知识解决实际问题，针对民用航空人员管理中的疑难问题提出合理解决方案

素质目标

（1）具备团队合作精神和沟通能力，遵守国家对民用航空从业人员的法律规定，重视团队协作，善于沟通交流，严格遵守法规

（2）具备安全意识和风险管理能力，维护法律规定的旅客相关权益，注重安全意识培养，善于风险评估和管理

学习领航

通过了解民用航空人员管理制度，深刻认识到中国民航以习近平总书记关于安全生产重要论述和关于民航安全工作的重要指示批示精神为根本遵循，坚持人民至上、生命至上，坚持系统观念，坚持"对安全隐患零容忍"。

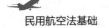

单元一　民用航空人员概述

 案例阅读

·案例1

X航空公司机组成员连续多天工作导致疲劳，最终引发一起重大事故，造成多人伤亡。

经过调查发现，X航空公司在机组成员管理和培训方面存在严重不足。首先，该航空公司没有制定科学合理的机组成员轮岗制度，导致某些机组成员工作时间过长，缺乏充分的休息。其次，该航空公司对机组成员进行培训的时间和内容不足，无法满足实际工作需要。事发时，机组成员存在严重的疲劳驾驶问题，这直接导致了事故的发生。

基于此，X航空公司被相关监管部门追责，要求立即改正上述管理不足并补偿事故受害人。同时，该航空公司还被罚款数百万元人民币，并被取消了部分飞行许可证，对公司的运营产生了重大影响。

［评析］

此案例表明，与民用航空人员管理有关的行政法规在机组成员的工作时间、休息等方面有明确规定，航空公司必须合理制定轮岗安排，保证机组成员充分休息，同时加强机组成员的培训和考核，确保他们掌握足够的知识和技能以应对复杂的工作环境，减少工作中的疲劳问题。一旦发生事故，航空公司将面临巨额的赔偿、罚款以及影响公司经营的处罚。

资料来源：惊！"机长睡醒发现旁边副驾也睡着了"，飞机上还有153名乘客［EB/OL］.央广网，2024.

·案例2

20××年，在A航空公司香港至大连的航班上，机组成员在广州区域上空，误把空调组件关闭，导致座舱高度告警，机组成员按紧急释压程序进行处理，释放了客舱的氧气面罩。在飞机下降到3 000米后，机组成员恢复开启空调组件，增压恢复正常，飞机于22时31分在大连机场安全降落。中国民用航空局对此事非常重视，在事件发生后，迅速组织相关部门进行了调查。初步调查显示，副驾驶员吸电子烟，为防止烟味弥漫到客舱，在没有通知机长的情况下，错误关闭了空调组件，导致出现座舱高度告警。

［评析］

A航空公司发布消息称，经调查核实并依据公司安全管理规章，决定对涉事机组成员做出停止飞行并依法解除劳动合同的处理；对负有责任的相关管理人员进行了严肃处理；建议中国民用航空局在完成调查程序后，对涉事机组成员的从业资格做出处理。就

A航空公司此次发生的事件，有专家认为涉事机组机长、副驾驶员行为涉嫌违法。首先，副驾驶员在违规的情况下抽烟，涉嫌危害公共安全罪，其次，副驾驶员按错按钮造成客舱失压，属于严重的操作错误，而机长首先没有管理副驾驶员抽烟构成渎职，并做出错误的判断进行紧急释压处理，两种情况都是严重违规导致出现重大事故的隐患。

资料来源：副驾驶吸电子烟导致误操作 民航局：安全隐患零容忍［EB/OL］.中国新闻网，2018.

一、民用航空人员的含义

民用航空人员是指从事民用航空活动的人员，是民用航空活动的主体。民用航空活动中一个重要的环节是民用航空人员对民用航空器的操纵、控制。

二、民用航空人员的分类

按空勤人员维度划分，民用航空人员包括驾驶员、飞行机械员、客舱乘务员。

按地面人员维度划分，民用航空人员包括民用航空器维修人员、民航空中交通管制员、飞行签派员。

按飞行机组成员维度划分，民用航空人员包括私用驾驶员、航线运输驾驶员、运动类驾驶员、商用驾驶员。

三、民用航空人员的重要性

作为民用航空活动的主体，民用航空人员对民用航空飞行安全具有主导作用，至关重要。飞行安全依靠人、机、环境三者系统化有序运行得以实现，它所涉及的是与航空器飞行相关的因素，如航空器的性能、物理状态、航空活动中所依赖的航空设备、设施问题以及通信、导航、气象问题等。其中，人已成为影响民用航空飞行安全水平的重要因素，民用航空人员是保障飞行安全的关键。各类民用航空人员只有具备一定的资格、能力，各司其职，团结协作，才能切实保障民航飞行安全。

四、民用航空人员的法律责任

民用航空人员的法律责任包括行政责任、民事责任、刑事责任。

（一）机组成员的法律责任

机组成员是指飞行期间在民用航空器上执行任务的航空人员，包括飞行机组成员、客舱乘务员。机组成员的职责有所不同，但共同点是都要负责飞行安全和提供服务。

机组成员的法律责任包括：积极保证飞行安全，发挥自己的专业能力；严格遵守各种民用航空法律、行政法规；协助机长执行飞行任务；及时报告机上的伤亡和货物损坏等事故；有义务对旅客提供贴心、安全的服务；保护旅客的财产，不能造成损失；严格遵守职业道德规范及内部管理制度。

（二）机长的法律责任

机长是民用航空器上最具权威的指挥者，其法律责任也最大。机长对机上人员的生命安全和飞行安全负有绝对的责任。

机长的法律责任包括：（1）保障旅客和机组成员的生命、健康和财产安全；（2）对机上的所有人员负有保密义务；（3）对货物的安全负责，并且遵守国际航空运输安全条例；（4）飞行期间维护民用航空器；（5）飞行期间必须严格遵守各项民用航空法规；（6）对于事故产生的后果，必须积极采取措施，及时报告有关部门。

（三）航空公司的法律责任

对于航空公司来讲，其所承担的法律责任也相当重要。航空公司的法律责任包括：（1）向旅客提供安全、舒适和可靠的飞行服务；（2）保护旅客和员工的生命和财产安全；（3）提高飞行质量，减少事故发生率；（4）对于因自身过错导致的事故负全部责任；（5）对于旅客的迟到、航班取消、晚点等航班延误事宜提供必要的赔偿。

民用航空人员在其职业生涯中，必须始终牢记自己的职责和责任，并切实履行相关的法律责任，确保乘客和货物的安全，减少航空事故发生的可能。

案例阅读

·案例1

20××年，"'网红'打卡驾驶舱"事件在网络的助力下快速传播、发酵并引发一系列探讨。某年轻女性将一张自己端坐在驾驶舱内并微笑摆拍的照片发布到网上，流量大增的同时，也引发了更多的质疑——这架飞机是否在飞行中？飞行中的驾驶舱可以任由非工作人员进出吗？这种行为会不会影响飞行安全？机长允许该女性进入驾驶舱是否违法？若违法，该如何处罚？很快，专家就从照片中的驾驶舱情形看出端倪，指出对进入驾驶舱的人员有严格规定，且该飞机在飞行中。A航空有限公司（以下简称A航空）发布《关于乘客进入飞机驾驶舱的事件说明》。根据中国民用航空局及A航空的相关管理规定，针对机长违反民用航空规章让无关人员进入驾驶舱的行为，A航空决定对当事机长处以终身停飞的处罚，对于涉事的其他机组成员处以无限期停飞的处罚并接受公司进一步调查。中国民用航空局回应该事件时表示，在事件中，涉事机长违规允许不具备资格的安全人员在民用航空器运行过程中进入驾驶舱。这种行为违反了相关规章规定，对飞行安全造成潜在威胁，是典型的故意违章行为。中国民用航空局将根据事实调查结果，依法依规对所在航空公司及涉事人员作出相应的处理。

［评析］

根据《中华人民共和国治安管理处罚法》第34条规定，盗窃、损坏、擅自移动使用中的航空设施，或者强行进入航空器驾驶舱的，处十日以上十五日以下拘留。造成重大飞行事故、造成严重后果，可能触犯刑法中的重大飞行事故罪，将会承担刑事责任。

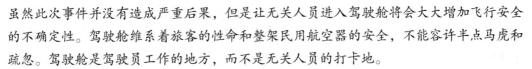

虽然此次事件并没有造成严重后果，但是让无关人员进入驾驶舱将会大大增加飞行安全的不确定性。驾驶舱维系着旅客的性命和整架民用航空器的安全，不能容许半点马虎和疏忽。驾驶舱是驾驶员工作的地方，而不是无关人员的打卡地。

资料来源：许凌洁."网红打卡驾驶舱"事件的多维度思考［EB/OL］.民航资源网，2019.

•案例2

2023 年，北京市高级人民法院召开北京法院侵犯公民个人信息犯罪案件审判情况新闻通报会，通报侵犯公民个人信息罪案件审判情况，并发布典型案例。公布的一起典型案例中，被告人秦某入职某航服人才服务有限公司，被派遣至某航空公司客户服务中心担任国内客服代表。被告人李某就职于某科技有限公司，负责某国际航空公司系统业务，离职后通过前同事查询航班信息。2020—2021 年，秦某伙同李某，直接或间接利用查询航班信息的工作便利，违反国家有关规定，共同及各自非法获取公民个人信息后向他人出售。其中，二人共同出售他人航班行踪轨迹信息 1 964 条、其他公民个人信息 370 条，非法获利共计人民币 4 万余元；秦某单独出售他人航班行踪轨迹信息 383 条、其他公民个人信息 24 条，非法获利共计人民币 6 000 余元；李某单独出售他人航班行踪轨迹信息 731 条、其他公民个人信息 57 条，非法获利共计人民币 1 万余元。被告人张某违反国家有关规定，向李某购买他人航班行踪轨迹信息 426 条、其他公民个人信息 78 条。被告人徐某违反国家有关规定，向秦某、李某购买他人航班行踪轨迹信息 192 条、其他公民个人信息 8 条。秦某、李某的行为导致众多不特定公民的行踪轨迹、身份证件等个人信息受到侵害，致使社会公共利益受损。朝阳区人民法院经审理，以侵犯公民个人信息罪判处秦某、李某有期徒刑各 3 年，罚金人民币各 4 万元；判处张某有期徒刑 1 年，缓刑 1 年，罚金人民币 1 万元；判处徐某拘役 5 个月，缓刑 5 个月，罚金人民币 5 000 元；继续追缴秦某、李某的违法所得；禁止秦某、李某自刑罚执行完毕之日起 3 年内从事航空客服代表类职业；责令秦某、李某支付公共利益损害赔偿款，没收后上缴国库，注销买卖公民个人信息使用的微信号，删除存储在其中的公民个人信息数据，并在国家级新闻媒体就侵犯公民个人信息行为向社会公众公开赔礼道歉。

［评析］

本案件属于一起典型的侵犯公民个人信息刑事附带民事公益诉讼案件。被告人秦某、李某所出售的公民个人信息主要包括舱单信息、历史飞行记录和中华人民共和国居民身份证号、护照号等，其中舱单信息包括乘机人姓名拼音、航班号、舱位号、航班日期、订票日期等内容。对于购买者而言，上述信息或能单独反映，或能与旅客订座记录中包含的电话、护照号等信息组合反映，或能与购买者所了解的其他信息结合反映乘机人等特定自然人在具体时间点的行踪轨迹，属于刑法所保护的公民个人信息。秦某系将在履行职责或提供服务过程中获得的公民个人信息出售给他人，依法对其从重处罚。秦某、李某利用现有或曾经的工作便利，违背职业要求的特定义务实施本案犯罪行为，依法对二被告人宣告职业禁止。法院在依法从严追究被告人刑事责任的同时，对附带民事公益诉讼部分进行了妥善审理，要求被告人承担相应的民事责任，增加侵犯公民个人信息的违法成本，起到了有效的警示作用，体现了对公民个人信息的全面保护。《中华人民共和国民用航空法》第199条规定："航空人员玩忽职守，或者违反规章制度，导致发生重大飞行事故，造成严重后果的，依照刑法有关规定追究刑事责任。"《中华人民共和国刑法》第131条规定："航空人员违反规章制度，致使发生重大飞行事故，造成严重后果的，处三年以下有期徒刑或者拘役；造成飞机坠毁或者人员死亡的，处三年以上七年以下有期徒刑。"

资料来源：侵犯公民个人信息犯罪案件有何特点？北京高院通报［EB/OL］．央广网，2023.

五、与民用航空人员有关的法律、行政法规

（一）与民用航空人员有关的法律

在国家层面，我国制定了与民用航空人员有关的法律，即《中华人民共和国民用航空法》，它对保障民用航空人员的职业发展、工作安全和飞行质量等方面具有重要意义。

《中华人民共和国民用航空法》：为维护国家的领空主权和民用航空权利，保障民用航空活动安全和有秩序地进行，保护民用航空活动当事人各方的合法权益，促进民用航空事业的发展而制定的法律。《中华人民共和国民用航空法》为民航事业的管理和发展提供基础性的法律支撑。

（二）与民用航空人员有关的行政法规

1. 执照管理类

《民用航空器驾驶员和地面教员合格审定规则》：为规范民用航空器驾驶员和地面教员的合格审定工作而制定的规则。

《民用航空气象人员执照管理规则》：为规范民用航空气象人员执照的管理而制定的规则。

《民用航空人员体检合格证申请、审核和颁发程序》：为增强民用航空人员体检合格证的申请、审核、颁发及监督检查的操作性和规范性而制定的规章。

《民用航空飞行标准委任代表和委任单位代表管理规定》：为委任民用航空飞行标准职能部门以外的人员和单位代表民用航空飞行标准职能部门从事有关民用航空飞行标准检查工作，更加有效地对民用航空器的运行实施管理而制定的规定。

《大型飞机公共航空运输承运人运行合格审定规则》：为对大型飞机公共航空运输承运人进行运行合格审定和持续监督检查，保证其达到并保持规定的运行安全水平而制定的规则。

2. 体检与健康管理类

《民用航空人员体检合格证管理规则》：为保证从事民用航空活动的空勤人员和空中交通管制员身体状况符合履行职责和飞行安全的要求而制定的规则。

3. 培训管理类

《民用航空情报培训管理规则》：为规范民用航空情报人员培训工作，加强对民用航空情报培训工作的管理而制定的规则。

《民用航空空中交通管制培训管理规则》：为规范民用航空空中交通管制人员培训工作，加强民用航空空中交通管制培训工作的管理而制定的规则。

4. 运行与职责管理类

《一般运行和飞行规则》：为规范民用航空器的运行，保证飞行的正常与安全而制定的规则。

5. 安全保卫管理类

《公共航空运输企业航空安全保卫规则》：为规范公共航空运输企业航空安全保卫工作，保证旅客、机组、航空器和公众的安全而制定的规则。

《民用航空运输机场航空安全保卫规则》：为规范民用航空运输机场航空安全保卫（以下简称航空安保）工作，保证旅客、工作人员、公众和机场设施设备的安全而制定的规则。

六、民用航空人员违反相关规定要承担的后果

《中华人民共和国民用航空法》第 205 条规定："违反本法第四十条的规定，未取得航空人员执照、体格检查合格证书而从事相应的民用航空活动的，由国务院民用航空主管部门责令停止民用航空活动，在国务院民用航空主管部门规定的限期内不得申领有关执照和证书，对其所在单位处以二十万元以下的罚款。"

《中华人民共和国民用航空法》第 206 条规定："有下列违法情形之一的，由国务院民用航空主管部门对民用航空器的机长给予警告或者吊扣执照一个月至六个月的处罚，情节较重的，可以给予吊销执照的处罚：（一）机长违反本法第四十五条第一款的规定，未对民用航空器实施检查而起飞的；（二）民用航空器违反本法第七十五条的规定，未按照空中交通管制单位指定的航路和飞行高度飞行，或者违反本法第七十九条的规定飞越城市上空的。"

《中华人民共和国民用航空法》第 207 条规定："违反本法第七十四条的规定，民用航空器未经空中交通管制单位许可进行飞行活动的，由国务院民用航空主管部门责令停止飞行，对该民用航空器所有人或者承租人处以一万元以上十万元以下的罚款；对该民用航空器的机长给予警告或者吊扣执照一个月至六个月的处罚，情节较重的，可以给予吊销执照的处罚。"

《中华人民共和国民用航空法》第 208 条规定："民用航空器的机长或者机组其他人员有下列行为之一的，由国务院民用航空主管部门给予警告或者吊扣执照一个月至六个月的处罚；有第（二）项或者第（三）项所列行为的，可以给予吊销执照的处罚：（一）在执行飞行任务时，不按照本法第四十一条的规定携带执照和体格检查合格证书的；

（二）民用航空器遇险时，违反本法第四十八条的规定离开民用航空器的；（三）违反本法第七十七条第二款的规定执行飞行任务的。"

单元二　民用航空人员的训练与资格管理制度

背景知识

　　交通运输部公布了新修订的《大型飞机公共航空运输承运人运行合格审定规则》（交通运输部2024年第7号令，以下简称CCAR-121部），于2024年4月13日起正式实施。为便于有关单位和个人更好地理解CCAR-121部内容，切实做好贯彻实施工作，现解读如下：

　　一、修订背景

　　CCAR-121部是民航飞行标准领域的一部重要规章，规范了对大型飞机公共航空运输承运人的运行合格审定和持续监督检查，确保其达到并保持规定的运行安全水平。CCAR-121部由交通运输部于2017年9月发布，2020年5月和2021年3月作了两次局部修改。为全面落实党的二十大以来党中央关于国家整体安全观的新要求，对标国际民航公约附件近年来更新的政策和标准，促进新形势下中国民航高质量发展，对CCAR-121部进行了系统性修订。

　　二、主要内容

　　此次CCAR-121部修订，除针对国际民航公约附件的新变化进行了国内规章转化外，还结合《中华人民共和国安全生产法》，对运输航空公司安全管理体系、飞行运行管理体系、持续适航管理体系、人员资质管理体系等方面的管理政策和标准进行了梳理和完善，具体内容如下：

　　（1）在运输航空公司准入条件方面，根据目前行业运行实践和国产飞机发展情况，结合通航法规体系重构的制度安排，调整CCAR-121部的适用范围为"多发涡轮驱动的运输类飞机"，提高CCAR-121部运输航空公司的准入门槛和运行安全标准，以适应行业高质量发展需要。

　　（2）在运输航空公司安全管理体系建设方面，一是根据《中华人民共和国安全生产法》，增加了对企业主要负责人的职责和条件要求，细化了对安全管理体系和落实岗位责任的相关政策，全面落实"三管三必须"。二是明确了飞行数据分析方案的定义和实施的基本原则，进一步严格了运输航空公司对FDR、CVR、QAR等数据的使用限制和适用范围，强化了合理使用各类安全和运行数据，强化了实施飞行数据分析方案的重要性。三是完善了运行合格审定的内容和标准，要求申请人必须建立与其运行性质和范围相匹配的组织管理体系，并能够对外委方实施有效的管理。

（3）在航空公司飞行运行管理方面，根据行业内的特定风险，结合国际民航组织公约附件，一是对于航空公司的政策制定和手册管理，进一步细化了《运行手册》的内容，规范了航空公司对《飞机飞行手册》的管理方式，完善了公司《运行手册》在飞行、运控、安保、危险品运输、航卫等方面的内容，明确了局方和公司在制定标准操作程序、细化性能数据编排等方面的责任和要求，并根据目前行业内手册电子化的新业态以及电子飞行包（EFB）等技术的推广和运用，调整监管政策，推进无纸化管理进程。二是对于航空公司的运行控制能力建设，调整了"运行控制"的定义，强调运行控制在确保飞行安全以及保障运行正常和效率方面的核心属性；完善运控中心的定位和在组织架构、授权及职责方面建设要求，进一步明确航空公司、飞行机组和签派员在签派放行、飞行前准备、技术支援、改航备降等运行控制环节的职责；结合国内空中交通管制网络布局以及卫星通信等新技术的发展，调整了公司运控和机组之间空地通信能力的管理要求。三是对于飞行运行标准和政策，梳理了CCAR-121部与机场、空管、安保等规章之间的关系，细化了对新开运行区域和航路的管理要求，完善制定机场最低运行标准的方法以及运行中掌握相应标准的政策，修订了飞机性能使用限制，强化对各类运行风险的预先控制；调整了在目的地备降场选择方面的标准，允许运行控制能力强的公司更加灵活地制订飞行计划，进一步提升运行效率；完善了对基于性能导航（PBN）、低能见运行、运行增益、延程和极地运行等特殊运行的批准要求，调整了在跨水运行、机组和旅客氧气配备等方面的政策，提高运行安全裕度；增加对客舱乘务员的配备要求，明确了航空公司在应急出口座位管理、旅客行李管理、移动电子设备使用等方面的责任，强调公司在航班生产中所分配的任务不得影响客舱乘务员履行安全职责。四是对于机组成员的运行作风，调整了飞行关键阶段的定义，进一步严格了对机组成员行李和物品摆放及固定、飞行机组安全带及通信设备使用等方面的要求。五是对于运行中的应急处置和报告，完善了航空公司和机组成员对飞行中紧急医学事件、可疑传染病、航空器气象观测等方面的报告要求，增加完善了飞机追踪的政策，细化了公司运行部门在协助搜救和救援方面的职责。六是对于航空卫生保障，修订了对运输航空公司航空卫生保障管理的相关规定，强化了航空公司航空卫生工作的安全属性。

（4）在航空公司持续适航管理方面，一是对于机载仪表和设备，调整了对第二驾驶员的仪表设备要求，细化了涡轮驱动发动机所需的仪表，按照国际民航组织公约附件最新修订，修改了舱音记录器（CVR）的记录时长、氧气设备的配备标准以及地形感知和警告系统（TAWS）的功能表述，增加了安装8.8Hz水下定位装置（ULD）、预测冲出跑道感知和告警系统（ROAAS）等设备的装机要求，并考虑航空公司实际情况，给出了较长的过渡期。删除附录J等在适航审定规章已经明确的内容，在全面符合国际民航组织公约附件的基础上，加强机载设备与适航审定规章间的协调。二是在工程管理方面，严格了维修副总、总工程师的准入条件，优化了航空公司维修体系和培训政策，取消了培训大纲的制定要求，调整人员资质要求，强化关键岗位人员的专业性。修订了对协议维修单位的表述，避免和航线委托维修单位混淆。强调质量安全在航空公司工程管理方面的重要性。增加了可靠性方案中对发动机监控的要求，完善了对维修记录的管理规定。简化"使用困难报告"等在规章中的描述，将具体要求在行政规范性文件中进行明确，便于后续的更新调整，增加了对于设计制造缺陷问题运营人向型号合格证持有人报告的要求。

（5）在航空公司人员资质管理方面，强化了岗位胜任这一关键要素，一是根据国际民航组织附件，修订原R章"高级训练大纲"为"基于胜任力的培训和评估方案"，全面满足国际民航组织对新一代航空器机组成员训练的要求。二是完善了对飞行机组、客舱乘务组、飞行签派员训练大纲在危险品训练、安保训练和应急生存训练方面的内容及合格要求，要求航空公司强化各方应急处置程序的协调性和连贯性，明确在机组成员应急生存训练中必须包含联合演练。三是细化对飞行机组的训练要求，增加了与实际运行区域相关的训练内容，调整了附件D和E的训练内容及设备要求，进一步提升飞行训练与实际运行的匹配度。细化了合格证持有人在授权签派员执行飞机签派任务前，对其掌握的知识和能力进行验证检查的要求，严格对飞行签派员的资质管理。

资料来源：《大型飞机公共航空运输承运人运行合格审定规则》政策解读［EB/OL］.中华人民共和国交通运输部官网，2024.

一、航空人员业务执照的分类

（1）机务维修类执照。机务维修类执照分为三类，即A类技工执照、B类航线维修工程师执照和C类基地维修工程师执照。

（2）空中交通管制员执照。管制员执照类别包括机场管制、进近管制、区域管制、进近雷达管制、精密进近雷达管制、区域雷达管制、飞行服务和运行监控等八类。

（3）飞行人员执照。飞行人员执照分为驾驶员、领航员、飞行通讯员、飞行机械员执照。驾驶员执照又可分为商用驾驶员执照、学生驾驶员执照、运动类驾驶员执照、私人驾驶员执照、多人制机组驾驶员执照、航线运输驾驶员执照。

（4）乘务人员执照。乘务人员执照分为A、B、C三类。A类执照适用于执行国际航线（含地区航线）、国内航线飞行任务；B类执照适用于执行国内航线（不含地区航线）飞行任务；C类执照为实习生执照，是临时执照，适用于执行国内航线（不含地区航线）飞行任务。

（5）民用航空电信人员执照。民用航空电信人员执照根据《民用航空电信人员执照管理规则》还可分为通信专业、导航专业和监视专业等三类。

（6）航空人员执照还有民用航空情报员执照和民用航空气象人员执照。持有效民用航空气象人员、民用航空电信人员和民用航空情报员执照的，方可独立从事其执照载明的通信导航监视服务，方可在航空气象服务机构、民用航空情报服务机构独立从事民用航空气象服务、情报服务工作等工作。

二、民用航空人员资格的取得与丧失

（一）民用航空人员资格的取得

（1）学习和培训。首先，民用航空人员需要接受航空知识和技术的学习和培训，这包括飞行原理、航空气象、导航、通信、航空安全等方面的知识。航空学院和培训机构提供各种民用航空人员的培训课程，民用航空人员必须完成所有课程才能获得资格。

（2）积累实践经验。在学习和培训期间，民用航空人员需要通过实际的操作和实践来获得经验。不同的职业需要不同的实践经验。例如，民用航空器驾驶员需要完成指定数量的飞行时间，并获得相应的飞行经验，才能获得相关的许可。

（3）考试和认证。完成培训和实践后，民用航空人员需要参加相关的考试和认证。这些考试会检测民用航空人员是否已经了解相关的知识和技术，能否在具体的场景中应用所学的知识和技能。考试的内容和形式通常由当地的法规和标准制定。

（4）资格评估。在取得相关许可或认证之后，民用航空人员需要接受周期性的资格评估，以确保技能和知识水平都符合相关的标准。

需要注意的是，每个职业都有其特定的资格要求，不同的航空职业需要具备不同的资格和认证。同时，各地的行政法规和标准也可能有所不同，因此民用航空人员应注意遵守相关规定。

（二）民用航空人员资格的丧失

现行民用航空规章中关于民用航空人员资格丧失的规定主要来源于《中华人民共和国民用航空法》《民用航空器驾驶员合格审定规则》《民用航空空中交通管制员执照管理规则》等，以下是具体规定：

1.《中华人民共和国民用航空法》中的规定

第 205 条规定："违反本法第四十条的规定，未取得航空人员执照、体格检查合格证书而从事相应的民用航空活动的，由国务院民用航空主管部门责令停止民用航空活动，在国务院民用航空主管部门规定的限期内不得申领有关执照和证书，对其所在单位处以二十万元以下的罚款。"

第 206 条规定："有下列违法情形之一的，由国务院民用航空主管部门对民用航空器的机长给予警告或者吊扣执照一个月至六个月的处罚，情节较重的，可以给予吊销执照的处罚：（一）机长违反本法第四十五条第一款的规定，未对民用航空器实施检查而起飞的；（二）民用航空器违反本法第七十五条的规定，未按照空中交通管制单位指定的航路和飞行高度飞行，或者违反本法第七十九条的规定飞越城市上空的。"

第 207 条规定："违反本法第七十四条的规定，民用航空器未经空中交通管制单位许可进行飞行活动的，由国务院民用航空主管部门责令停止飞行，对该民用航空器所有人或者承租人处以一万元以上十万元以下的罚款；对该民用航空器的机长给予警告或者吊扣执照一个月至六个月的处罚，情节较重的，可以给予吊销执照的处罚。"

第 208 条规定："民用航空器的机长或者机组其他人员有下列行为之一的，由国务院民用航空主管部门给予警告或者吊扣执照一个月至六个月的处罚；有第（二）项或者第（三）项所列行为的，可以给予吊销执照的处罚：（一）在执行飞行任务时，不按照本法第四十一条的规定携带执照和体格检查合格证书的；（二）民用航空器遇险时，违反本法第四十八条的规定离开民用航空器的；（三）违反本法第七十七条第二款的规定执行飞行任务的。"

2.《民用航空器驾驶员合格审定规则》中的规定

第 61.241 条规定："涉及酒精或药物的违禁行为的处罚对于违反本规则第 61.15 条规定的执照持有人，应当责令当事人立即停止担任飞行机组成员，并给予警告，或暂扣执照一至六个月的处罚；情节严重的，应当给予吊销执照的处罚；构成犯罪的，依法追究刑事责任。"

第 61.245 条规定："（b）对于违反本规则第 61.37 条规定的执照或等级持有人，局方对当事人予以警告，同时撤销相应的执照等级，责令当事人立即停止飞行运行并交回其已取得的相应执照。驾驶员执照等级被撤销之日起三年内，当事人不得申请按照本规则颁发的执照或等级以及考试。"

第 61.247 条规定："对于违反本规则第 61.63 条（a）或（b）款的执照或等级申请人，由民航地区管理局给予警告的处罚，申请人一年内不得再次申请该执照或等级；对于执照或等级持有人，由民航地区管理局给予警告的处罚，撤销其相应执照或等级，当事人三年内不得再次申请执照或等级。"

3.《民用航空空中交通管制员执照管理规则》中的规定

第 54 条规定："从事管制员技能考核的检查员违反本规则规定不正确履行职责，情节严重的，由民航局取消其检查员资格。"

第 56 条规定："执照申请人以欺骗、贿赂等不正当手段取得执照的，由民航局撤销其相应执照，3 年内不得再次申请执照。同时，由地区管理局对当事人处以警告或者 500 元以上 1 000 元以下罚款。"

第 58 条规定："违反本规则规定，持照人执照未经有效注册或者不具备相应签注而独立从事民用航空空中交通管制工作的，由地区管理局责令限期改正，并对当事人处以警告；情节严重的，处以 200 元以上 1 000 元以下罚款或者暂停其执照权利 3 个月至 6 个月。"

第 62 条规定："持照人违反本规则第四十条规定从事民用航空空中交通管制工作的，由地区管理局对持照人给予警告或者 200 元以上 1 000 元以下罚款；情节严重的，由地区管理局暂停其执照权利 3 个月至 6 个月。"

第 63 条规定："持照人违反民用航空法律、法规、规章，未按规定履行职责，对事故征候、严重事故征候或者事故负有直接责任的，由民航局或者地区管理局对持照人处以 500 元以上 1 000 元以下罚款或者暂停其执照权利 3 个月至 12 个月；情节严重的，由民航局依照《中华人民共和国飞行基本规则》吊销其执照。"

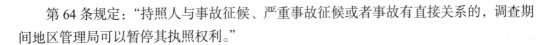

第 64 条规定："持照人与事故征候、严重事故征候或者事故有直接关系的，调查期间地区管理局可以暂停其执照权利。"

三、民用航空人员的工作时限与体检规则

（一）工作时限

民用航空工作对工作人员身体素质有很高的要求。为了确保飞行安全，防止飞行人员疲劳，保护飞行人员的身体健康，《中华人民共和国民用航空法》第 77 条规定："民用航空器机组人员的飞行时间、执勤时间不得超过国务院民用航空主管部门规定的时限。"

《中华人民共和国民用航空法》第 41 条规定："空勤人员在执行飞行任务时，应当随身携带执照和体格检查合格证书，并接受国务院民用航空主管部门的查验。"

《中华人民共和国民用航空法》第 42 条规定："航空人员应当接受国务院民用航空主管部门定期或者不定期的检查和考核；经检查、考核合格的，方可继续担任其执照载明的工作。空勤人员还应当参加定期的紧急程序训练。空勤人员间断飞行的时间超过国务院民用航空主管部门规定时限的，应当经过检查和考核；乘务员以外的空勤人员还应当经过带飞。经检查、考核、带飞合格的，方可继续担任其执照载明的工作。"

《大型飞机公共航空运输承运人运行合格审定规则》对飞行时间、飞行经历时间、飞行值勤期、休息期进行了规定。

飞行时间是指飞机为准备起飞而借自身动力开始移动时起，直到飞行结束停止移动为止的时间。

飞行经历时间是指机组必需成员在其值勤岗位上执行任务的飞行时间，即在座飞行时间。

飞行值勤期是指机组成员接受合格证持有人安排的飞行任务后（包括飞行、调机或者转场等），从为完成该次任务而到指定地点报到时刻的开始，到飞机在最后一次飞行后发动机关车且机组成员没有再次移动飞机的意向为止的时间段。一个飞行值勤期还可能包括机组成员在某一航段前或者航段之间代表合格证持有人执行的其他任务，但没有必要休息期的情况（如置位、主备份、飞机或者模拟机培训发生在某一航段或者航段之间，但没有安排必要的休息期）。在一个值勤期内，如机组成员能在适宜的住宿场所得到休息，则该休息时间可以不计入该飞行值勤期的值勤时间。值勤时间应当从飞行签派员为签派飞机而了解气象情况和飞机运行情况时刻开始，至所签派的每架飞机已完成飞行，或者已超出其管辖范围，或者由另一位经审定合格的飞行签派员接替其工作时止。

休息期是指从机组成员到达适宜的住宿场所起，到为执行下一次任务离开适宜的住宿场所为止的连续时间段。在该段时间内，合格证持有人不得为机组成员安排任何工作和给予任何打扰。值勤和为完成指派的飞行任务使用交通工具往来于适宜的住宿场所和值勤地点的时间不得计入休息期。

第 121.483 条规定了飞行机组的飞行时间限制。"（a）在一个值勤期内，合格证持有人不得为飞行机组成员安排、飞行机组成员也不得接受超出下列规定限制的飞行时间：（1）非扩编飞行机组执行任务时，表 A 规定的飞行时间限制；（2）配备 3 名驾驶员的扩编飞行机组执行任务时，总飞行时间 13 小时；（3）配备 4 名驾驶员的扩编飞行机组执行任务时，总飞行时间 17 小时。（b）如果在飞机起飞后发生超出合格证持有人控制的意外情况，为将飞机安全降落在下一个目的地机场或者备降机场，飞行机组成员的飞行时间可以超出本条（a）款所规定的最大飞行时间限制以及本规则第 121.487 条（b）款规定的累积飞行时间限制。"

表 A　非扩编飞行机组运行最大飞行时间限制

报到时间	最大飞行时间（小时）
00：00—04：59	8
05：00—19：59	9
20：00—23：59	8

第 121.485 条规定了飞行机组的飞行值勤期限制。"对于非扩编机组的运行，合格证持有人不得为飞行机组成员安排、飞行机组成员也不得接受超出下表 B 规定限制的飞行值勤期；航段限制数不包括因备降所产生的航段。"

表 B　非扩编飞行机组运行最大飞行值勤期限制

报到时间	根据航段数量确定的飞行机组成员最大飞行值勤期（小时）			
	1 至 4 个航段	5 个航段	6 个航段	7 个航段或者以上
00：00—04：59	12	11	10	9
05：00—11：59	14	13	12	11
12：00—23：59	13	12	11	10

"对于扩编机组的运行，合格证持有人不得为飞行机组成员安排、飞行机组成员也不得接受超出下表 C 规定限制的飞行值勤期。"

表 C　扩编飞行机组运行最大飞行值勤期限制

报到时间	根据休息设施和飞行员数量确定的最大飞行值勤期（小时）					
	1 级休息设施		2 级休息设施		3 级休息设施	
	3 名飞行员	4 名飞行员	3 名飞行员	4 名飞行员	3 名飞行员	4 名飞行员
00：00—23：59	18	20	17	19	16	18

"在着陆阶段执行操纵飞机任务的飞行机组成员，应当在飞行值勤期的后半段获得至少连续 2 小时的休息时间。对于航段时间不足 2 小时无法满足前述要求的情况，应当保证执行操纵飞机任务的飞行机组成员在着陆前得到适当的休息。"

第 121.487 条规定了飞行机组的累积飞行时间、值勤时间限制。"（a）本条所规定的限制包括飞行机组成员在一段时期内代表合格证持有人所执行的所有飞行时间，含按照本规则实施的运行和本规则之外的运行，如训练、调机和作业飞行等。（b）合格证持有人不得为飞行机组成员安排、飞行机组成员也不得接受超出下列规定限制的飞行时间：（1）任一日历月，100 小时的飞行时间；（2）任一日历年，900 小时的飞行时间。（c）合格证持有人不得为飞行机组成员安排、飞行机组成员也不得接受超出下列规定限制的飞行值勤期：（1）任何连续 7 个日历日，60 小时的飞行值勤期；（2）任一日历月，210 小时的飞行值勤期。"

第 121.491 条规定了客舱乘务员的飞行值勤期限制。"（a）当按照本规则第 121.391 条规定的最低数量配备客舱乘务员时，客舱乘务员的飞行值勤期不得超过 14 小时。（b）在按照本规则第 121.391 条规定的最低数量配备上增加客舱乘务员人数时，客舱乘务员的飞行值勤期限制和休息要求应当符合如下规定：增加 1 名客舱乘务员，飞行值勤期不得超过 16 小时；增加 2 名客舱乘务员，飞行值勤期不得超过 18 小时；增加 3 名或者 3 名以上客舱乘务员，飞行值勤期不得超过 20 小时。（c）发生意外运行情况下飞行值勤期的延长：（1）合格证持有人可以将本条（a）款或者（b）款规定的值勤期限制延长 2 小时或者延长至可以将飞机安全地降落在下一个目的地机场或者备降机场；（2）将本条（a）款或者（b）款规定值勤期限延长 30 分钟以上的情况只可在获得本规则第 121.495 条（b）款规定的休息期之前发生一次。"

第 121.493 条规定了客舱乘务员的累积飞行时间、值勤时间限制。"（a）本条所规定的限制包括客舱乘务员在适当时期内代表合格证持有人所执行的所有飞行。（b）合格证持有人不得为客舱乘务员安排，客舱乘务员也不得接受超出下列规定限制的累积飞行时间：（1）任一日历月，100 小时的飞行时间；（2）任一日历年，1 100 小时的飞行时间。（c）合格证持有人不得为客舱乘务员安排，客舱乘务员也不得接受超出下列规定的累积飞行值勤时间限制：（1）任何连续 7 个日历日，70 小时的飞行值勤期；（2）任一日历月，230 小时的飞行值勤期。客舱乘务员在飞机上履行安全保卫职责的时间应当计入客舱乘务员的飞行和值勤时间。"

第 121.495 条规定了机组成员休息时间的附加要求。"（a）合格证持有人不得在机组成员规定的休息期内为其安排任何工作，该机组成员也不得接受合格证持有人的任何工作。（b）任一机组成员在实施按本规则运行的飞行任务或者主备份前的 144 小时内，合格证持有人应当为其安排一个至少连续 48 小时的休息期。对于飞行值勤期的终止地点所在时区与机组成员的基地所在时区之间时差少于 6 个小时的，除仅实施全货物运输飞行的合格证持有人外，如机组成员飞行值勤期和主备份已达到 4 个连续日历日，不得安排机组成员在第 5 个日历日执行任何飞行任务，但是前续航班导致的备降情况除外。本条所述基地是指合格证持有人确定的机组成员驻地并接受排班的地方。（c）如果飞行值勤期的终止地点所在时区与机组成员的基地所在时区之间有 6 个或者 6 个小时以上的时差，则当机组成员回到基地以后，合格证持有人必须为其安排一个至少连续 48 个小时的休息期。这一休息期应当在机组成员进入下一值勤期之前安排。（d）除非机组成员在前一个飞行值勤期结束后至下一个飞行值勤期开始前，获得了至少连续 10 个小时的休息期，任何合格证持有人不得安排，且任何机组成员也不得接受任何飞行值勤任务。（e）当合格证持有人为机组成员安排了其他值勤任务时，该任务时间可以计入飞行值勤期。当不计入飞行值勤期时，在飞行值勤期开始前应当为其安排至少 10 个小时的休息期。"

第 121.503 条规定了飞行签派员的值勤时间限制。"（a）合格证持有人应当规定飞行签派员日常的值勤时间。值勤时间应当从飞行签派员为签派飞机而了解气象情况和飞机运行情况时刻开始，至所签派的每架飞机已完成飞行，或者已超出其管辖范围，或者由另一位经审定合格的飞行签派员接替其工作时止。（b）除出现了超出合格证持有人控制能力的情形或者紧急情况之外，签派员的值勤时间限制应当符合下列要求：（1）任何合格证持有人不得安排飞行签派员连续值勤超过 10 小时；（2）如果飞行签派员在连续 24 小时内被安排值勤时间超过 10 小时，该合格证持有人应当在该飞行签派员值勤时间达到或者累计达到 10 小时之前为他提供至少连续 8 小时的休息时间；（3）合格证持有人应当在任意连续 7 个日历日内为飞行签派员安排一个至少连续 24 小时的休息期，或者在任一日历月中被安排相当时间的休息期。（c）合格证持有人在经局方批准后，可以安排在境外工作的飞行签派员，在 24 小时内连续工作超过 10 小时，但在每个 24 小时期间内，应当安排该飞行签派员至少连续休息 8 小时。"

（二）体检规则

《中华人民共和国民用航空法》第 40 条规定："空勤人员和空中交通管制员在取得执照前，还应当接受国务院民用航空主管部门认可的体格检查单位的检查，并取得国务院民用航空主管部门颁发的体格检查合格证书。"

《中华人民共和国民用航空法》第 41 条规定："空勤人员在执行飞行任务时，应当随身携带执照和体格检查合格证书，并接受国务院民用航空主管部门的查验。"

《民用航空人员体检合格证管理规则》第 67.19 条规定："体检合格证分下列类别：（1）Ⅰ级体检合格证；（2）Ⅱ级体检合格证；（3）Ⅲ级体检合格证，包括Ⅲa、Ⅲb 级体检合格证；（4）Ⅳ级体检合格证，包括Ⅳa、Ⅳb 级体检合格证。各级体检合格证适用的医学标准见附件 A《空勤人员和空中交通管制员体检合格证医学标准》。"第 67.33 条规定："（a）体检合格证自颁发之日起生效。年龄计算以申请人进行体检鉴定时的实际年龄为准。（b）Ⅰ级体检合格证有效期为 12 个月，年龄满 60 周岁以上者为 6 个月。其中参加《大型飞机公共航空运输承运人运行合格审定规则》规定运行的驾驶员年龄满 40 周岁以上者为 6 个月。（c）Ⅱ级体检合格证有效期为 60 个月。其中年龄满 40 周岁以上者为 24 个月。（d）根据体检合格证持有人所履行的职责，Ⅲ级体检合格证的有效期为：（1）Ⅲa 级体检合格证有效期为 24 个月。其中年龄满 40 周岁以上者为 12 个月；（2）Ⅲb 级体检合格证有效期为 24 个月。（e）Ⅳa 级体检合格证和Ⅳb 级体检

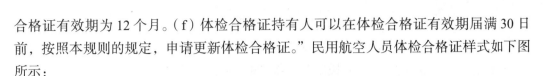

合格证有效期为 12 个月。(f) 体检合格证持有人可以在体检合格证有效期届满 30 日前，按照本规则的规定，申请更新体检合格证。"民用航空人员体检合格证样式如下图所示：

民用航空人员体检合格证样式

正面

说 明 Remarks	
1. 本证根据中国民用航空局规章《民用航空人员体检合格证管理规则》(CCAR－67FS) 颁发。 1. This certificate is issued under the Civil Aviation Medical Certificate Management Rules (CCAR－67FS). 2. 体检合格证自颁发之日起生效，有效期在本证标注。 2. The medical certificate is valid from the date of issue. The period of validity is labeled on this certificate. 3. 履行相应职责时应当携带本证。 3. This certificate shall be carried on during performing corresponding duties.	 民用航空人员体检合格证 Civil Airman Medical Certificate 中国民用航空局 Civil Aviation Administration of China FS－CH－67－001(05/2012)

背面

| _____级体检合格证
CLASS OF MEDICAL CERTIFFICATE

编号 No. _____

姓名 Name _____ 性别 Gender _____

_____ — _____
出生年月 _____ 国籍 _____
Date of birth　　　　Nationality

持证人的身体情况满足《民用航空人员体检合格证管理规则》(CCAR－67FS)规定的相应类别体检合格证的医学标准。
The holder has met the medical standards in CCAR－67FS, for this class of Medical Certificate. | 限制：
Limitations

体检鉴定
结论日期：_____年___月___日
Date of examination
主检医师：
Aviation Medical Examiner

签发人：
Signature of issuing officer
发证(生效)日期：_____年___月___日
Date of issue(effect)
有效期至：_____年___月___日
Date of expiry

发证单位(盖章)
Stamp of issuing authority |

注：民用航空人员体检合格证尺寸为长 16cm、宽 12cm。

四、民用航空器驾驶员、考生身体条件的要求

数据表明，国家培养一名合格的民用航空器驾驶员，需要投入的人、财、物的价值巨大。因此，为确保所选人才适合从事飞行工作，避免在培训过程和职业飞行生涯中，因身体、纪律和政治原因退出飞行学习和工作，给国家和人民的生命财产造成损失，考生进入飞行学习前，需要通过层层关隘。例如，在体格方面，考生接受检查，保证符合《民用航空招收飞行学生体检鉴定规范》。

在参加体检期间，考生要特别注意常见病预防，如呼吸道感染、胃肠道感染等。同时，凡立志投身蓝天事业的考生，平日应多参加体育运动。体育运动可以锻炼和增强肢体的协调性，而肢体的协调性对民用航空器驾驶员来说十分重要。

《中国民航大学 2024 年飞行技术专业招生简章》中规定了报考民航专业的学生应具备的政治思想素质：符合全国普通高等学校统一招生报考条件，热爱祖国，热爱人民，拥护党的路线、方针、政策，遵守国家宪法和法律，热爱民航事业，热爱飞行工作；具有高度的责任心、良好的工作态度、服务社会的意识以及团结协作的精神；具有良好的道德修养、品行端正、遵纪守法，无不良行为记录，符合民用航空背景调查要求。

身体自荐标准：五官端正，身心健康，生理功能正常，无传染病史和精神病家族史，无久治不愈的皮肤病；根据委托培养单位需求，身高 168cm（含）～185cm（含）（其中，河南地区身高要求 168cm（含）～190cm（含）），校企合作招飞满足送培单位身高要求的，中国民航大学予以认可，体质指数 BMI 18.5（含）～24（含），无"O""X"型腿；任何一眼裸眼远视力不低于 C 字表 0.1，如做过角膜屈光手术须满足中国民用航空局规定，无色盲、色弱、斜视；会普通话，口齿清楚，听力正常；具有敏捷的反应能力和身体协调能力，符合招飞体检鉴定医学标准。

考生在身体、政治条件和文化考试方面顺利过关后，还要进行心理素质测试。

飞行员心理素质测试：民航业具有高技术、高风险、高投入和国际性的特征，虽然民航事故发生率较低，事故数也很少，但是由于民航事故具有突发性、国际性、损失大以及难以预测的特性，各国政府、国际组织对民航安全都非常关注和重视。

民用航空器驾驶员是关系社会公共安全的敏感性职业。民用航空器的驾驶工作是脑力劳动和体力劳动相结合的高强度特殊工种，客观上要求从事这一工作的驾驶员具备特殊的职业能力，而要获得这些特殊的职业能力除了需要对驾驶员进行有针对性的训练，还应该在其入校之前进行选拔。"选拔与训练"已成为全球民用航空器驾驶员培训的一个通用模式。通过选拔，学校可以识别出适合驾驶民用航空器的人才，从而达到提高人员素质和保障飞行安全的目的。因此，深入研究民用航空器驾驶员的心理素质对于控制机组差错、预防航空事故，有着重要的现实意义。

五、民用航空人员的培训内容

（一）客舱乘务员的培训内容

在客舱乘务员面试通过航空公司所有的面试流程和体检后，航空公司为了让预备客舱乘务员能够更好地了解客舱服务知识，更好地掌握处理紧急情况的方式等客舱乘务员必备技能，会在预备客舱乘务员入职之前安排培训。

培训内容大致可以分为客舱乘务员自身素质、团队合作、紧急情况处理、客舱服务、客舱安全五大板块。

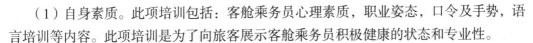

（1）自身素质。此项培训包括：客舱乘务员心理素质，职业姿态，口令及手势，语言培训等内容。此项培训是为了向旅客展示客舱乘务员积极健康的状态和专业性。

（2）团队合作。此项培训包括：客舱乘务员同客舱乘务员之间的客舱合作，客舱乘务员和航空安全员之间的合作，机组资源管理等内容。此项培训是为了让客舱服务更加整体化，让客舱和保卫之间的合作更加紧密。

（3）紧急情况处理。此项培训包括：应急生存、水上求生、野外求生、滑梯训练、机上火警、机上急救、外伤救护等内容。此项培训是为了提升客舱乘务员在面对紧急情况时的应变能力。

（4）客舱服务。此项培训包括：厨房服务、机上服务技巧、旅客服务全流程、客舱服务通用、客舱服务程序、客舱服务理论、航线理论、广播、飞行四阶段等内容。此项培训是为了提升客舱乘务员的整体服务质量。

（5）客舱安全。此项培训包括：客舱安全管理、客舱安全规则、客舱释压、主动危机管理、客舱营救等内容。此项培训是为了从客舱乘务员角度保证客舱的安全系数和提升旅客安全意识。

（二）民用航空器驾驶员的培训内容

对机组成员进行培训的目的在于确保机组成员具备必要的知识、技能和态度，保障飞行安全和航空公司的声誉。机组成员培训大纲涵盖从基础知识到复杂操作的所有内容。

民用航空器驾驶员的培训主要分为三个板块：

（1）民用航空器驾驶员飞行训练，具体包括：模拟机飞行，飞行概览，航前准备，副驾驶控制，民用航空器推出，民用航空器姿势及移动，直飞和平飞，爬升下降及转弯，大航程耐力飞慢飞，失速，盘旋，螺旋驾驶，平飘，起飞降落，预防性着陆，强制着陆，飞行导航，仪表飞行，紧急处理，单驾驶标准程序，标准仪表离场，标准仪表进场，无线电导航，GPS导航，夜间飞行，转场飞行，机组标准规程，标准多发操作，速变控制，多发起飞着陆，多发失速，发动机失效，单发着陆，高级仪表飞行，强风盘旋，标准航站到达，近距离转场飞行，远距离转场飞行，飞行考试准备等内容。

（2）民用航空器驾驶员英语课程，具体包括：英语听力，英语口语，英语阅读等内容。

（3）民用航空器驾驶员地面理论课程，具体包括：驾驶证要求，机身系统，空气动力学，航空法规，人为掌控和飞行决断，气象学等内容。

六、与民用航空人员资格有关的规则

（一）《航空安全员合格审定规则》

1. 出台背景

为了保证民用航空安全，规范航空安全员的合格审定工作，根据《中华人民共和国民用航空法》《中华人民共和国行政许可法》《中华人民共和国反恐怖主义法》《中华人民共和国民用航空安全保卫条例》《国务院对确需保留的行政审批项目设定行政许可的决定》（国务院令第 412 号），制定《航空安全员合格审定规则》。在中华人民共和国注册的公共航空运输企业所运营的航空器上航空安全员的资格审查及其执照的申请、颁发、监督管理适用《航空安全员合格审定规则》（以下简称《规则》）。

2. 规章修订过程

根据规章修订工作安排，中国民用航空局在深入、广泛调研的基础上，研究起草了《航空安全员合格审定规则（征求意见稿）》，多次在行业内征求意见，中国民用航空地区管理局、各运输航空公司、空警各支队以及航空安全员训练机构结合实际情况和现实需求，认真研提意见并及时向中国民用航空局反馈。中国民用航空局根据收集到的意见和建议，对征求意见稿多次修订。在根据合法性审查意见对征求意见稿进行修订后，形成了规章修订草案。2018 年 8 月 27 日，经交通运输部第 14 次部务会审议通过，于 8 月 31 日公布。

3. 主要修订内容

《规则》共 6 章、39 条，分别对合格审定相关各方的职责、执照的申请和办理、执照的管理、执照相关训练和考试考核要求以及证后监管方面做出了明确规定。主要修订内容包括：

（1）根据行政审批事项下放后的实际情况重新明确相关各方权责。为适应资格认定审批制度改革后的需要，《规则》明确了中国民用航空局的行业监管职责，授权中国民用航空地区管理局根据职责分工组织实施执照颁发的相关工作，从执照申请、执照颁发、执照使用和执照管理等各个层面明确了相关各方的权利和责任，防止出现管理主体不明确、责任不清晰、多头管理甚至交叉管理的现象。

（2）进一步规范行政审批程序和证件办理要求。航空安全员资质管理方式和形式的调整，带来的是执照申请办理程序和审定颁发主体等各项具体工作内容都随之变化。但作为空中安全保卫工作的重要力量，航空安全员的资格必须严控严管，不能出现丝毫放松。通过修订，明确了执照申办材料范围，规范了执照申办的受理程序，取消了临时执照换发长期执照的办理形式，压缩了部分行政许可决定时限，为企业和个人提供更优质的公共服务。同时，对执照的变更、补发、换发和注销等环节，进一步明确了办理流程和适用情形。通过健全、完善的管理手段，能够确保对执照持有人的资格进行持续监督，实现有效监管。

（3）结合民用航空实际情况重新确定航空安全员岗位条件和相关训练学时要求。一是充分听取和收集民用航空行业内的意见和建议，结合航空安全员队伍的实际情况，放宽女性身高要求；二是结合行业发展的需要，将守法信用信息记录明确作为岗位条件之一；三是大幅度减少实习飞行时间、明确实习飞行完成时限；四是减少定期训练和日常训练的学时要求。上述这些调整内容，既充分考虑到对原有规章相关条款的延续，同时兼顾行业发展实际情况，尽可能为企业和个人提供便利。

（4）完善执照持有人资质相关的训练管理体系。为提升航空安全员执照持有人的业务能力和水平,《规则》重新梳理了执照相关的各类训练,明确了执照持有人资质相关的初任训练、定期训练、日常训练、重获资格训练以及执行岗位任务所必需的其他相关训练种类,规范了各类训练的组织实施主体、训练考试考核及相关的各项签注,重新明确了相关训练的补正要求。在"训练及考试考核要求"这一章节,明确了航空安全员训练机构的备案条件、备案程序、备案要求,并明确训练机构的退出机制。通过修订,不断增强训练组织实施的规范性和系统性。

（5）强化证后监管环节。在法律责任部分,《规则》明确了各类违反规章规定行为的处罚措施,既有针对执照持有人也有针对当事人单位和训练机构的处罚规定,强化了企业对于执照持有人的管理主体责任,突出了中国民用航空局的行业监管责任,严格控制执照管理各个环节,切实加强事中事后监管,确保不留监管漏洞。

（二）《民用航空器驾驶员和地面教员合格审定规则》

1. 修订时间

《民用航空器驾驶员和地面教员合格审定规则》于 1996 年 8 月 1 日发布,2014 年 7 月 10 日第四次修订。

2. 影响

（1）《民用航空器驾驶员和地面教员合格审定规则》进一步明确了我国民用航空器驾驶员的培训和养成执照的分类和管理。

（2）《民用航空器驾驶员和地面教员合格审定规则》进一步规范了我国民用航空器驾驶员和地面教员合格审定工作。

（3）《民用航空器驾驶员和地面教员合格审定规则》为执照管理和民用航空器驾驶员培训提供了有效的政策指导和支持。

（4）本次修订降低了有关人员的资质要求,进一步促进了各类通航活动的快速发展。

3. 主要修订内容

（1）增加了执照种类。

（2）重新划分了航空器类别。

（3）细化了教员等级分类。

（4）飞行教员由执照管理转换为等级管理。

（5）调整了各类执照所需知识和技能内容。

（6）强调了适合体育娱乐飞行的运动驾驶员执照的培训要求。

（7）完善了违反相关规定的法律责任。

（三）《民用航空器飞行机械员合格审定规则》

1. 起草背景

《民用航空器领航员、飞行通信员、飞行机械员合格审定规则》自 1996 年发布实施以来已 20 余年,在领航员、飞行通信员和飞行机械员资质管理方面起到了良好效果。

随着科学技术的进步，现代民用航空器上都已装备较为先进的机载通信和导航设备，国际民航组织不再将飞行通信员列入必需项目。加之近年来我国民航业的快速发展，三人以上（含）的多人制机组的飞机已完全退出现役，目前在我国航空公司的机队机构中，现役飞机均为两人制机组设计，不再需要配置领航员、飞行通信员和飞行机械员，仅少数几种直升机机型需要配备飞行机械员。2012年《国务院关于第六批取消和调整行政审批项目的决定》（国发〔2012〕52号）取消了"民用航空器领航员、飞行机械员、飞行通信员教员合格证核发"，2014年《国务院关于取消和下放一批行政审批项目的决定》（国发〔2014〕5号）将"民用航空器外国驾驶员、领航员、飞行机械员、飞行通信员执照认可"下放至中国民用航空地区管理局，2016年第十二届全国人大常委会第二十四次会议对《中华人民共和国民用航空法》作出修改，将"领航员"和"飞行通信员"从空勤人员中删除，不再实行许可管理。有必要根据上位法修改以及国务院文件要求，对本规则名称、适用范围及相关内容作出相应修改，规范对飞行机械员的合格审定。

2. 修订工作遵循原则

（1）落实行政许可法要求。

（2）落实国务院2项决定和《中华人民共和国民用航空法》的修改。

（3）飞行机械员执照尽量做到与国际标准保持一致。

（4）便于及时修改完善。

3. 主要修订内容

一是根据《中华人民共和国行政许可法》，细化了飞行机械员执照申请、受理和审批程序。

二是对飞行机械员的申请条件作了修改。增加了对具有国家航空器飞行机械员经历人员的特殊规定；取消了"最大不得超过60周岁"的年龄限制；明确了必须具有局方颁发的现行有效Ⅱ级体检合格证；降低了学历要求，不再要求大专毕业或者局方认可的等效水平，而是具有高中或者高中以上文化程度；对知识和技能要求进行了相应更改，既符合国际民航组织对飞行机械员执照的要求，也体现当前民航业发展趋势；增加了"5年内无犯罪记录""无严重失信行为记录"等要求。

三是为解决雇佣境外成熟的飞行机械员执照持有人参加运行的需要，规定对持有境外飞行机械员执照的人员，不再依据境外飞行机械员执照转换中国飞行机械员，而是通过办理认可函的形式允许参加运行。

四是取消了原规章中在飞行机械员执照上签注动力装置级别等级（活塞发动机动力、涡轮螺旋桨动力和涡轮喷气动力）的规定，今后新颁发的飞行机械员执照将不再签注动力装置等级，仅签注中国民用航空局所规定的需配置飞行机械员的航空器的型别等级。

五是将局方监察员或委托代表实施的定期检查及相应的技术审定批准书改为技术检查，由运营人实施，并明确了相关要求。同时要求在规定期限内未进行技术检查或者技

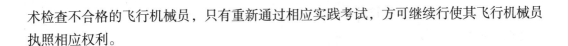

术检查不合格的飞行机械员，只有重新通过相应实践考试，方可继续行使其飞行机械员执照相应权利。

单元三 机组成员与机长

一、机组成员

机组是指飞行中需要承担职责的所有人员，包括机长、副驾驶员、客舱乘务员等。针对机组成员的要求主要包括以下几点：

（1）机组成员的岗前培训和资格审定要求：机组成员需要按照中国民用航空局的规定，经过岗前培训和资格审定，达到相应的飞行标准、技能和安全要求。

（2）机组成员的医学检查和健康要求：机组成员需要检查身体健康状况，确保身体状况可以胜任该职位工作，并遵守国家和航空公司的医疗标准和规定。

（3）机组成员的工作和休息时间要求：机组成员需要遵守国际和国内航空公司的工作和休息时间规定，以保证在工作状态下保持高效、安全和合规运营。

二、机长

背景知识

机长的法律地位是指机长应具备的法定资格及法律赋予其的权利和义务。机长应该具备独立驾驶符合要求型号的民用航空器的技术和经验；熟悉各种气象条件下的飞行规则和技术，能够熟练操纵飞行器，做好飞行器的全面检查和维护，以确保安全的起飞、飞行和着陆。机长需要获得中国民用航空局颁发的飞行执照和相关许可证书，这需要经过严格的培训和考试。机长需要有至少 1 500 小时的飞行经验，并且要有一定的领导经验。机长还需要在团队中工作，并与其他机组成员紧密合作，具备优良的沟通和协作能力，以确保在飞行过程中的安全。此外，机长还要遵纪守法、作风正派、忠诚老实、成绩优良，有志于为民用航空飞行事业服务，具有良好的道德修养、品行端正，无不良行为记录等。

（一）机长的资格

机长是飞行任务中担任最高职务的机组成员，拥有指挥权、决策权和负责权，对航班的安全、经济和公共秩序负有直接责任。根据《中华人民共和国民用航空法》和相关行政法规，机长需要具备以下资格：

（1）持有符合国籍的民用航空机长证书。

（2）通过民用航空器机长训练和评定，达到民用航空器机长标准，取得相应的训练和考核资质。

（3）达到适航规定要求，并符合身体条件标准。

（二）机长的责任

机长是航班的指挥者和最高决策层，其责任十分重大。机长的责任主要包括：

（1）保障航班安全。机长需要确保航班的安全，对飞行过程中的各个环节和情况进行管理和控制，如遇紧急情况需要采取应急措施。

（2）执行飞行任务。机长需要按照国内外相关法律规定和航空企业标准执行飞行任务，包括航线规划、起飞、巡航、下降、着陆等方面。

（3）确保航班的经济效益。机长需要在保障航班安全的前提下，根据航空企业规定，采取航线、燃油、机组成员、货物和乘客等方面的优化措施，确保航班经济效益最大化。

（4）维护航班秩序：机长需要对航班上的旅客和机组成员进行秩序管理，确保航班上的治安和公共秩序稳定。

案例阅读

2010 年 8 月 24 日 21 时 38 分，河南航空有限公司 E190 机型 B3130 号飞机执行哈尔滨至伊春 VD8387 定期客运航班任务时，在黑龙江省伊春市林都机场进近着陆过程中失事，造成机上 44 人死亡、52 人受伤，直接经济损失 30 891 万元。事故的直接原因有三：一是机长违反河南航空《飞行运行总手册》的有关规定，在低于公司最低运行标准（根据河南航空有关规定，机长首次执行伊春机场飞行任务时能见度最低标准为 3 600米，事发前伊春机场管制员向飞行机组通报的能见度为 2 800 米）的情况下，仍然实施进近。二是飞行机组违反民航局《大型飞机公共航空运输承运人运行合格审定规则》的有关规定，在飞机进入辐射雾，未看见机场跑道、没有建立着陆所必须的目视参考的情况下，仍然穿越最低下降高度实施着陆。三是飞行机组在飞机撞地前出现无线电高度语音提示，且未看见机场跑道的情况下，仍未采取复飞措施，继续盲目实施着陆，导致飞机撞地。法院认为，被告人齐某军作为客运航班当班机长，违反航空运输管理的有关规定，致使飞机坠毁，其行为已构成重大飞行事故罪。依照《中华人民共和国刑法》有关规定，黑龙江省伊春市伊春区人民法院判处其有期徒刑 3 年。

［评析］

机长肩负着保护旅客的生命安全和航空企业声誉的重任，应当严格履行职责。他们必须时刻保持警觉和专业，无论遇到何种困难和危险，都要勇敢面对，以确保乘客的安全。《中华人民共和国民用航空法》第 44 条规定："民用航空器的操作由机长负责，机长应当严格履行职责，保护民用航空器及其所载人员和财产的安全。机长在其职权范围内发布的命令，民用航空器所载人员都应当执行。"《中华人民共和国民用航空法》第

48条规定："民用航空器遇险时，机长有权采取一切必要措施，并指挥机组人员和航空器上其他人员采取抢救措施。在必须撤离遇险民用航空器的紧急情况下，机长必须采取措施，首先组织旅客安全离开民用航空器；未经机长允许，机组人员不得擅自离开民用航空器；机长应当最后离开民用航空器。"

资料来源：黑龙江伊春"8·24"特别重大飞机坠毁事故调查报告［EB/OL］.中国政府网，2014.

（三）机长的权利

1. 基本权利

（1）行使航行决策权。机长可以根据航班情况和紧急情况作出航行决策，包括改变航向、执行备降、请求空中交通管制等。

（2）调整机组成员的出勤。机长在认为机组成员的身体或素质不达标时，可以作出调整。

（3）拒绝危险品和非法货物。机长有权拒绝装载危险品和非法货物。

（4）处置航班紧急情况。机长有权在必要时采取紧急措施，以保障航班的安全。

2. 国内法律的规定

（1）机长拥有最高指挥权。在民用航空器上，所有人员都应当听从机长的所有指令并严格执行。

（2）机长拥有决策权。在不能保证航班安全的情况下，机长有权拒绝起飞。

（3）机长有权采取特殊措施。在航空器上，对于危害民用航空器所载人员及财产安全、对于破坏民用航空器、对于扰乱民用航空器内秩序的其他危害飞机起飞的任何扰乱行为，机长都有权拒绝载人并采取必要的特殊措施。

（4）机长有权处置民用航空器。在飞行过程中遇到特殊情况时，为了保证民用航空器上所有人员的生命安全，机长有权对民用航空器作出处置。

3. 国际公约中的规定

（1）机长有权对民用航空器做最后处置决定。若民用航空器不能继续飞行，在等待指示时和联系时，机长有权采取认为对旅客和机组成员的健康和安全以及为避免或最大限度减少对民用航空器本身及其载荷的损失或毁坏所需的紧急措施。

（2）机长有权对民用航空器上的人采取看管措施。机长有正当理由，认为某人在民用航空器内已经或即将实施犯罪行为时，可以对此人采取必要的合理措施。

（3）机长有权要求其他机组成员进行协助。

（4）机长有权将扰乱机上秩序和在机上犯罪的人移交给民用航空器降落地的任何缔约国的主管当局。

《关于在航空器内的犯罪和犯有某些其他行为的公约》第10条还明确规定，对于根据本公约所采取的措施，无论航空器机长、机组其他成员、旅客、航空器所有人或经营人，或本次飞行是为他而进行的人，在因遭受这些措施而提起的诉讼中，概不负责。这是对机长行使权利的法律保护，具有十分重要的意义。

案例阅读

2021年，广州飞往上海虹桥的航班原定于21时40分起飞，因天气原因延误至凌晨0时08分起飞。在飞机顺利推出跑道准备起飞时，因为有旅客心脏不适需要下机，机长选择生命第一，将飞机开回登机口，让不适的旅客下机。随后因为无法在虹桥机场关闭前抵达，航班只能选择改落上海浦东机场。当大家默默等待下一次起飞时，一名男子在飞机上大闹。有知情人士称，该男子因不满降落机场从上海虹桥机场改到浦东机场，也有人称是男子想从经济舱换到商务舱……面对该名男子的举动，其他旅客非常气愤。机舱闹事总会牵动大众的情绪，此事一出立刻受到了网友的讨论。有网友认为无论如何，都不应该在飞机上闹事，况且这还涉及他人性命。

[评析]

《中华人民共和国民用航空安全保卫条例》第3章第25条规定："航空器内禁止下列行为：（一）在禁烟区吸烟；（二）抢占座位、行李舱（架）；（三）打架、酗酒、寻衅滋事；（四）盗窃、故意损坏或者擅自移动救生物品和设备；（五）危及飞行安全和扰乱航空器内秩序的其他行为。"

《中华人民共和国治安管理处罚法》第23条规定："有下列行为之一的，处警告或者二百元以下罚款；情节较重的，处五日以上十日以下拘留，可以并处五百元以下罚款：（一）扰乱机关、团体、企业、事业单位秩序，致使工作、生产、营业、医疗、教学、科研不能正常进行，尚未造成严重损失的；（二）扰乱车站、港口、码头、机场、商场、公园、展览馆或者其他公共场所秩序的；（三）扰乱公共汽车、电车、火车、船舶、航空器或者其他公共交通工具上的秩序的；（四）非法拦截或者强登、扒乘机动车、船舶、航空器以及其他交通工具，影响交通工具正常行驶的；（五）破坏依法进行的选举秩序的。聚众实施前款行为的，对首要分子处十日以上十五日以下拘留，可以并处一千元以下罚款。"此外，2018年出台的《关于在一定期限内适当限制特定严重失信人乘坐民用航空器 推动社会信用体系建设的意见》，规定："旅客在机场或航空器内实施下列行为被公安机关处以行政处罚或被追究刑事责任的：1.编造、故意传播涉及民航空防安全虚假恐怖信息的；2.使用伪造、变造或冒用他人乘机身份证件、乘机凭证的；3.堵塞、强占、冲击值机柜台、安检通道、登机口（通道）的；4.随身携带或托运国家法律、法规规定的危险品、违禁品和管制物品的；在随身携带或托运行李中故意藏匿国家规定以外属于民航禁止、限制运输物品的；5.强行登占、拦截航空器，强行闯入或冲击航空器驾驶舱、跑道和机坪的；6.妨碍或煽动他人妨碍机组、安检、值机等民航工作人员履行职责，实施或威胁实施人身攻击的；7.强占座位、行李架，打架斗殴、寻衅滋事，故意损坏、盗窃、擅自开启航空器或航空设施设备等扰乱客舱秩序的；8.在航空器内使用明火、吸烟、违规使用电子设备，不听劝阻的；9.在航空器内盗窃他人物品的。"

案例中的这位男子最后被警方带下了飞机。《中华人民共和国民用航空法》第46条规定："飞行中，对于任何破坏民用航空器、扰乱民用航空器内秩序、危害民用航空器所载人员或者财产安全以及其他危及飞行安全的行为,在保证安全的前提下,机长有权采取必要的适当措施。"例如,当机长认为某人在民用航空器上已犯或者行将犯罪、有危害航空安全的行为时,可对犯罪或违法嫌疑人采取合理措施;对于危害民用航空器上良好秩序的违法嫌疑人,机长有权在民用航空器降落的任何国家的领土上令此人离开民用航空器。

资料来源:因救人航班延误男子机上不满大闹!乘客怒骂闹事者!机长拒载![EB/OL].澎湃新闻网,2023.

岗位链接
某航空公司招聘标准

案例阅读
黑龙江伊春"8·24"特别
重大飞机坠毁事故调查报告

知识巩固

1. 民用航空人员的法律责任有哪些?

2. 法律规定机长有哪些责任?

3. 法律规定机长有哪些权利?

4. 民用航空人员包括哪些?

知识目标

（1）了解民用机场的概念及分类

（2）熟悉民用机场建设及使用许可制度的相关内容

（3）掌握民用机场安全保卫制度的相关内容

（4）熟悉民用机场环境保护法律制度的相关内容

能力目标

（1）能够准确描述民用机场的概念及分类，并分析民用机场的重要性和作用

（2）能够掌握民用机场建设及使用许可审批流程并运用于实践

（3）能够参与机场安全保卫工作，并协助处置相应事件

素质目标

（1）提高对机场发展、安全等方面的认识和意识，增强对公共事务的责任感和使命感

（2）增强法律意识和提高法治素养，遵纪守法、尊重法律、自觉维护社会公共利益

（3）提高创新思维和实践能力，关注国家公共事务和社会发展问题，积极探索解决方案并尝试应用于实际生活中

学习领航

通过对机场建设和安全等方面延伸，从机场建设、环保和安全等方面出发，思考如何积极参与与航空相关的社会事务，为国家和社会建设贡献自己的青春力量。

单元一　民用机场概述

一、民用机场的概念

《中华人民共和国民用航空法》第53条规定："本法所称民用机场，是指专供民用航空器起飞、降落、滑行、停放以及进行其他活动使用的划定区域，包括附属的建筑物、装置和设施。本法所称民用机场不包括临时机场。军民合用机场由国务院、中央军事委员会另行制定管理办法。"

《民用机场飞行区技术标准》对机场的定义是："陆上或水上的一块划定区域（包括所有建筑物、设施和设备），其全部或部分供航空器着陆、起飞和地面活动之用。"

民用机场是进行民用航空运输的必要场所。它不仅为旅客提供用于候机、转机的候机楼和上下飞机的服务设施，而且为飞机起飞、降落提供必需的跑道、停机坪等系列保障设施。

二、民用机场的分类

按照使用性质分类，机场可分为军用机场、军民合用机场和民用机场。法律地位不同，机场管辖及其适用的规则也不同。军用机场是为军用航空器提供起飞、着陆、停放和组织、保障飞行活动的场所，是航空兵进行作战训练、执行各项任务的基地。本书着重介绍民用机场的管理。《中华人民共和国民用航空法》中的机场特指民用机场，并且对民用机场从不同的角度进行了分类。

大型民用机场也称为航空港，简称空港，主要用于商业航空运输。空港有别于机场，专指能够经营客货运输的机场，并且必须设有候机楼以及能够处理旅客行李和货物的场地和设施。供旅客乘坐飞机旅行的机场都是空港。在我国，大型的民用机场被称为空港，小型的民用机场则被称为航站。

（一）我国对民用机场的分类

1. 按照公共运输服务的不同分类

根据提供公共运输服务的不同，民用机场分为公共航空运输机场、通用航空机场和军民合用机场的民用部分。

公共航空运输机场是为从事旅客运输、货物运输等公共航空运输活动的民用航空器提供起飞、降落等服务的机场。公共航空运输机场既可供公共航空运输活动使用，也可供通用航空活动使用。

通用航空机场是指为从事工业、农业、林业、渔业和建筑业的作业飞行，以及进行医疗卫生、抢险救灾、气象探测、海洋监测、科学实验、教育训练、文化体育等方面飞行活动的民用航空器提供起飞、降落等服务的机场。通用航空机场是专门承担除个人飞

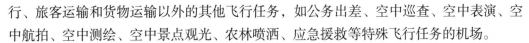

行、旅客运输和货物运输以外的其他飞行任务，如公务出差、空中巡查、空中表演、空中航拍、空中测绘、空中景点观光、农林喷洒、应急援救等特殊飞行任务的机场。

军民合用机场是指既可军用，又可民用的机场。为减缓民航运输的压力，我国的军民合用机场也提供公共运输服务。目前，我国拥有一些军民合用机场，即使旅客吞吐量占比不高，但如果能将军民合用机场深度融合发展，将有助于扩大旅客吞吐量，有效缓解部分地方民用机场紧张的状况。

2. 按照机场的运营范围分类

根据机场运营范围的不同，民用机场可分为国际机场和国内机场。

国际机场是指向国际民用航空组织登记并对外开放，可以接受外国航空器起降或备降的机场。国际机场一般设有办理海关、移民、公共健康、动植物检疫等方面手续的机构。我国的国际机场又可分为国际定期航班机场、国际定期航班备降机场、国际不定期飞行机场、国际不定期飞行备降机场和国际通用航空机场。

国内机场是指在我国除国际机场以外的一切机场，包括香港、澳门及台湾地区航线机场、国内航空干线机场、国内航空支线机场和国内通用航空机场。国内机场只供国内航班使用。

3. 按照机场所服务的航线和规模分类

根据机场所服务的航线和规模的不同，民用机场可分为枢纽机场、干线机场和支线机场。

枢纽机场是指密集连接国际、国内航线的大型机场，它能提供高效便捷、收费低廉的服务。航空公司选择枢纽机场作为航线目的地，旅客选择枢纽机场作为中转港。建设枢纽机场既是国家经济发展的需求，也是航空港企业发展的需求。我国的枢纽机场有北京大兴国际机场、上海浦东国际机场、广州白云国际机场等。

干线机场是指以国内航线为主，且年吞吐量达千万级的主干线路机场。此类机场一般设置在省会、自治区首府及重要工业城市、旅游城市、开放城市的机场。我国的干线机场有合肥新桥国际机场、深圳宝安国际机场、南京禄口国际机场、杭州萧山国际机场等。

支线机场又称地方航线机场，通常指各省、自治区内，位于地面交通不便地区的机场，规模较小，等级也较低。《民用航空支线机场建设标准》对支线机场的建设规划设计提出明确要求。支线机场需要符合设计目标年旅客吞吐量小于 50 万人次（含），主要起降短程飞机，规划的直达航班在 800～1500 公里范围内等条件。我国的支线机场的有赣州黄金机场等地方机场。

（二）国际上对民用机场的分类

1. 按照机场可以接纳的机型分类

根据机场可以接纳的机型的不同，民用机场可以分为直升机场、短距起降机场和常规机场。直升机场分为军用直升机场和民用直升机场两种。军用直升机场是供军用直升机起飞的机场，通常建在野外。民用直升机场是指供市际、省际、国际的民用直升机起飞的机场，通常建在大楼顶上。短距起降机场是指跑道长度相对较短，能够满足特定短距起降民用航空器的起飞、降落和滑行等操作，具备基本航空保障设施，主要服务于局部地区交通或特定飞行作业需求的机场。常规机场是指拥有较长跑道，能够满足各类中大型商用客机及运输机的起降需求，承担大量客运、货运等运输任务的综合性航空设施。

2. 按照机场的活动类型分类

根据机场活动类型的不同，民用机场可以分为商业机场和私人机场。商业机场是为公众提供服务的机场。私人机场是为私人小型航空器提供服务的机场。

3. 按照机场的运营范围分类

根据机场运营范围的不同，民用机场可以分为国际机场、国内机场和地区机场。国际机场是为了国际航班出入境而指定的机场，须有办理海关、移民、公共健康、动植物检疫和类似程序手续的机构，这类机场较大，设施齐全。除国际航班外，国际机场一般也接待国内航班，方便旅客转机。按照《运输机场使用许可规定》，作为国际机场使用的机场，需在机场名称内增加"国际"二字。国内机场是指供国内航班使用的机场。地区机场则是经营短程航线的中小城市机场。

4. 按照机场在整个机场网络中所处的地位和作用分类

根据机场在整个机场网络中所处的地位和作用，民用机场可分为轴心机场和辐条机场。轴心机场是指有众多进出港航班和高额比例衔接业务量的机场。辐条机场是指在特定区域内与一个枢纽机场相连的多个机场。

三、民用机场的主要设施

民用机场提供民用航空器起飞降落的专用场地、与客货运输相关的服务及设施。从完成运输任务、保障旅客安全等功能出发，民用机场划分为不同的功能区，配备对应设施。民用机场的主要设施由旅客航站区，飞行区，货运区，机务维修区，供油、供水、供电设施，空中交通管制设施，助航灯光，安全保卫设施和消防救援设施，行政办公区，生活区，生产辅助设施，后勤保障设施，地面交通设施及机场空域等组成。

（一）旅客航站区

民航运输的快捷、旅客的舒适体验，体现在机场设计上。旅客航站区主要由候机楼、登机机坪等组成。

1. 候机楼

候机楼既是为旅客提供服务的中心地区，也是某个国家或城市的标志性建筑之一，通常能够显示该地区的特点。候机楼是旅客登机、下机、转机的场所，是根据旅客的需求，提供服务项目的活动场所。在设计和建设上，候机楼会充分考虑旅客活动的流程：出港和进港旅客会被安排到两个分开的区域内；转机旅客有专门的休息区域；这几个区域都不相交叠。

2. 登机机坪

登机机坪在候机楼外，按登机口布置方式一般可分为单线式登机机坪、廊道式登机机坪、卫星式登机机坪和车辆运输式登机机坪。

单线式登机机坪沿候机楼前沿布置登机口和机位，飞机停放于候机楼外，一字排开，旅客从候机楼出来以后通过登机梯上飞机。单线式登机机坪的特点是简单、方便，旅客出了登机门可直接上机；但是候机楼前只能停放少量飞机，这样在交通流量大时易造成航班延误，并且旅客需要露天步行一段距离后才能登机。

廊道式登机机坪是由主楼朝停机坪的方向伸出一条或数条廊道，沿廊道的两侧布置机位，每一机位设登机口。廊道式登机机坪可以停放较多飞机，减少旅客步行距离。民用机场基本采用这种形式。

卫星式登机机坪是在主楼之外建登机厅，用廊道与主楼连通。登机厅周围布置机位，设相应的登机口。登机厅内可以有很多航班，各航班旅客登机时的路程和时间大体一致，旅客在登机厅内能够得到较多的航班信息。不过登机厅造价成本高，且建成后不易进一步扩展。

车辆运输式登机机坪是利用特种车辆将旅客从候机楼等区域运送到飞机旁登机的布局方式。这种方式与廊道式登机方式相对应，常见于一些中小型机场或者航班停靠位置距离候机楼较远的情况。车辆运输式登机机坪减少了建筑费用，并能够不受限制地扩展；但是极易受雨雪、冰雹、大风等外界天气影响，会给旅客上下机带来不便，并增加旅客登机时间。

（二）飞行区

飞行区是为保证飞机安全起降的区域，包括地面设施和净空区两部分，地面设施为机场飞行区的主体。地面设施主要包括跑道、跑道端安全地带、净空道、滑行道、机坪。

1. 地面设施

（1）跑道。

跑道是飞机起飞滑跑和着陆滑跑的地方，是机场中最重要的建筑设施之一，其性能和相应的设施决定了哪种飞机能够适用。飞机的重量越大，所需跑道越长、越宽。跑道的宽度合适能够防止飞机在滑跑时压到跑道边灯及冲出跑道。

由于跑道还要承受飞机降落时的冲击力，因此跑道必须具有一定的强度。大中型机场的跑道基本采用钢筋混凝土结构建造。起降的飞机重量越大，钢筋混凝土的厚度越厚。跑道应水平（个别情况下可允许有很小的坡度）、具备一定的摩擦力。跑道配有排水沟，有利于积水迅速排出，以保持应有的摩擦力。

机场等级通常是由飞行区等级决定的，飞行区等级常用来指称机场等级，飞行区等级主要由跑道的性能和相应的设施决定。飞行区等级通常用数字代号加字母代号来表示。数字代号代表机场飞行区使用的最大飞机的基准飞行场地长度（场地长度或跑道长度），国际上通用 1、2、3、4 四个阿拉伯数字来表示场地长度的等级。字母代号代表机场飞行区使用的最大飞机的翼展和主起落架外轮外侧间的距离，从小到大分为 A、B、C、D、E、F 六个等级，如表 4–1、表 4–2 所示。

表 4–1　飞行区指标 I

飞行区指标 I	飞机基准飞行场地长度（m）
1	<800
2	800（含）～1 200（不含）
3	1 200（含）～1 800（不含）
4	≥1 800

表 4–2　飞行区指标 II

飞行区指标 II	翼展（m）	主起落架外轮外侧边间距（m）
A	<15	<4.5
B	15（含）～24（不含）	4.5（含）～6（不含）
C	24（含）～36（不含）	6（含）～9（不含）
D	36（含）～52（不含）	9（含）～14（不含）
E	52（含）～65（不含）	9（含）～14（不含）
F	65（含）～80（不含）	14（含）～16（不含）

（2）跑道端安全地带。

跑道端安全地区设在升降带两端，它可以减少起飞着陆的飞机偶尔冲出跑道以及提前接地时遭受损坏的危险。跑道端安全地带地面必须平整、压实，不能有任何危及飞行安全的障碍物。

（3）净空道。

净空道是指紧接跑道端头，于地面（或水面）上划定的一块由机场当局管理的长方形区域。飞机能在其上空爬升并达到某指定高度（安全高度）。净空道宽度宜不小于自跑道中线延长线向两侧延伸：仪表跑道——75m；非仪表跑道——至跑道升降带宽度的1/2 处。设置净空道取决于跑道端以外地区的地理特性和预期使用的飞机的运行性能要求。净空道不能出现危及飞行安全的障碍物。

（4）滑行道。

滑行道就是连接跑道与机坪的通道，起飞的飞机从机坪驶向跑道，降落后的飞机驶出跑道停到机坪上，中途经过的路段就是滑行道。飞机降落后不能在跑道上久留。跑道在两端都有出口与滑行道相连；较长的跑道在中段设有出口，使起降距离不长的飞机能够迅速离开跑道。

（5）机坪。

机坪是供飞机停放和进行各种业务活动的场所，主要有等待坪和掉头坪两种。等待坪供飞机等待起飞或让路而临时停放用，设在跑道端附近的平行滑行道旁边；掉头坪供飞机掉头用。

飞机在机坪处接待上下旅客、装卸货物、添加燃油及接受各种补给和服务。过往飞机的过站工作通常要求在规定时间内完成。每一架飞机起飞前和降落后至少有 10 多辆地面车辆来为其提供服务。

2. 净空区

净空区是机场重要的空中部分。由于飞机在机场区域内的飞行高度较低，因此必须在机场上空划出一个区域，即净空区。净空区是指飞机起飞、着陆涉及的范围。为了确保飞行安全，必须对净空区内的地形地物高度进行严格限制，不允许有危及飞行安全的障碍物出现。净空区由升降带、端净空区和侧净空区三部分组成，其范围和规格根据机场等级确定。升降带是指保证飞机起飞、着陆、滑跑的安全，以跑道为中心在其周围划定的区域；端净空区是指保证飞机起飞爬升和着陆下滑安全而限制物体高度的空间区域；侧净空区是指从升降带和端净空区限制面边线开始，至机场净空区边线所构成的限制物体高度的区域，由过渡面、内水平面、锥形面和外水平面组成。

净空区的底部是椭圆形，以跑道为中线，长度为跑道的长度加上两端各 60 米的延长线；椭圆形的宽度在 6 000 米以上。净空区以椭圆形为底部向外向上呈立体状延伸，同时在跑道的两端向外划出一个通道，这个通道的底面叫进近面，沿着下滑道水平延伸 10 000 米以上。由这些平面围成的空间是专为飞机起降用的，任何其他建筑物和障碍物均不得进入这个区域。接近此区域的楼房、烟囱等在高度上都有限制，在顶部漆红白相间的颜色，装上灯光或闪光灯，便于飞机驾驶员识别，防止碰撞。

（三）货运区

货物运输服务区（简称货运区）是为货主提供地面服务的区域。货运量较大的航空港设有专门的货运站。货运区主要由业务楼、货运库、装卸场及停车场组成，货运区供办理货物托运手续、装卸货、临时储存、交货等用。

（四）机务维修区

机务维修区是飞机维护修理和提供航空港正常工作所必需的各种机务设施的区域。机务维修区内建有维修机库、维修机坪和供水、供电、供热、供冷、下水等设施，以及消防站、急救站、铁路专用线等。

（五）供油、供水、供电设施

供油设施一般由储油库、站坪加油系统和输油管线等组成，为飞机提供加油服务。

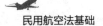

大型机场设有储油库和使用油库，其中储油库储存大量油料，并有装卸油装备和各种配套设施，是机场的主要油库。小型机场一般只设一个油库。小型机场通常用罐式加油车加油，大型机场通常用机坪管线系统（加油井或加油栓）加油。

机场的供水、供电系统提供机场的用水用电。

（六）空中交通管制设施

空中交通管制设施主要包括航空管制系统、通信系统、导航系统及气象保障系统等，它们共同保障飞机飞行活动的安全。

航空管制系统简称航管，是指空中交通管制员根据国家颁布的航空法规，对所在领空飞行的飞机及其他航空器实施统一的管理和控制。航空管制是指地面航管协调、指挥空域或机场内不同航空器的航线、飞行模式，从而避免意外，确保空域和航线使用效率的做法和体系。航管系统提供航线天气、流量、机场特别公告等资料，协助航空器驾驶员做出必要的决策。

通信系统主要是指无线电通信系统，主要由中心发射台、高频台和地空通信设施等构成。

导航系统由仪表进近系统、全向信标台（测距台）以及着陆雷达、航管雷达等构成，其功能是保障飞机的通信和导航。

气象保障系统由气象雷达、气象卫星云图接收站、自动观测系统以及常规气象设施等构成，保障飞行安全，提供客观资料。气象条件对飞机的起飞、航行、降落等有着不同的影响，飞机的设计制造和气象条件有密切关系。航空气象的主要任务是在不同的气象条件下，有效地运用航空技术保障飞行安全，提高航行效率。

（七）助航灯光

助航灯光由变电站、室外电缆、铁塔和灯光等部分构成。机场上装有大量的照明设施，主要集中在跑道上，可以帮助飞机在夜间及其他能见度低的情况下使用机场。跑道上设有中线灯、边灯，跑道主降方向、次降方向设有仪表进近灯光系统，端口处分别设有入口灯、末端灯、坡度灯等。跑道的两侧有装在金属柱上发出白色光的跑道边灯，显示出跑道的轮廓。沿跑道的中心线每隔20米有一个装在地面内的跑道中线灯，灯面与道面齐平，不怕机轮碾压，其亮度明显超过其他灯光。

为了引导飞机降落，跑道端外延伸着长距离的照明设施，这些照明设施发出的灯光叫作进近灯光，将这部分灯光与仪表着陆系统配套使用，能够在夜间帮助驾驶员确定距离和下降坡度。跑道端附近装设有一组或两组叫作"目视进近坡度指示器（VASI）"的灯组，可以帮助驾驶员在夜间降落时准确地校正飞机下降的坡度。

（八）安全保卫设施和消防救援设施

机场设有公安局、安检站、消防大队、医疗救护中心等安全保卫和消防救援部门，备有应急救援方案，可以保障旅客生命及财产安全。

案例阅读
2019 年 10 月 26 日
北大荒通用航空
有限公司飞行人员
被螺旋桨打伤事件
调查报告

岗位链接

值机员是指在航空公司中根据计算机 CKI 系统设置的或载重平衡员提供的客舱座位分布方案，安排旅客座位，发放登机牌的地面工作人员。在航班起飞前，值机员要及时、准确地统计航班旅客、行李数据，航班预计离站报告业载。

值机所有的工作流程都靠硬件操作，仅仅是开展工作并不难。值机工作好比是一架钢琴，旅客就是琴键，谁都能敲出声音，而要奏出和谐美妙的乐曲却需要智慧。衡量值机员的标准就是看其能否处理好工作中的特殊情况，看其如何为旅客服务。由于多数航空企业走低成本、多渠道盈利路线，因此增加企业辅助收入便成为值机员的使命。这在值机员的工作中就体现在旅客行李逾重费用的收取上。地面服务工作中大多是平凡的小事，值机员要细心、用真心，在保证本企业利益的前提下诚心为旅客着想。

1. 工作职责

（1）负责航班计划的编制、调整和发布。

（2）负责航线经营权与航班时刻的申请工作。

（3）负责航空企业航班在外站临时过夜的申请。

2. 岗位职责

（1）提供值机、候机、行李查询等旅客服务工作。

（2）为旅客托运行李、安排座位等，满足旅客合理的需要。

（3）提供接机、登机、问询等旅客服务工作。

（4）在航班延误时处理旅客问题等。

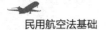

单元二 民用机场的建设与规划、使用许可和管理制度

　　《中华人民共和国民用航空法》是为了维护国家的领空主权和民用航空权利，保障民用航空活动安全和有秩序地进行，保护民用航空活动当事人各方的合法权益，促进民用航空事业的发展而制定的法律。

　　《民用机场管理条例》是根据《中华人民共和国民用航空法》而制定的条例，其目的是规范民用机场的建设与管理，积极、稳步推进民用机场发展，保障民用机场安全和有序运营，维护有关当事人的合法权益。

　　《运输机场建设管理规定》对机场的工程建设程序做出了相关规定，包括机场选址、总体规划、工程初步设计、工程施工图设计、建设实施、工程验收、工程建设信息等内容。

一、民用机场的建设与规划制度

　　民用机场既是民用航空运输的重要基础设施，也是综合交通运输体系的重要组成部分。民用机场的建设与发展以市场需求为基础，注重整体的统筹规划，通过优化机场布局、增加机场数量和扩大机场规模，加强资源整合，扩大服务范围，提高服务水平，有利于民用航空事业发展。

　　《中华人民共和国民用航空法》第 54 条规定："民用机场的建设和使用应当统筹安排、合理布局，提高机场的使用效率。全国民用机场的布局和建设规划，由国务院民用航空主管部门会同国务院其他有关部门制定，并按照国家规定的程序，经批准后组织实施。省、自治区、直辖市人民政府应当根据全国民用机场的布局和建设规划，制定本行政区域内的民用机场建设规划，并按照国家规定的程序报经批准后，将其纳入本级国民经济和社会发展规划。"

　　《中华人民共和国民用航空法》第 56 条规定："新建、改建和扩建民用机场，应当符合依法制定的民用机场布局和建设规划，符合民用机场标准，并按照国家规定报经有关主管机关批准并实施。不符合依法制定的民用机场布局和建设规划的民用机场建设项目，不得批准。"

　　《民用机场管理条例》第 5 条规定："全国民用机场布局规划应当根据国民经济和社会发展需求以及国防要求编制，并与综合交通发展规划、土地利用总体规划、城乡规划相衔接，严格控制建设用地规模，节约集约用地，保护生态环境。"

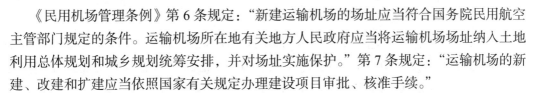

《民用机场管理条例》第 6 条规定："新建运输机场的场址应当符合国务院民用航空主管部门规定的条件。运输机场所在地有关地方人民政府应当将运输机场场址纳入土地利用总体规划和城乡规划统筹安排，并对场址实施保护。"第 7 条规定："运输机场的新建、改建和扩建应当依照国家有关规定办理建设项目审批、核准手续。"

《民用机场管理条例》第 10 条规定："运输机场内的建设项目应当符合运输机场总体规划。任何单位和个人不得在运输机场内擅自新建、改建、扩建建筑物或者构筑物。"第 11 条规定："运输机场新建、改建和扩建项目的安全设施应当与主体工程同时设计、同时施工、同时验收、同时投入使用。安全设施投资应当纳入建设项目概算。"第 12 条规定："运输机场内的供水、供电、供气、通信、道路等基础设施由机场建设项目法人负责建设；运输机场外的供水、供电、供气、通信、道路等基础设施由运输机场所在地地方人民政府统一规划，统筹建设。"

《民用机场总体规划管理规定》第 3 条规定："机场管理机构应当依据本规定的要求编制和报批本机场总体规划。新建机场的总体规划必须经审批后方可进行初步设计工作；运行中的机场总体规划必须经审批后方可进行改、扩建建设项目的前期工作。经审定批准的机场总体规划是机场建设及发展必须遵循的基本依据。"

《民用机场总体规划管理规定》第 6 条规定："机场总体规划应统一规划，分期建设，满足近期和远期发展的要求；机场总体规划目标年，近期为 10 年，远期为 30 年。"第 6 条规定："机场总体规划在满足机场安全正常运行，提高服务水平的前提下，遵循以功能分区为主，行政区划为辅的原则；功能分区及设施系统应当布局合理，容量平衡，满足航空业务量的发展需要。"

总之，民用机场总体规划应符合国家及民用航空业有关标准及规范的要求。

二、民用机场的使用许可制度

民用机场实行许可制度是一项加强对机场的管理，以保障民用机场安全、正常运行而制定的法律制度。按照《运输机场使用许可规定》要求，由机场管理机构取得民用机场使用许可证或军民合用机场民用部分使用批准书后，机场才能开放使用。

（一）申请民用机场使用许可证的条件

《中华人民共和国民用航空法》第 62 条第 2 款规定："申请取得机场使用许可证，应当具备下列条件，并按照国家规定经验收合格：（一）具备与其运营业务相适应的飞行区、航站区、工作区以及服务设施和人员；（二）具备能够保障飞行安全的空中交通管制、通信导航、气象等设施和人员；（三）具备符合国家规定的安全保卫条件；（四）具备处理特殊情况的应急计划以及相应的设施和人员；（五）具备国务院民用航空主管部门规定的其他条件。"

同时，第 62 条第 3 款规定："国际机场还应当具备国际通航条件，设立海关和其他口岸检查机关。"

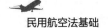

（二）民用机场使用许可证的管理机构及其职责

中国民用航空局对全国民用机场的使用许可实施统一管理。中国民用航空局机场管理职能部门负责对全国民用机场的使用许可及相关活动实施统一监督管理。中国民用航空地区管理局根据中国民用航空局的授权，对所辖地区内机场的使用许可实施监督管理。

《运输机场使用许可规定》第4条规定："中国民用航空局（以下简称民航局）负责对全国范围内的机场使用许可及其相关活动实施统一监督管理；负责飞行区指标为4F的机场使用许可审批工作。"

《运输机场使用许可规定》第5条规定："民航地区管理局负责对所辖区域内的机场使用许可及其相关活动实施监督管理。包括：（一）受民航局委托实施辖区内飞行区指标为4E（含）以下的机场使用许可审批工作；（二）受民航局委托实施机场使用手册审查工作；（三）监督检查本辖区内机场使用许可的执行情况；（四）组织对辖区内取得使用许可证的机场进行年度适用性检查和每5年一次的符合性评价；（五）法律、行政法规规定的以及民航局授权的其他职责。"

《运输机场使用许可规定》第6条规定："机场使用许可管理应当遵循安全第一、条件完备、审核严格、程序规范的原则。"

（三）民用机场使用许可证的申请、核发、变更与注销

《中华人民共和国民用航空法》第63条规定："民用机场使用许可证由机场管理机构向国务院民用航空主管部门申请，经国务院民用航空主管部门审查批准后颁发。"《运输机场使用许可规定》第3条规定："机场管理机构是指依法组建的或者受委托的负责机场安全和运营管理的具有法人资格的机构。机场管理机构应当按照机场使用许可证规定的范围使用机场。"

1. 民用机场使用许可证的申请

《运输机场使用许可规定》第7条规定："机场使用许可证应当由机场管理机构按照本规定向民航局或者受民航局委托的机场所在地民航地区管理局申请。"第8条规定，申请机场使用许可证的机场应当具备下列条件：

（1）有健全的安全运营管理体系、组织机构和管理制度；

（2）机场管理机构的主要负责人、分管运行安全的负责人以及其他需要承担安全管理职责的高级管理人员具备与其运营业务相适应的资质和条件；

（3）有符合规定的与其运营业务相适应的飞行区、航站区、工作区以及运营、服务设施、设备及人员；

（4）有符合规定的能够保障飞行安全的空中交通服务、航空情报、通信导航监视、航空气象等设施、设备及人员；

（5）使用空域已经批准；

（6）飞行程序和运行标准符合民航局的规定；

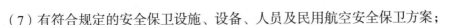

（7）有符合规定的安全保卫设施、设备、人员及民用航空安全保卫方案；

（8）有符合规定的机场突发事件应急救援预案、应急救援设施、设备及人员；

（9）机场名称已在民航局备案。

根据《运输机场使用许可规定》第9条的规定，申请机场使用许可证时应当报送下列文件资料：

（1）《运输机场使用许可证申请书》。

（2）机场使用手册。

（3）机场管理机构的主要负责人、分管运行安全的负责人以及其他需要承担安全管理职责的高级管理人员的资质证明，与机场运行安全有关的人员情况一览表。

（4）机场建设的批准文件和行业验收的有关文件；机场产权和委托管理的证明文件。

（5）通信导航监视、气象等设施设备开放使用的批准或者备案文件。

（6）符合要求的机场使用细则、飞行程序、机场运行最低标准的材料。

（7）符合要求的民用航空安全保卫方案和人员配备、设施设备配备清单。

（8）机场突发事件应急救援预案。

（9）机场名称在民航局的备案文件。

（10）民航局、民航地区管理局要求报送的其他必要材料。

机场管理机构应当对申请机场使用许可证文件资料的真实性负责。

《运输机场使用许可规定》第10条规定："申请材料不齐全或者不符合法定形式的，民航地区管理局应当当场或者在5个工作日内一次告知机场管理机构需要补正的全部内容，逾期不告知的，自收到申请材料之日起即为受理。"

2. 民用机场使用许可证的核发

《运输机场使用许可规定》第11条规定："民航局或者民航地区管理局收到符合要求的机场使用许可申请文件资料后，应当按照下列要求进行审查：（一）对文件资料的真实性、完整性进行审核；（二）对手册的格式以及内容与规章、标准的符合性进行审查；（三）对机场设施、设备、人员及管理制度与所报文件材料的一致性进行现场检查复核。负责前款事项的人员由民航局或者民航地区管理局指派或者监察员担任，但只有监察员有权在相应的文件上签字。"

《运输机场使用许可规定》第12条规定："民航局或者民航地区管理局经过审查，认为机场管理机构的申请符合本规定第八条、第九条要求的，应当在受理申请后的45个工作日内以民航局的名义作出批准决定，并自作出批准决定之日起10个工作日内将批准文件、机场使用许可证以及手册一并交与机场管理机构。民航局或者民航地区管理局颁发机场使用许可证后，应当将许可申请、审查和批准等文件资料存档。"

《运输机场使用许可规定》第13条规定："民航局或者民航地区管理局经过审查，认为机场管理机构报送的文件资料或者实际情况不完全具备本规定第八条、第九条要求的，应当书面通知机场管理机构并说明理由。在机场管理机构采取相应措施弥补前款提

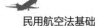

及的缺陷后，仍不能满足要求的，民航局或者民航地区管理局应当以民航局的名义作出不予颁发机场使用许可证的书面决定。"

《运输机场使用许可规定》第14条规定："民航局统一印制机场使用许可证（附件2），并对许可证编号实施统一管理。"

3. 民用机场使用许可证的变更

《运输机场使用许可规定》第15条规定："机场使用许可证载明的下列事项发生变化的，机场管理机构应当按照本规定申请变更：①机场名称；②机场管理机构；③机场管理机构法定代表人；④机场飞行区指标；⑤机场目视助航条件；⑥跑道运行类别；⑦跑道运行模式；⑧机场可使用最大机型；⑨跑道道面等级号；⑩机场消防救援等级；⑪ 机场应急救护等级。"

4. 民用机场使用许可证的注销

根据《运输机场使用许可规定》第17条的规定，有下列情况之一的，民航局或者民航地区管理局应当依法办理机场使用许可证的注销手续：

（1）机场关闭后，不再具备安全生产条件，被撤销机场使用许可的。

（2）决定机场关闭不再运营的。

（3）机场管理机构依法终止的。

（4）因不可抗力导致机场使用许可无法实施的。

（5）法律、行政法规规定的应当注销行政许可的其他情形。

《运输机场使用许可规定》第18条规定："机场管理机构决定机场关闭不再运营的，应当于机场预期关闭前至少45日向民航局或者所在地民航地区管理局提出关闭申请，经民航局或者民航地区管理局批准后方可关闭，并向社会公告。民航局或者民航地区管理局应当自受理机场管理机构申请之日起20个工作日内予以答复，并在预期的机场关闭日期注销该机场使用许可证。机场管理机构应当在机场许可证注销后的5个工作日内，将原证交回颁证机关。"第19条规定："机场管理机构应当按照相关规定将机场关闭信息通知航行情报服务机构发布航行通告并向社会公告，并自关闭之日起，撤掉识别机场的标志、风向标等，设置跑道、滑行道关闭标志。"

根据《运输机场使用许可规定》第20条第1款的规定，有下列情形之一的，机场管理机构应当于机场预期关闭前至少45日报民航局或者所在地民航地区管理局审批，民航局或者民航地区管理局应当在5个工作日内予以答复，但机场使用许可证不予注销：

（1）机场因改扩建在1年以内暂不接受航空器起降的。

（2）航空业务量不足，暂停机场运营1年以内的。

三、民用机场的管理制度

全国民用机场的布局和建设规划，由国务院民用航空主管部门会同国务院其他有关部门制定，并按照国家规定的程序，经批准后组织实施。省、自治区、直辖市人民政府应当根据全国民用机场的布局和建设规划，制定本行政区域内的民用机场建设规划，并按照国家规定的程序报经批准后，将其纳入本级国民经济和社会发展规划。

（一）民用机场的管理体制改革

目前进行的民用机场管理体制改革，主要任务是政企分开，属地管理，中国民用航空局不再行使国有资产管理者的职能，只对民用机场实行行业管理，制定规章、标准并实施监督，重点是安全监管。中国民用航空局主要对民用机场运行安全实施监督管理，具体包括以下几个方面：

1. 民用机场适用性检查制度

经批准开放使用的机场，应当持续符合有关规定的运行基本要求，并按照规定接受监督检查。

（1）机场飞行区场地，需要符合《民用机场飞行区技术标准》的规定。按照《运输机场运行安全管理规定》"飞行区设施设备维护要求"的规定，机场管理机构应当确保跑道、滑行道和机坪的道面（含道肩，下同）、升降带及跑道端安全地区、围界、巡场路和排水设施等始终处于适用状态。

（2）目视助航设施应当符合下列要求：助航灯光的完好性及其供电的可靠性符合《民用机场飞行区技术标准》的规定；助航灯光系统的日常运行、维护、检查工作严格按照《民用机场助航灯光系统运行维护规程》的要求进行。其他目视助航设施的运行、维护、检查工作可参照该规程的要求进行。保持各项设施处于适用状态，技术要求及精度达到有关标准。

（3）机坪运行符合下列要求：供民用航空器、车辆、作业人员使用的各类标志、标志牌、信号符合有关技术标准，并保持清晰醒目；在机坪活动的民用航空器、车辆、人员应当遵守有关管理规定，保持有序运行。

（4）航管、通信、导航、气象等各项飞行保障设施，应当符合下列要求：保持各类空中交通管制设施、导航设施的完好，保证其运行性能、技术要求及精度达到规定标准；保障空中交通管制设施、导航设施的电磁环境和场地保护区符合民航局有关规定的要求。

（5）安全检查设施应当符合下列要求：托运行李安全检查流程符合中国民用航空局有关规定的要求；功能、技术性能完好，达到有关规定的标准。

（6）救援和消防工作，应当符合《中华人民共和国搜寻援救民用航空器规定》和其他有关规定。

（7）机场消防装备的配备应当符合《民用航空运输机场消防站消防装备配备》标准。

（8）机场的机务维修保障能力，应当符合中国民用航空局有关适航管理的规定。

（9）航空油料质量和供油设施，应当符合中国民用航空局有关规定。

（10）机场航站区设施，应当符合下列要求：各项设施运行正常、使用性能良好，能够保证旅客、行李、货物、邮件的安全；各种指示标志符合有关标准的要求。

（11）机场供电设施，应当符合下列要求：供电系统的运行符合国家电业部门颁发的有关规程；备用发电机组性能完好，技术要求及精度达到有关规定的要求。

（12）危险品的储存及运输，应当符合《民用航空危险品运输管理规定》和其他有关规定。

（13）民用机场的安全保卫，应当符合《中华人民共和国民用航空安全保卫条例》的规定。机场是航空系统不可或缺且非常重要的组成部分，我国法律、行政法规对其做了详尽的检查制度规定，对诸多方面进行仔细检查，以确保航空器运行的安全，确保人民生命财产的安全。

2. 民用机场运行安全信息报告制度

机场管理机构应当建立机场运行安全信息报告制度，包括航行资料报告制度、日常通报制度、快报制度和月报制度。按照《运输机场运行安全管理规定》要求，不同情形下进行不同报告，这是对民用机场适用性检查制度的补充，并使中国民用航空局及地区管理局及时掌握各机场在运行安全方面存在的问题，并采取相应措施或制定相关政策。

3. 民用机场不停航施工审批制度

不停航施工是指机场不关闭或部分时段关闭，在按照航班计划接收和放行航空器的情况下，在飞行区内实施工程施工。不停航施工不包括在飞行区内进行的日常维护工作。《运输机场运行安全管理规定》第 226 条规定："未经民航地区管理局按照《民用机场管理条例》批准，不得在机场内进行不停航施工。"目前，我国有许多机场正在进行改造或扩建，此制度保证了这些机场的安全运行。

（二）民用机场的管理内容

现代机场占地范围大、设施多、资金密集，需要一套完备而科学的管理体系。自民航体制改革以来，大部分民用机场已成为独立企业。在中国民用机场中，目前直属中国民用航空局管理的有北京首都国际机场等，其他大部分机场已由地方政府管理，中国民用航空地区管理局进行业务指导与监督。

民用机场的管理主要包括对民用机场的规划、设计、设备、运行等方面的管理。民用机场的管理涉及机场道面、助航灯光和标志、机场净空、旅客航站楼、附属设施、最低运行标准、安全保卫等诸多要素，同时还要考虑与地方经济发展、城市规划、环境保护协调，其范围是极其广泛的。

1. 管理依据

我国民用机场主要依据以下文件进行管理：

（1）《中华人民共和国民用航空法》。

（2）《关于建设机场和合用机场审批程序的若干规定》。

（3）《民用机场飞行区技术标准》。

（4）《国务院、中央军委关于加强机场净空保护的通知》。

（5）《通用航空民用机场收费标准》。

（6）《中国民用航空无线电管理规定》。

2. 管理部门

国务院管理国际机场，中国民用航空局统一对外公布资料。中国民用航空局管理飞行区等级为 4D 及 4D 以上的机场。中国民用航空地区管理局管理飞行区等级为 3C 及 3C 以下的机场（报总局备案）。

知识拓展
关于加强环境影响
评价管理推动民用
运输机场绿色
发展的通知

单元三　民用机场安全保卫制度

案例阅读

2017 年 10 月 26 日，A 机场在安检时发现一位旅客随身行李内有多个金属打火机。打火机样式各异，有的像汽车钥匙，有的像缩小版的行李箱。

当时正在执行开机任务的工作人员发现一个行李箱内有一堆金属打火机，数量不明确，接到开包指令后立马对该行李箱进行控制。一问之下，工作人员发现该旅客也知道自己带了打火机，直接将一袋打火机从行李箱内取了出来，一共有 11 个。旅客得知打火机不能带时立刻就着急了，连忙解释自己的打火机都是没有气的，是自己在展会上看着特别，特地买来当样板的。经过一番沟通后，旅客同意安检为其暂存，可在一个月之内让朋友到机场取回。

[评析]

此案例表明，没有气体的打火机不能带入候机隔离区。金属打火机、刀具等物品，安检机构可免费保管一定时间。旅客或旅客的委托人可在规定时间内凭安检开具的暂存单取回暂存物品。

资料来源：通讯员广州机场安检. 外籍旅客携带 11 个打火机 被机场安检查出［EB/OL］. 民航资源网，2017.

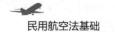

一、民用机场安全检查概述

（一）民用机场安全检查的定义

机场安全检查既是为了预防危害民用航空安全行为的发生，而采取的一种防御措施，也是为了保证旅客人身安全和民用航空器的飞行安全所采取的必要措施。民用机场的安全检查工作由机场安检部门依据国家有关规定实施，检查对象为乘坐国际、国内民航班机的中外籍旅客及其携带的行李物品；进入候机隔离区的人员及其携带物品；货主委托民用航空运送的货物（经国家特别准许者除外）等。安全检查的目的是防止枪支、弹药、武器、凶器和易燃易爆、剧毒、放射性物质，以及其他危害航空安全的危险品被带上或装载上飞机，从而保障民用航空飞行器的飞行安全和旅客的人身财产安全。

（二）民用机场安全检查的意义

自民用航空业问世以来，世界各国均有出现恐怖分子和犯罪分子使用爆炸物、武器等劫持或破坏民用航空器的事件。为了防止劫持民用航空器和破坏民用航空器，民用机场的安全检查是必不可少的，这能够大大降低危及民用航空安全的各类事件的发生概率，从而有效保障旅客的人身财产安全。

民用机场安全检查工作对于潜在犯罪者是一种直接的打击，能够有效阻隔具有报复社会意图的潜在犯罪分子犯罪，降低人为迫害的概率。此项工作也能有效促进民用航空业的发展，提升航运能力，有效减少航空企业因为民用航空运输出现事故而产生的巨大经济损失。维持民用航空秩序，保障社会稳定，间接提高旅客的安全意识是民用机场安全检查工作的意义。

二、民用机场安全检查的法律依据

涉及民用机场安全检查的法律、行政法规具体包括：《中华人民共和国民用航空法》《中华人民共和国民用航空安全保卫条例》《民用航空安全检查规则》《民用航空运输机场航空安全保卫规则》。

这些法律、行政法规明确了民用机场安全检查的技术措施，为民用机场安全检查的顺利实施提供了必要的法律依据。

（一）《中华人民共和国民用航空安全保卫条例》

《中华人民共和国民用航空安全保卫条例》是为了防止对民用航空活动非法干扰、维护民用航空秩序、保障民用航空安全而制定的条例，它详细规定了机场经营人安检的技术条件以及职责。

《中华人民共和国民用航空安全保卫条例》第10条规定："民用机场开放使用，应当具备下列安全保卫条件：（一）设有机场控制区并配备专职警卫人员；（二）设有符合标准的防护围栏和巡逻通道；（三）设有安全保卫机构并配备相应的人员和装备；（四）设有安全检查机构并配备与机场运输量相适应的人员和检查设备；（五）设有专职消防组

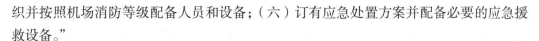

织并按照机场消防等级配备人员和设备;(六)订有应急处置方案并配备必要的应急援救设备。"

《中华人民共和国民用航空安全保卫条例》第16条规定:"机场内禁止下列行为:(一)攀(钻)越、损毁机场防护围栏及其他安全防护设施;(二)在机场控制区内狩猎、放牧、晾晒谷物、教练驾驶车辆;(三)无机场控制区通行证进入机场控制区;(四)随意穿越航空器跑道、滑行道;(五)强行登、占航空器;(六)谎报险情,制造混乱;(七)扰乱机场秩序的其他行为。"

《中华人民共和国民用航空安全保卫条例》第26条规定:"乘坐民用航空器的旅客和其他人员及其携带的行李物品,必须接受安全检查;但是,国务院规定免检的除外。拒绝接受安全检查的,不准登机,损失自行承担。"

《中华人民共和国民用航空安全保卫条例》第27条规定:"安全检查人员应当查验旅客客票、身份证件和登机牌,使用仪器或者手工对旅客及其行李物品进行安全检查,必要时可以从严检查。已经安全检查的旅客应当在候机隔离区等待登机。"

《中华人民共和国民用航空安全保卫条例》第28条规定:"进入候机隔离区的工作人员(包括机组人员)及其携带的物品,应当接受安全检查。接送旅客的人员和其他人员不得进入候机隔离区。"

《中华人民共和国民用航空安全保卫条例》第29条规定:"外交邮袋免予安全检查。外交信使及其随身携带的其他物品应当接受安全检查;但是,中华人民共和国缔结或者参加的国际条约另有规定的除外。"

《中华人民共和国民用航空安全保卫条例》第30条规定:"空运的货物必须经过安全检查或者对其采取的其他安全措施。货物托运人不得伪报品名托运或者在货物中夹带危险物品。"

《中华人民共和国民用航空安全保卫条例》第31条规定:"航空邮件必须经过安全检查。发现可疑邮件时,安全检查部门应当会同邮政部门开包查验处理。"

《中华人民共和国民用航空安全保卫条例》第32条规定:"除国务院另有规定的外,乘坐民用航空器的,禁止随身携带或者交运下列物品:(一)枪支、弹药、军械、警械;(二)管制刀具;(三)易燃、易爆、有毒、腐蚀性、放射性物品;(四)国家规定的其他禁运物品。"

《中华人民共和国民用航空安全保卫条例》第33条规定:"除本条例第三十二条规定的物品外,其他可以用于危害航空安全的物品,旅客不得随身携带,但是可以作为行李交运或者按照国务院民用航空主管部门的有关规定由机组人员带到目的地后交还。对含有易燃物质的生活用品实行限量携带。限量携带的物品及其数量,由国务院民用航空主管部门规定。"

(二)《民用航空安全检查规则》

依据《中华人民共和国民用航空法》《中华人民共和国民用航空安全保卫条例》等有关法律、行政法规制定的《民用航空安全检查规则》规范了民用航空安全检查工作，防止了对民用航空活动的非法干扰，从而维护了民用航空运输安全。《民用航空安全检查规则》适用于中华人民共和国境内的民用运输机场进行的民用航空安全检查工作。

1. 安全检查工作的原则

民航安全检查工作坚持安全第一、严格检查、规范执勤的原则。

2. 安全检查部门的设立

《民用航空安全检查规则》第8条规定："民用运输机场管理机构应当设立专门的民航安检机构从事民航安检工作。公共航空运输企业从事航空货物、邮件和进入相关航空货运区人员、车辆、物品的安全检查工作的，应当设立专门的民航安检机构。"

《民用航空安全检查规则》第10条规定："民航安检机构的运行条件应当包括：（一）符合民用航空安全保卫设施行业标准要求的工作场地、设施设备和民航安检信息管理系统；（二）符合民用航空安全检查设备管理要求的民航安检设备；（三）符合民用航空安全检查员定员定额等标准要求的民航安全检查员；（四）符合本规则和《民用航空安全检查工作手册》要求的民航安检工作运行管理文件；（五）符合民航局规定的其他条件。"

3. 安全检查设备

《民用航空安全检查规则》第22条规定："民航安检机构设立单位应当按照民航局规定，建立并运行民航安检设备的使用验收、维护、定期检测、改造及报废等管理制度，确保未经使用验收检测合格、未经定期检测合格的民航安检设备不得用于民航安检工作。"

《民用航空安全检查规则》第23条规定："民航安检机构设立单位应当按照民航局规定，上报民航安检设备使用验收检测、定期检测、报废等相关信息。"

《民用航空安全检查规则》第24条规定："从事民航安检设备使用验收检测、定期检测的人员应当通过民航局规定的培训。"

4. 旅客及行李、货物的安全检查

《民用航空安全检查规则》第29条规定："旅客及其行李物品的安全检查包括证件检查、人身检查、随身行李物品检查、托运行李检查等。安全检查方式包括设备检查、手工检查及民航局规定的其他安全检查方式。"

《民用航空安全检查规则》第31条第1款规定："乘坐国内航班的旅客应当出示有效乘机身份证件和有效乘机凭证。对旅客、有效乘机身份证件、有效乘机凭证信息一致的，民航安检机构应当加注验讫标识。"第3款规定："十六周岁以下的中国大陆地区居民的有效乘机身份证件，还包括出生医学证明、户口簿、学生证或户口所在地公安机关出具的身份证明。"

《民用航空安全检查规则》第30条规定："旅客不得携带或者在行李中夹带民航禁止运输物品，不得违规携带或者在行李中夹带民航限制运输物品。民航禁止运输物品、限制运输物品的具体内容由民航局制定并发布。"

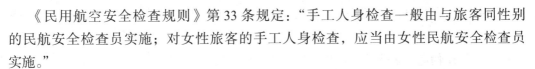

《民用航空安全检查规则》第 33 条规定："手工人身检查一般由与旅客同性别的民航安全检查员实施；对女性旅客的手工人身检查，应当由女性民航安全检查员实施。"

《民用航空安全检查规则》第 35 条规定："对要求在非公开场所进行安全检查的旅客，如携带贵重物品、植入心脏起搏器的旅客和残疾旅客等，民航安检机构可以对其实施非公开检查。检查一般由两名以上与旅客同性别的民航安全检查员实施。"

《民用航空安全检查规则》第 36 条规定："对有下列情形的，民航安检机构应当实施从严检查措施：（一）经过人身检查复查后仍有疑点的；（二）试图逃避安全检查的；（三）旅客有其他可疑情形，正常检查无法排除疑点的。"

《民用航空安全检查规则》第 37 条规定："旅客的随身行李物品应当经过民航行李安检设备检查。发现可疑物品时，民航安检机构应当实施开箱包检查等措施，排除疑点后方可放行。对没有疑点的随身行李物品可以实施开箱包抽查。实施开箱包检查时，旅客应当在场并确认箱包归属。"

《民用航空安全检查规则》第 41 条规定："对禁止旅客随身携带但可以托运的物品，民航安检机构应当告知旅客可作为行李托运、自行处置或者暂存处理。对于旅客提出需要暂存的物品，民用运输机场管理机构应当为其提供暂存服务。暂存物品的存放期限不超过 30 天。民用运输机场管理机构应当提供条件，保管或处理旅客在民航安检工作中暂存、自弃、遗留的物品。"

5. 航空货物、航空邮件的安全检查

《民用航空安全检查规则》第 47 条规定："航空货物应当依照航空货物安检要求通过民航货物安检设备检查。检查无疑点的，民航安检机构应当加注验讫标识放行。"

《民用航空安全检查规则》第 48 条规定："对通过民航货物安检设备检查有疑点、图像不清或者图像显示与申报不符的航空货物，民航安检机构应当采取开箱包检查等措施，排除疑点后加注验讫标识放行。无法排除疑点的，应当加注退运标识作退运处理。开箱包检查时，托运人或者其代理人应当在场。"

《民用航空安全检查规则》第 49 条规定："对单体超大、超重等无法通过航空货物安检设备检查的航空货物，装入航空器前应当采取隔离停放至少 24 小时安全措施，并实施爆炸物探测检查。"

《民用航空安全检查规则》第 51 条规定："航空邮件应当依照航空邮件安检要求通过民航货物安检设备检查，检查无疑点的，民航安检机构应当加注验讫标识放行。"

6. 特殊情况的处置

《民用航空安全检查规则》第 62 条规定："已经安全检查的人员、行李、物品与未经安全检查的人员、行李、物品不得相混或接触。如发生相混或接触，民用运输机场管理机构应当采取以下措施：（一）对民用运输机场控制区相关区域进行清场和检查；（二）对相关出港旅客及其随身行李物品再次安全检查；（三）如旅客已进入航空器，应当对航空器客舱进行航空器安保检查。"

《民用航空安全检查规则》第 63 条规定，有下列情形之一的，民航安检机构应当报告公安机关：

（1）使用伪造、变造的乘机身份证件或者乘机凭证的。

（2）冒用他人乘机身份证件或者乘机凭证的。

（3）随身携带或者托运属于国家法律法规规定的危险品、违禁品、管制物品的。

（4）随身携带或者托运本条第三项规定以外民航禁止运输、限制运输物品，经民航安检机构发现提示仍拒不改正，扰乱秩序的。

（5）在行李物品中隐匿携带本条第三项规定以外民航禁止运输、限制运输物品，扰乱秩序的。

（6）伪造、变造、冒用危险品航空运输条件鉴定报告或者使用伪造、变造的危险品航空运输条件鉴定报告的。

（7）伪报品名运输或者在航空货物中夹带危险品、违禁品、管制物品的。

（8）在航空邮件中隐匿、夹带运输危险品、违禁品、管制物品的。

（9）故意散播虚假非法干扰信息的。

（10）对民航安检工作现场及民航安检工作进行拍照、摄像，经民航安检机构警示拒不改正的。

（11）逃避安全检查或者殴打辱骂民航安全检查员或者其他妨碍民航安检工作正常开展，扰乱民航安检工作现场秩序的。

（12）清场、航空器安保检查、航空器安保搜查中发现可疑人员或者物品的。

（13）发现民用机场公安机关布控的犯罪嫌疑人的。

（14）其他危害民用航空安全或者违反治安管理行为的。

《民用航空安全检查规则》第 64 条规定，有下列情形之一的，民航安检机构应当采取紧急处置措施，并立即报告公安机关：

（1）发现爆炸物品、爆炸装置或者其他重大危险源的。

（2）冲闯、堵塞民航安检通道或者民用运输机场控制区安检道口的。

（3）在民航安检工作现场向民用运输机场控制区内传递物品的。

（4）破坏、损毁、占用民航安检设备设施、场地的。

（5）其他威胁民用航空安全，需要采取紧急处置措施行为的。

岗位链接

1. 定义

安检员：使用安检仪等检查设备从事机场、车站、码头等公共场所安全检查工作的人员。

民用航空安全检查员：对进入民用航空运输机场控制区的人员及其物品、车辆及物品、航空货物、航空邮件等实施安全技术检查的人员。

2.职业技能等级

本职业共设五个等级，分别为：五级／初级工、四级／中级工、三级／高级工、二级／技师、一级／高级技师。

3.职业能力特征

具有较强的表达能力、空间感、形体知觉和嗅觉，手指、手臂灵活，动作协调；无残疾，无重听，无口吃，无色盲、色弱。

4.普通受教育程度

高中毕业（或同等学力）。

5.申报条件

具备以下条件之一者，可申报五级／初级工：

（1）经本职业初级技能正规培训达到规定标准学时数并取得培训合格证书。

（2）累计从事本职业工作1年（含）以上（含见习期）。

具备以下条件之一者，可申报四级／中级工：

（1）取得本职业五级／初级工职业资格证书（技能等级证书）后，累计从事本职业工作1年（含）以上，经本职业中级技能正规培训达到规定标准学时数并取得培训合格证书。

（2）取得本职业五级／初级工职业资格证书（技能等级证书）后，累计从事本职业工作3年（含）以上。

具备以下条件之一者，可申报三级／高级工：

（1）取得本职业四级／中级工职业资格证书（技能等级证书）后，累计从事本职业工作3年（含）以上，经本职业高级技能正规培训达到规定标准学时数并取得培训合格证书。

（2）取得本职业四级／中级工职业资格证书（技能等级证书）后，累计从事本职业工作5年（含）以上。

具备以下条件之一者，可申报二级／技师：

（1）取得本职业三级／高级工职业资格证书（技能等级证书）后，累计从事本职业工作5年（含）以上，经本职业技师正规培训达到规定标准学时数并取得培训合格证书。

（2）取得本职业三级／高级工职业资格证书（技能等级证书）后，累计从事本职业工作7年（含）以上。

具备以下条件之一者，可申报一级／高级技师：

（1）取得本职业二级／技师职业资格证书（技能等级证书）后累计从事本职业工作7年（含）以上，经本职业高级技师正规培训达到规定标准学时数并取得培训合格证书。

（2）取得本职业二级／技师职业资格证书（技能等级证书）后累计从事本职业工作9年（含）以上。

单元四 民用机场环境保护法律制度

驱车沿××大道一路北行，过了路口之后，"机场""航城大道"的路牌一再出现，意味着距离A国际机场越来越近。到航城大道连续左转，便看到路边出现了2栋尚未完工的建筑物。该建筑物周围还圈着一人多高的板质围挡。距该栋大楼南侧数10米远，有另一栋建筑，楼高达到15层。据目测，"围挡建筑"占地面积比"15层建筑"更大，楼高则相差无几。

有人在路边观察了10分钟左右，其间先后有5架飞机从北端飞过来，大致2~3分钟就有一架飞机起飞。飞机沿着几乎与道路平行的航线慢慢爬升，越飞越高，也越飞越近！飞机的轰鸣声自北向南呼啸而至。飞机像一只张开大翅膀的巨鸟，在蓝天白云下划过一道美妙的弧线，这弧线与十几层楼房的屋脊近在咫尺，飞机尾翼的标识清晰可见。一位中年男子刚好领着他的小女儿在路边看飞机，他正在饶有兴致地向孩子介绍。

［评析］

净空区被影响，易出安全事故。如果长此以往，该机场航班量、夜航将受到严格限制。从安全角度来看，超高障碍物的增多可能导致导航信号受干扰，飞机撞击障碍物酿成事故。

资料来源：超高楼入侵机场"禁区"飞机呼啸掠过屋脊［EB/OL］.搜狐新闻网，2010.

一、机场环境保护综合规定

《中华人民共和国民用航空法》第67条规定："民用机场管理机构应当依照环境保护法律、行政法规的规定，做好机场环境保护工作。"

机场与城市之间存在重要的关系。如果机场与城市的距离过近，不仅飞机噪声会对城市居民及环境造成影响，而且城市建筑物和烟尘会影响机场净空区和能见度。机场与城市距离过远，则不便于客货运输。因此机场与城市之间必须有快捷的地面交通。机场所处的位置和跑道的方向应合理，尽量避免民用航空器在起飞和降落时经过城市的上空。影响机场选址的因素是多个方面的，建设机场必须严格按照相关法律规定执行并且根据具体情况综合考虑。

《民用机场管理条例》第46条规定："民用机场所在地地区民用航空管理机构和有关地方人民政府，应当按照国家有关规定划定民用机场净空保护区域，并向社会公布。"第47条规定："县级以上地方人民政府审批民用机场净空保护区域内的建设项目，应当书面征求民用机场所在地地区民用航空管理机构的意见。"

运输机场新建、改建和扩建项目的安全设施应当与主体工程同时设计、同时施工、同时验收、同时投入使用；新建民用机场的选址报告中应当分析可能产生的水、气、噪声、生态等环境问题。

二、民用机场净空区规定

机场净空区也称机场净空保护区域，是为保证民用航空器起飞和降落的安全，在机场周围划定的限制地貌和地物高度的空间区域。

《中华人民共和国民用航空法》第58条规定，禁止在依法划定的民用机场范围内和按照国家规定划定的机场净空保护区域内从事下列活动：

（1）修建可能在空中排放大量烟雾、粉尘、火焰、废气而影响飞行安全的建筑物或者设施；

（2）修建靶场、强烈爆炸物仓库等影响飞行安全的建筑物或者设施；

（3）修建不符合机场净空要求的建筑物或者设施；

（4）设置影响机场目视助航设施使用的灯光、标志或者物体；

（5）种植影响飞行安全或者影响机场助航设施使用的植物；

（6）饲养、放飞影响飞行安全的鸟类动物和其他物体；

（7）修建影响机场电磁环境的建筑物或者设施。

《中华人民共和国民用航空法》第59条规定："民用机场新建、扩建的公告发布前，在依法划定的民用机场范围内和按照国家规定划定的机场净空保护区域内存在的可能影响飞行安全的建筑物、构筑物、树木、灯光和其他障碍物体，应当在规定的期限内清除；对由此造成的损失，应当给予补偿或者依法采取其他补救措施。"

《中华人民共和国民用航空法》第60条规定："民用机场新建、扩建的公告发布后，任何单位和个人违反本法和有关行政法规的规定，在依法划定的民用机场范围内和按照国家规定划定的机场净空保护区域内修建、种植或者设置影响飞行安全的建筑物、构筑物、树木、灯光和其他障碍物体的，由机场所在地县级以上地方人民政府责令清除；由此造成的损失，由修建、种植或者设置该障碍物体的人承担。"

《中华人民共和国民用航空法》第61条规定："在民用机场及其按照国家规定划定的净空保护区域以外，对可能影响飞行安全的高大建筑物或者设施，应当按照国家有关规定设置飞行障碍灯和标志，并使其保持正常状态。"

《民用机场管理条例》也对机场净空保护做了相应的规定。该条例第48条规定："在民用机场净空保护区域内设置22万伏以上（含22万伏）的高压输电塔的，应当按照国务院民用航空主管部门的有关规定设置障碍灯或者标志，保持其正常状态，并向民用机场所在地地区民用航空管理机构、空中交通管理部门和机场管理机构提供有关资料。"

《民用机场管理条例》第53条规定："民用机场所在地地方无线电管理机构应当会同地区民用航空管理机构按照国家无线电管理的有关规定和标准确定民用机场电磁环境保

护区域，并向社会公布。民用机场电磁环境保护区域包括设置在民用机场总体规划区域内的民用航空无线电台（站）电磁环境保护区域和民用机场飞行区电磁环境保护区域。"

《民用机场管理条例》第56条规定："禁止在民用航空无线电台（站）电磁环境保护区域内，从事下列影响民用机场电磁环境的活动：（一）修建架空高压输电线、架空金属线、铁路、公路、电力排灌站；（二）存放金属堆积物；（三）种植高大植物；（四）从事掘土、采砂、采石等改变地形地貌的活动；（五）国务院民用航空主管部门规定的其他影响民用机场电磁环境的行为。"

知识拓展
河南：净空区
"黑飞"或被追刑责

🔍 知识巩固

1. 简述民用机场的分类。
2. 简述民用机场的建设与规划的重要意义。
3. 简述民用机场安全检查的定义与意义。
4. 简述民用机场净空区规定。

模块五 空域及空中航行法律制度

知识目标

（1）理解空气空间和领空的含义

（2）掌握领空主权的保护与限制

（3）掌握空域管理的原则和内容

（4）了解国际空中航行一般规则

能力目标

能够运用领空主权相关知识分析事件

素质目标

（1）坚持国家领空神圣不可侵犯，坚持国家利益至上

（2）牢固树立法治精神并适用于空域管理中

学习领航

　　人民军队始终是党和人民完全可以信赖的英雄军队，有信心、有能力维护国家主权、统一和领土完整，有信心、有能力为实现中华民族伟大复兴提供战略支撑，有信心、有能力为世界和平与发展作出更大贡献！2001年4月1日上午8时55分，美国海军一架EP-3侦察机在非法对中国海南岛东南110公里的中国专属经济区上空侦察时，中国海军航空兵飞行员王伟驾驶编号81192的歼-8Ⅱ战斗机执行正常监视任务，美机突然冲向王伟的战机，螺旋桨击中了王伟战机的尾部，致其坠毁在南海。13天后，中方宣布王伟牺牲，年仅33岁。王伟随后被授予"海空卫士"称号。

单元一 空气空间及领空

1919 年签订的《巴黎公约》第一次明确规定"每个国家对其领土上方的空气空间拥有完全的和排他的主权",从此以后,领空主权原则就成为航空法的基础。

1944 年《国际民用航空公约》第一条明确规定:"缔约各国承认每一国家对其领土之上的空气空间具有完全的和排他的主权。"

《中华人民共和国民用航空法》第 2 条规定:"中华人民共和国的领陆和领水之上的空域为中华人民共和国领空。中华人民共和国对领空享有完全的、排他的主权。"

一、空气空间概述

(一)空气空间的含义

空气空间,也被称为空域,是地球表面为大气层笼罩的空间,是航空器运行的活动场所。空气空间是地球表面的大气空间,不包含外层空间。

(二)空气空间的法律地位

自从人类发明了航空器,空气空间被人类利用之后,关于空气空间的法律地位就有了争论。1900 年至 1911 年,国际法学会多次举行会议讨论空气空间的法律地位问题,概括起来有以下几种主张:空气空间完全自由论;空气空间有条件自由论;空气空间海洋比拟论;空气空间国家主权论;空气空间有限制国家主权论。这些主张争论的核心焦点就是国家对空气空间是否拥有主权。

第一次世界大战结束后,1919 年各国在巴黎签订了《巴黎公约》。该公约作为第一个关于民用航空的正式的国际协定,确立了空气空间国家主权论。

(三)无害通过权

无害通过权这一概念来自海洋法,是指所有国家,不论是沿海国还是内陆国,其船舶在不损害沿海国和平、维持良好秩序、保障安全的前提下,均享有自由通过他国领海的权利。无害是指不损害沿海国的秩序和安全。通过是指穿过领海但不进入内水,或为了驶入或者驶出内水而通过领海,这种航行必须是继续不停和迅速前进的。

航空活动与航海活动有较大区别,随着航空法理论与实践的不断发展,实际上,在航空活动中是不存在无害通过权的。

二、领空概述

领空是一国领土的组成部分，是指处在一个国家主权支配之下，在国家疆界之内的陆地和水域之上的空气空间。领陆、领水、领空共同组成了一个国家的领土。

（一）领空的范围界定

1. 平面边界

领空的平面边界，即自地球地心点经过一国领陆或领水边界的延长线，这也是国际条约中普遍确认的一个规则。但关于领海的宽度目前仍未形成国际统一规则，实际存在单方面向外拓宽领海宽度的倾向。

2. 垂直边界

垂直边界，也就是领空高度的上限。从法律层面看，国际条约中关于领空的高度问题至今没有明确的规定；从理论层面看，领空高度至今也没有统一设定。

（二）领空主权

1. 领空主权的法律性质

1944 年《国际民用航空公约》明确宣告了领空主权原则，强调了领空主权是每一个国家都享有的，无论是缔约国还是非缔约国，而且每一个国家享有的领空主权是完全的和排他的。每一个国家对其领空享有充分的主权，主要体现在以下 4 个方面。

（1）自保权。自保权是指国家为保卫自己的生存和安全，维护自己的主权或独立性，而有权采取国际法允许的一切措施进行自我保全的权利。它包括防御权和自卫权。外国民用航空器没有得到地面国家许可，飞经或者飞入他国领空的行为叫入侵。国家基于领空主权对于入侵本国领空的外国民用航空器，有权采取追踪、拦截、警告、迫降、驱逐等措施。国家必须避免对飞行中的民用航空器使用武器。对明显或故意入侵的军用飞机，国家为维护领空安全可以采取一切必要措施。

（2）管辖权。管辖权是直接体现国家主权，是指国家对其领土内的一切人、物和所发生的事件，以及对在其领域外的本国人行使管辖的权利。领空是领土不可分割的部分，国家对领空有管辖权。航空法在管辖权问题上，对本国领土上空、领海上空与公海上空空间加以区别。国家管辖权不仅约束领土上空的空气空间，而且还延伸至领海上空的空气空间。领海上空的空气空间不存在无害通过权，这点与领海上的船舶无害通过权是不同的。对公海上空的管辖权，适用 1944 年《国际民用航空公约》第 12 条的规定。民用航空器登记国的法律适用于公海上空飞行的该国民用航空器，但此类法律规定应当在最大可能范围内，与有关国际公约的规章相一致。

（3）管理权。领空十分重要。如同海洋和土地资源，领空主权保证国家理所当然地拥有空域资源。颁布航空法的目的之一是明确国家作为空域所有人享有的相应权利并维护国家的民用航空权利，地面国家有权制定航空法律以及涉及领空的海关财政、移民和卫生的法律、行政法规，外国航空器飞经或者是飞入时都必须遵守。

（4）支配权。国家行使对空域资源的统一支配权。这种支配既体现为空域的划分，也体现为不同空域的管理制度、管理形式。划分空域应当兼顾民用航空和国防安全的需要以及公众的利益，使空域得到合理、充分、有效的利用。国家可以通过国内立法对空域实施支配权，设立空中禁区，禁止其他国家的民用航空器飞越。无人驾驶的民用航空器，不经特别许可，不得飞入他国领空。缔约国在发生战争或宣布紧急状态时，可自由决定是否允许外国航空器飞入其领空。

2. 领空主权的保护与限制

传统国际法上，外国航空器有权在公海上飞行却无权在一国的领土或领海上空飞行。这一原则在1944年《国际民用航空公约》中规定得非常明确。为了保护领土主权和国家安全，主权国家有权根据具体情节，对未经许可进入其领空的民用航空器，基本上可自由采取适当的措施，如抗议、警告、迫降，甚至击落等，以阻止侵犯行为。所以在早期，一国民用航空器如果未经许可，擅自进入他国领空，将被视为一种严重违反国际法的行为。

国际法学家利斯茨恩曾经指出，从国家实践中可以推导出这样一条习惯法规则，即在努力控制入侵民用航空器的行动中，主权国家不应将该民用航空器和机上人员置于不必要和不合理的巨大危险之中，此处与"不合理的巨大危险"相关联的是对侵入行为带来的危险性的合理认识。这一灵活的原则意味着，除非有理由怀疑该民用航空器的确给本国安全带来了危险，一国不应草率地攻击任何一架侵入本土的民用航空器。此外，除非有合理理由怀疑该民用航空器对本国安全存在紧急、严重的威胁或者无法事先发出预警，在实施攻击前必须先向对方发出警告，要求其降落或者改变航向。尽管如此，争议仍然很大，而且必须认识到，禁止草率攻击侵入的民用航空器并不意味着他们就有权入侵。

1984年5月10日，国际民用航空组织第25届特别大会修改了1944年《国际民用航空公约》第3条。此条从一定程度上说明，每一个国家在对领空主权进行保护的同时，应尽量确保民用航空器的安全。

3. 外国航空器的入侵与拦截

（1）外国航空器的入侵。

外国航空器的入侵，是指任何外国航空器未经一国准许，非法进入该国领空的行为。根据领空主权原则，被侵犯的国家对入侵的外国航空器采取一切必要措施，完全是一个国家捍卫自己的主权、保卫国防安全的正当权利。

然而，外国航空器侵入一国领空，往往呈现复杂的情形，有战时与平时之分，有民用航空器与国家航空器之别。综观世界上发生的各种外国航空器入侵事件，有的是有意行为。例如，外国军用航空器进行军事目的的活动，同时不排除滥用民用航空器进行非法活动的情况。但外国航空器，特别是民用航空器，飞入一国领空并非都是有意行为，如因天气或机械故障导致临时降落，或者被非法劫持而被迫改变航线，或者其他原因导致迷航等属于非有意行为。因此，对于外国航空器的入侵，应该具体问题具体分析，予以正确处置，所采取的措施应该既是必要的，又是适当的。

（2）外国航空器的拦截。

外国航空器的拦截，是指一国军用航空器受命对入侵本国领空的外国航空器，或者进入一国防空识别区而不报明身份的航空器，或者其他违法航空器采取强制手段，可能将此等航空器驱逐出境，可能迫令其在指定机场降落并予以检查处置的行动。外国航空器的拦截，是国家保卫国防安全的合法行为，但不得滥用拦截措施。

案例阅读
2021 年 6 月 10 日
安徽蓝天飞院
DA40D/B-9518 号
机在阜阳机场失控
坠机事故调查报告

拦截航空器对飞行安全具有潜在的危险。

4. 航权

为促进国际航空运输产业发展，国际航空法普遍约定给予定期国际航班五种空中自由，即五种航权。

第一航权：领空飞越权。它是指一国或地区民用航空器飞越另一国或地区领空而不降停的权利。例如，北京—华盛顿的航班，中途需要飞越日本领空，那就要向日本申请获得第一航权，否则只能绕道飞行。

第二航权：技术经停权。它是指一国或地区民用航空器在另一国或地区领土上作技术性降停的权利，如经停是为了维修、加油、休息等，但不可以进行经营性的上下旅客、货物和邮件业务。例如，北京—旧金山的航班，由于机型的原因，不能直接飞抵，中间需要在日本降落并加油，因此需要向日本申请获得技术经停权。

第三航权：目的地下客货权。它是指在一国或地区领土上卸下来自民用航空器所属国或地区的客、货、邮的权利。例如，上海—东京的航班，如获得日本的第三航权，承运的旅客、货物可在东京进港放下客、货、邮，但只能空机返回。

第四航权：目的地上客（货）权。它是指在一国或地区领土上装上返回民用航空器所属国或地区的客、货、邮的权利。例如，上海—东京的航班，如果申请获得日本的第四航权，则中国民用航空器就可以载运客、货、邮，搭乘原机返回上海。

第五航权：中间点权、以远权或前站权。它是指一国或地区民用航空器在另一国家或地区领土上可以装上前往或卸下来自第三国的客、货、邮的权利，但是航班的起点和终点必须为民用航空器登记国或地区。第五航权的获得需要与两个或两个以上的国家进行谈判。例如，曼谷—北京—芝加哥的航班，泰国航空获得第五航权，就可以在曼谷—芝加哥的航线上在北京经停，上下客、货，并往返于三国之间。

随着航空运输的日渐繁忙，国际航空法中又引入了第六、七、八、九航权。

第六航权：桥梁权。它是指某国或地区的航空企业在境外两国或地区间载运客、货且途经其登记国或地区，完成 3 个航段的飞行权利。与第五航权相似的是，第六航权的获得也需要同另外两个或两个以上的国家一同签订协议，不同的是第五航权的起点和终点都在民用航空器登记国，而第六航权中民用航空器登记国位于经停地的位置。例如，伦敦—北京—曼谷的航班，航空承运人中国国际航空公司需要同英国和泰国共同谈判获得第六航权，完成 3 个航段的飞行。

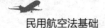

第七航权：完全的国外载运权。它是指一国或地区的民用航空器完全在其承运国领土外的两个外国或地区之间运送客、货、邮的权利。例如，美国联合航空公司与中国和日本协议获得第七航权，经营上海—东京的旅客运输业务。

第八航权：连续的国内载运权。它是指某国或地区的航空企业在协议国或地区领域内的两个或两个以上机场间载运客、货的权利，须以本国为起点或终点。拥有此类航权航班的起点和最后航段的终点都不在授权国境内，所以强调授权国境内航段的起点必须为授权国的国际航班机场。例如，东京—北京—成都，日本航空公司如果获得中国赋予的第八航权，中国将允许日本航空公司承运的客、货、邮在北京进港，而且日本航空公司可以将北京的客、货、邮运到成都后下机，然后再飞往东京。这一航线的起点和终点都在日本而不在我国境内。

第九航权：完全的国内载运权。它是指某国或地区的航空企业完全在授权国或地区领域内的两个或以上机场间的航线运营，无须涉及本国。例如，我国向新加坡航空公司开放第九航权，则新加坡航空公司有可能经营以下中国国内航线：北京—南京、成都—昆明等。

单元二　空域管理

一、空域管理概述

空域是一种可以反复无限使用、不需要再生的自然资源，每个国家的领空就是每个国家的空域资源。每个国家都要对空域进行管理。

《中华人民共和国民用航空法》第 70 条规定："国家对空域实行统一管理。"第 71 条规定："划分空域，应当兼顾民用航空和国防安全的需要以及公众的利益，使空域得到合理、充分、有效的利用。"

二、空域管理的原则

（1）主权性原则：空域管理代表各国主权，不容侵犯，具有强烈的排他性。

（2）安全性原则：在有效的空域管理体系下，确保航空器空中飞行安全，具有绝对性。

（3）经济性原则：在飞行安全基础上，科学地对空域实施管理，保证航空器沿着最佳航线，在最短时间内完成飞行活动，具有效益性。

三、空域管理的内容

（一）空域划分

空域划分包括飞行高度层规定（根据不同的飞行方向、气象条件和航空器性能规定不同航空器的飞行高度层，防止相撞）和空中交通服务区域的划分（把空域划分为若

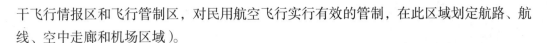

干飞行情报区和飞行管制区，对民用航空飞行实行有效的管制，在此区域划定航路、航线、空中走廊和机场区域）。

（二）空域规划

空域规划是指对某一给定空域，通过对未来空中交通量需求的预测，按高度方向和区域范围进行设计规划。

（三）特殊空域

特殊空域是指国家某些单位为了政治、军事或者科学试验的需要，经国务院、中央军委批准划设的一定空域。特殊空域分为：禁航区、限制区、危险区以及防空识别区。

1. 禁航区

禁航区是指在一个国家的陆地或领水上空，禁止航空器飞行的划定空域。任何航空器未经特许，都不得进入禁航区。任何航空器非法进入禁航区，都将承担严重的后果。

禁航区的范围和位置应当合理，以免空中航行受到不必要的阻碍。禁航区的说明及其随后的任何变更，应当予以公布，并尽快通知其他国家及国际民用航空组织。关于禁航区的规定，对本国和外国从事同样性质的航空器不得区别对待；在非常情况下或在紧急时期内，一国关于暂时限制或禁止航空器在其全部或部分领土上空飞行的禁令，应不分国家适用于所有其他国家的航空器。

2. 限制区

限制区是指在一国陆地或领水上空，根据某些规定的条件，限制航空器飞行的划定区域。

限制区与禁航区一样，未经许可，任何航空器不得进入。但是，符合限制区规定的具备特定条件的航空器除外。一般来说，限制区是一个立体空间，同时还有时限要求，即在规定时限以外，符合条件的航空器是可以飞越的。《中华人民共和国民航法》第78条规定：民用航空器"除遵守规定的限制条件外，不得飞入限制区"。

3. 危险区

危险区是指在规定时间内会对航空器的安全飞行有影响的划定空域。

需要指出的是，一国的禁航区和限制区只能在其领空之内，而危险区则可以扩展到邻近的公海上空。危险区必须有时限要求。

国家设置禁航区、限制区和危险区，应该遵循国际航空法规定的要求。

4. 防空识别区

防空识别区是指一国基于空中防御需要，单方面划定的空域。在该空域内，为了国家安全，要能立即识别、定位和管制航空器。防空识别区不属于国际法中的主权范畴，与领空截然不同，是地面国出于不同战略需求的单方面行为，实践中存在各国防空识别区相互交叉重叠的现象。

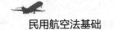

四、空中交通管制服务

（一）空中交通管制服务的含义

空中交通管制服务是指空中交通管制单位指派空中交通管制员，通过无线电、雷达及自动化系统（计算机系统）对航空器的活动进行管制的一种特殊专业服务。

空中交通管制服务包括机场管制服务、进近管制服务和区域管制服务。

（二）空中交通管制服务的主体及法律责任

空中交通管制服务的主体：具备空中交通管制服务资格并提供空中交通管制服务的单位和人员。

空中交通管制服务的单位：机场塔台空中交通管制室、空中交通服务报告室、进近管制室、区域管制室、中国民用航空地区管理局调度室和中国民用航空局空中交通管理局总调度室。

空中交通管制服务的人员：空中交通管制员、飞行签派员和情报员等。

责任问题暂无统一的国际法律规定，依照各国国内法解决。

 # 单元三　空中航行规则

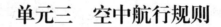

一、空中航行规则概述

空中航行规则，又称空中规则、飞行规则、空中交通规则，是组织实施航空器飞行、维护空中交通秩序、保障飞行安全的依据。航空活动具有特殊性，空中交通规则的确立必须遵守下列原则：一是必须实行统一的空中交通规则；二是国内规则应尽可能与国际规则相一致；三是公海上空实行统一的国际规则；四是国家发布关于国家航空器的规章，应注意保障民用航空器的飞行安全。

二、国际空中航行一般规则

空中交通如同陆上交通、水上交通，如果不遵循统一的规则，其后果将不堪设想。根据《国际民用航空公约》的规定，航空器进行国际航行应遵守下列规则。

（一）展示识别标志

《国际民用航空公约》第 20 条规定："从事国际航行的每一航空器应载有适当的国籍标注和登记标志。"

（二）遵守飞入国的法律和行政法规

基于领空主权原则，任何航空器进入飞入国领土时必须遵守该飞入国法律。

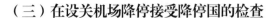

（三）在设关机场降停接受降停国的检查

《国际民用航空公约》第 10 条规定："除按照本公约的条款或经特许，航空器可以飞经一缔约国领土而不降停外，每一航空器进入一缔约国领土，如该国规章有规定时，应在该国指定的机场降停，以便进行海关和其他检查。当离开一缔约国领土时，此种航空器应从同样指定的设关机场离去。"第 16 条规定："缔约各国的有关当局有权对其他缔约国的航空器在降停或飞离时进行检查，并查验本公约规定的证件和其他文件，但应避免不合理的延误。"

《国际民用航空公约》第 29 条规定："缔约国的每一航空器在从事国际航行时，应按照本公约规定的条件携带下列文件：一、航空器登记证；二、航空器适航证；三、每一机组成员的适当的执照；四、航空器航行记录簿；五、航空器无线电台许可证，如该航空器装有无线电设备；六、列有乘客姓名及其登机地与目的地的清单，如该航空器载有乘客；七、货物舱单和详细的申报单，如该航空器载有货物。"

（四）遵守飞入国关于货物限制的规定

《国际民用航空公约》第 35 条规定："一、从事国际航行的航空器，非经一国许可，在该国领土内或在该国领土上空时不得载运军火或作战物资。至于本条所指军火或作战物资的含意，各国应以规章自行确定，但为求得统一起见，应适当考虑国际民用航空组织随时所作的建议。二、缔约各国为了公共秩序和安全，除第一款所列物品外，保留管制或禁止在其领土内或领土上空载运其他物品的权利。但在这方面，对从事国际航行的本国航空器和从事同样航行的其他国家的航空器，不得有所区别，也不得对在航空器上为航空器操作或航行所必要的或为机组成员或乘客的安全而必须携带和使用的器械加任何限制。"

（五）不滥用民用航空

《国际民用航空公约》序言中提到，本公约的宗旨在于，"使国际民用航空得按照安全和有秩序的方式发展，并使国际航空运输业务得建立在机会均等的基础上，健康地和经济地经营"，以利于建立和保持世界各国之间、人民之间的友谊与了解，避免世界各国之间、人民之间产生摩擦，促进合作，保障世界和平。

（六）在公海和专属经济区上空飞行自由

在传统的国际法中，公海是指不包括在一国领海或内水内的全部海域。1982 年《联合国海洋法公约》确立了专属经济区和群岛水域的概念，因而公海的范围缩小到"适用于不包括在国家的专属经济区、领海或内水或群岛国的群岛水域内的全部海域"。专属经济区是领海以外并邻接领海的一个区域，它既不是公海，也不是领海，而是自成一类，具有特定的法律地位。

《联合国海洋法公约》第 89 条规定："任何国家不得有效地声称将公海的任何部分置于其主权之下。"第 87 条规定："公海对所有国家开放，不论其为沿海国或内陆国。"

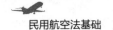

公海自由是公海制度的法律基础，并早已成为国际习惯法规则。

《联合国海洋法公约》第58条规定："在专属经济区内，所有国家，不论为沿海国或内陆国，在本公约有关规定的限制下，享有第八十七条所指的航行和飞越的自由，铺设海底电缆和管道的自由，以及与这些自由有关的海洋其他国际合法用途，诸如同船舶和飞机的操作及海底电缆和管道的使用有关的并符合本公约其他规定的那些用途。"

航空器在专属经济区上空飞越自由，这是十分清楚的。然而，如何理解这种飞越自由，却是存在分歧的。

一种意见认为，在专属经济区上空的飞越自由，与公海上空的飞越自由完全一样。因为《联合国海洋法公约》第58条规定，"享有第八十七条所指的航行和飞越的自由"；另一种意见则认为，在专属经济区上空的飞越自由，不能与在公海上空的飞越自由相提并论，它是受更多条件限制的飞越自由。理由如下：

（1）根据《联合国海洋法公约》的规定，在专属经济区上空是在公约有关规定的限制下，享有飞越自由的。

（2）专属经济区是自成一类的特定法律制度，它既不是领海，也不是公海，沿海国在此区域内以勘探、开发、养护和管理海床与底土及其上覆水域的自然资源为目的，拥有主权权利；对在区域内的人工岛屿、设施和结构的建造和使用，对海洋科学研究和海洋环境保护等方面享有专属管辖权。

鉴于此，有人认为，专属经济区是国家管辖范围内的水域。所谓的自由，不可能是指公海上的那种自由；所谓在专属经济区的自由，实际上是在区域特定法律地位上的一种自由，是其他国家在该区域所享有一种权利。而任何认为该区域的设立保留了公海地位上的自由的意见都是不切实际的。这种意见无疑是正确的。

沿海国可以在本国的专属经济区内行使《联合国海洋法公约》规定的主权权利和专属管辖权，也完全有权制定有关的法律和规章，以限制他国航空器在专属经济区上空的飞越自由。当然，沿海国滥用在专属经济区的权利，不恰当地妨碍甚至在实际上限制了别国航空器的飞越自由，违反了《联合国海洋法公约》的规定，这是不正确的。

（七）航空器的过境通行权和群岛海道通过权

1. 过境通行权

过境通行权是《联合国海洋法公约》设立的一种新的法律制度。所有航空器在用于国际航行的海峡上空均享有过境通行权。行使过境通行权的航空器应履行下列义务：

（1）船舶和飞机在行使过境通行权时应：毫不迟延地通过或飞越海峡；不对海峡沿岸国的主权、领土完整或政治独立进行任何武力威胁或使用武力，或以任何其他违反《联合国宪章》所体现的国际法原则的方式进行武力威胁或使用武力；除因不可抗力或遇难而有必要外，不从事其继续不停和迅速过境的通常方式所附带发生的活动以外的任何活动；遵守其他有关规定。

（2）过境通行的船舶应：遵守一般接受的关于海上安全的国际规章、程序和惯例，包括《国际海上避碰规则》；遵守一般接受的关于防止、减少和控制来自船舶的污染的国际规章、程序和惯例。

（3）过境通行的飞机应：遵守国际民用航空组织制定的适用于民用飞机的《航空规则》；国有飞机通常应遵守这种安全措施，并在操作时随时适当顾及航行安全；随时监听国际上指定的空中交通管制主管机构所分配的无线电频率或有关的国际呼救无线电频率。

此外，上述关于继续不停和迅速过境的要求，并不排除为进入、离去或返回沿岸国而通过海峡时，受该沿岸国入境条件的约束。

2. 群岛海道通过权

群岛海道通过权是指按照《联合国海洋法公约》的规定，专以在公海或专属经济区的一部分和公海或专属经济区的另一部分之间继续不停、迅速和无障碍地过境为目的，正常航行和飞越的权利。

三、国内空中航行规则

为了维护国家领空主权，规范中华人民共和国境内的飞行活动，保障飞行活动安全有秩序地进行，我国对境内所有飞行实行统一的飞行管理，由国务院、中央空中交通管理委员会领导全国的飞行管理工作，由中国人民解放军空军统一组织实施，各有关飞行管理部门按照各自的职责分工提供空中交通管理服务。

我国现行法律、行政法规要求各类航空器共同遵守的飞行基本规则如下：

（1）在中华人民共和国领空飞行的航空器，必须标明明显的识别标志，禁止无识别标志的航空器飞行。无识别标志的航空器因特殊情况需要飞行的，必须经中国人民解放军空军批准。

（2）民用航空器未经批准不得飞出中华人民共和国领空。对未经批准而起飞或者升空的航空器，有关单位必须迅速查明情况，采取必要措施，直至强迫其降落。外国航空器飞入或者飞出中华人民共和国领空，必须按照规定的航路飞入或者飞出。飞入或者飞出领空前15～20分钟，其机组必须向中华人民共和国有关空中交通管制部门报告，并取得飞入或者飞出领空的许可；未经许可，不得飞入或者飞出。

（3）非经特殊允许，民用航空器不得飞越城市上空，不能在居民密集区域上空飞行，也不能向下抛任何物品。

（4）为了防止相撞，规定航空器在相对飞行相遇时，各自向右转躲避对方；在同向飞行时，如果要超越前方的航空器，后面的航空器要改变高度或从右侧超越；航向不同的航空器在空中交会时，左方的航空器要为右方的航空器让路。

（5）在中华人民共和国境内飞行的航空器，必须遵守统一的飞行规则。进行目视飞行的民用航空器，应当遵守目视飞行规则，并与其他航空器、地面障碍体保持安全距离。进行仪表飞行的航空器，应当遵守仪表飞行规则。

（6）民用航空器机组人员的飞行时间、执勤时间不得超过国务院民用航空主管部门规定的时限。民用航空器机组人员受到酒类饮料、麻醉剂或者其他药物的影响，损及工作能力的，不能执行飞行任务。各航空单位的负责人对本单位遵守飞行规则负责。航空器机长对本机组成员遵守飞行规则负责。

知识拓展
关于领空高度
的各种主张

🔍 知识巩固

1. 简述领空主权。

2. 如何确定一国领空边界？

3. 特殊空域有哪些？

4. 国际空中航行应遵守的一般规则有哪些？

模块六 民用航空运输法律制度

📑 **知识目标**

（1）了解民用航空运输的概念，掌握民用航空运输的特点

（2）理解公共航空运输企业的特征

⚙️ **能力目标**

了解公共航空运输企业的实际运营管理情况

◎ **素质目标**

坚持贯彻依法经营公共航空运输企业的基本要求

💻 **学习领航**

《"十四五"民用航空发展规划》明确，"十三五"以来，我国民用航空业"基本实现了由运输大国向运输强国的历史性跨越"，战略地位更加凸显。"十四五"期间，要坚持以习近平新时代中国特色社会主义思想为指导，坚定道路自信、理论自信、制度自信、文化自信，加快构建更为安全、更高质量、更有效率、更加公平、更可持续的现代民航体系，更好服务国家发展战略，更好满足人民群众对美好生活的需要，为实现由单一民航运输强国向多领域民航强国跨越奠定坚实基础。

单元一 民用航空运输概述

背景知识

根据政务院、中央军委《关于整编民航的决定》，1952 年 7 月 17 日，新中国第一个国营民用航空运输企业——中国人民航空公司在天津成立。同日，民航局通知，航空运输、包机、护林飞行、农业航空等民航业务，自 8 月 1 日起交中国人民航空公司接手办理。该公司原拟名为"中国人民民用航空公司"，7 月 21 日，民航局向周恩来总理、聂荣臻总参谋长呈书面报告："人民"与"民用"两词略嫌重复，建议改为"中国人民航空公司"。周总理在报告上批示"同意用中国人民航空公司"，并为公司题写了司名。

8 月 25 日，中央军委任命方槐为公司经理、李平为副经理。军委民航局当年拨给公司 28 架飞机，1953 年又拨给 6 架，并组建了新中国第一个飞行队。公司成立后，开展了开辟航线、拓展业务、改进经营管理、健全机构和制定规章制度等工作。1953 年 6 月 9 日，中国人民航空公司与民航局合并，在民航局设立了商务处、机务处、航行处。1954 年 1 月 3 日，经周恩来、彭德怀批准，自 1954 年起，撤销中国人民航空公司名义，公司飞机改为民航局标志，对外统一使用民航局名义。尽管公司存在时间较短，却是新中国民航政企分开、改革管理体制的有益探索。

资料来源：中国人民航空公司［EB/OL］.中国民用航空局官网，2021.

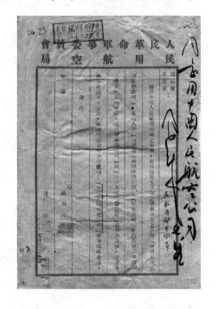

民用航空运输是在航空承运人与消费者之间进行的一种服务交换活动，是交通运输业的重要组成部分。因具有运输速度快、经济效益高、机动性强等特点，民用航空运输不仅在经济上有重要的地位，在政治、军事、抢险救灾等方面也发挥着重要作用。并且，由于民用航空运输基础投资大，管理要求高，对国计民生和社会稳定有巨大影响，因此该行业国有占比较大。

一、民用航空运输的概念和特点

（一）民用航空运输的概念

民用航空运输是一种在民用交通领域，使用飞机、直升机及其他航空器运送客、货、邮的运输方式。

（二）民用航空运输的特点

民用航空运输与铁路、公路、水路和管道运输一起组成了完整的现代运输网路。相较于其他集中运输形式而言，民用航空运输具有以下特点：

1. 运送速度快

相对于其他运输工具而言，航空器速度更快，这是公路交通和水路交通无法企及的。正是因为速度快，航空器在运送高附加值产品、保鲜产品和急需物资时具有得天独厚的优势。

2. 运送距离短

相较于其他运送方式，航线往往是点对点的直线，而公路、水路在路线方面上，受到地形、河流走向等诸多因素的影响，往往距离更长。有些地区有崇山峻岭、荒漠高原、沙漠汪洋等的阻隔，公路、水路运输无法施展拳脚，点对点形式的民用航空运输就成为最佳选择。

3. 安全性高

目前而言，民用航空运输仍然是最安全的运输方式之一。目前，相对完备的《中国民航航空安全方案》和成熟的行业安全体系业已建立，航空安全有更好的保障。

4. 受天气影响大

因航空器起飞和降落过程具有较大风险，民用航空运输受天气影响尤为明显，特别是大风、降水、大雾等天气，对飞行安全具有极大危害，一旦出现明显天气变化，航班将会大面积晚点和取消，这对民用航空运输发展也产生了一定的影响。

二、民用航空运输业的特点

（一）高投资、高科技、高风险

民用航空运输业发展过程中需要大量的资金投入，用于兴建机场、购买民用航空器、建设配套基础设施等。例如，北京大兴国际机场总投资高达 4 500 亿元人民币。民用航空运输业技术要求高、各种民用航空器和设备操作复杂，需要对人员进行专门的培训，机场建设、民用航空器制造、飞行通信、天气预测、风险预警更是依赖科学技术的高速发展。影响民用航空运输业的因素较多，如气候环境、人口变化、经济发展、政治因素等，并且民用航空运输业的发展需要民用航空局各部门、航空企业、机场等多方共同参与，哪一个环节出现问题都可能造成无法估量的损失，因此存在较大的风险。正是因为民用航空运输业具有高投资、高科技、高风险的特性，所以其行业门槛高，并在发展过程中逐渐形成了自然垄断。

（二）高度国际化

航空业自诞生起就具有国际性，航空器制造、航线管理、空域管理、安全防范、飞行规则等方面都需要世界各国共同参与。随着自身不断发展，民用航空运输业已成为现代社会重要的交通运输形式之一，是国际政治往来和经济合作的纽带。为了使世界各国

的民航运输业在统一的框架内安全高效运营，其在服务、运价、技术协调、经营管理和法律、行政法规的制订实施等方面都受国际统一标准的规范和制约。

（三）高度标准化

民用航空运输业在主体资格、行为规范、服务要求、法律规则等各方面，逐渐形成了相对统一的标准化模式。世界各国对机场、航空企业都要进行严格的审核才允许其投入运营；对所有参与航空运输的专职人员建立培训考核等资格准入制度；在运营过程中，航线调整、起飞和着陆、安全检查等各种行为都要严格依照规则进行。高度的标准化也促进了民用航空运输业的快速发展。

单元二　公共航空运输企业

一、公共航空运输企业的概念

《中华人民共和国民用航空法》第91条规定："公共航空运输企业，是指以营利为目的，使用民用航空器运送旅客、行李、邮件或者货物的企业法人。"

二、公共航空运输企业的特征

（一）公共航空运输企业以营利为目的

企业是市场经济的主体，企业不同于国家机关和非营利组织，其成立的目的就是营利。当然，企业营利的运营活动不能违反法律、行政法规的规定，其行为也必须适应市场规律。

（二）公共航空运输企业应提供公共航空服务

公共航空运输企业所提供的服务必须是公共航空服务，如航空客运、货运、邮件运输等，不能提供以上服务的企业不是公共航空运输企业，如不拥有民用航空器和航空运营资格的机票代理企业等。公共航空运输企业一般包括民用航空货运企业等。

（三）公共航空运输企业应是依法成立的企业法人

公共航空运输企业必须是依法成立的企业法人。一方面，公共航空运输企业必须满足法人成立的资格条件；另一方面，公共航空运输企业也要依据法律、行政法规的规定程序经有权部门审核批准方可成立。

三、公共航空运输企业的设立

出于对民用航空运输的产业特性、国家安全、社会稳定等各方面的考虑，国家对公共航空运输企业的设立进行严格的条件限制。和世界上大多数国家一样，我国公共航空运输企业的设立采用"许可主义"，也称"核准主义""审批主义"。根据《中华人民共和国民法典》和《中华人民共和国民用航空法》相关规定，公共航空运输企业必须首先取得国务院民用航空主管部门的许可，取得经营许可证，方可向登记主管机关申请登记。

（一）设立条件

1. 有符合国家规定的适应保证飞行安全要求的民用航空器

根据《公共航空运输企业经营许可规定》第 6 条的规定，设立公共航空运输企业应当拥有"不少于 3 架购买或者租赁并且符合相关要求的民用航空器"。这是对新设立的公共航空运输企业民用航空数量的最低要求，从促进民用航空运输发展而言，这一要求既满足了其合理排班、正常周转的需要，具有经济合理性，又不至于带来盲目引进民用航空的弊端。不仅如此，3 架民用航空这一最低数量的要求，还能使那些规模较小、专业化的公共航空运输企业得以设立，有助于形成大中小合理配置的、完善的航空运输企业体系，更好地拾遗补阙、满足社会公众的需要。为了提高公共航空运输企业的准入门槛，防止申请人拼凑成立公共航空运输企业，并可能导致随意中断经营情况的发生，在设立条件中，在民用航空的要求上还增加了不得湿租我国现有公共航空运输企业或者外国公共航空运输企业的民用航空器筹建公共航空运输企业的排他性内容。

2. 有必需的依法取得执照的航空人员

根据《公共航空运输企业经营许可规定》第 6 条的规定，负责企业全面经营管理的主要负责人应当具备公共航空运输企业管理能力，主管飞行、航空器维修和其他专业技术工作的负责人应当符合涉及民航管理的规章的相应要求，企业法定代表人为中国籍公民；具有符合涉及民航管理的规章要求的专业技术人员。

3. 有不少于国务院规定的最低限额的注册资本

注册资本是企业运行的保障，在承担责任时，企业法人以其全部财产对外承担责任，而股东以出资额对企业承担责任，注册资本体现的是企业法人对外承担责任的大小。根据《公共航空运输企业经营许可规定》第 6 条的规定，设立公共航空运输企业应当有不少于国务院规定的注册资本的最低限额。

4. 法律、行政法规规定的其他条件

公共航空运输企业设立时，除需满足以上条件外，还要满足法律、行政法规规定的其他条件。

《中华人民共和国公司法》第 33 条规定，公司营业执照应当载明公司的名称、住所、注册资本、经营范围、法定代表人姓名等事项。第 5 条规定，设立公司应当依法制定公司章程。公司章程对公司、股东、董事、监事、高级管理人员具有约束力。

知识拓展

企业注册资本最低限额是企业准入市场的一个基本门槛。针对不同行业的企业，注册资本要求不同。《中华人民共和国民用航空法》第 93 条规定，设立公共航空运输企

业，应当有"不少于国务院规定的最低限额的注册资本"。民用航空运输业属于直接关系人民群众生命财产安全的特定行业，注册资本最低限额只能由法律或者行政法规规定。但因为《中华人民共和国民用航空法》和行政法规尚未对设立公共航空运输企业的注册资本最低限额作出具体数量规定，所以，《公共航空运输企业经营许可规定》中对注册资本最低限额的规定沿用了《中华人民共和国民用航空法》的规定。

（二）设立程序

《中华人民共和国民用航空法》第92条规定："企业从事公共航空运输，应当向国务院民用航空主管部门申请领取经营许可证。"而根据《中华人民共和国民用航空法》和国家其他有关法律、行政法规制定的《公共航空运输企业经营许可规定》则详细规定了公共航空运输企业的经营许可程序。

1. 提交筹建申请

申请人申请筹建公共航空运输企业，应当提交下列文件、资料一式三份：筹建申请报告；投资人的资信能力证明；投资各方签订的协议（合同）以及企业法人营业执照（或者注册登记证明）复印件或者自然人身份证明复印件；筹建负责人的任职批件、履历表；企业法人营业执照；民航局规定的其他文件、资料。筹建公共航空运输企业的申请报告应当包括以下内容：拟经营航线的市场分析；拟选用的民用航空器型号、来源和拟使用的主运营基地机场条件；专业技术人员的来源和培训渠道；拟申请的经营范围。

2. 批准是否准予筹建

申请人申请筹建公共航空运输企业，应当将申请材料提交所在地民航地区管理局初审。民航地区管理局收到申请人的申请材料后，将其置于民航局网站（www.caac.gov.cn），供申请人、利害关系人及社会公众查阅和提出意见。利害关系人和社会公众如有意见，应当自上网公布之日起10个工作日内提出意见。民航地区管理局应当自收到申请人的申请材料之日起20个工作日内提出初审意见并连同申报材料一起报民航局。

对申请人申请筹建公共航空运输企业没有重大异议的，民航局应当自受理其申请之日起10个工作日内作出准予筹建的初步决定，并将其置于民航局网站，供申请人、利害关系人及社会公众查阅和提出意见。民航局应自受理申请之日起20个工作日内作出是否准予筹建的决定。

对申请人的筹建申请有重大异议的，申请人、利害关系人如果要求听证，民航局按规定组织听证。民航局根据听证的结果作出是否准予筹建的初步决定并置于民航局网站予以公布，供申请人、利害关系人及社会公众查阅和提出意见。申请人、利害关系人及社会公众如有意见，应当自上网公布之日起10个工作日内提出意见。民航局根据征求意见的情况作出是否准予筹建的决定。

3. 企业筹建

经民航局认可的筹建公共航空运输企业的有效期限为2年。申请人自民航局准予其筹建之日起2年内未能按规定条件取得经营许可证的，确有充足的事由，经申请人申请、所在地民航地区管理局初审，民航局可准予其延长1年筹建期。在延长筹建期内仍未取得经营许可证的，丧失筹建资格。丧失筹建资格的申请人，民航局2年内不再受理其筹建申请。

4. 申请经营许可

申请人申请公共航空运输企业经营许可，应当提交下列文件、资料一式三份：公共航空运输企业经营许可申请书；企业法人营业执照；企业章程；购买或者租赁民用航空器的证明文件；客票、货运单格式样本及批准文件；与拟使用的主运营基地机场签订的机坪租赁协议和机场场道保障协议；法定代表人、负责企业全面经营管理的主要负责人的任职文件、履历表、身份证复印件；投保地面第三人责任险的证明文件；企业董事、监事的姓名、住所及委派、选举或者聘任的证明；民航局规定的其他文件、资料。拟设立的中外合资公共航空运输企业，还应当提交合同、章程的批准文件和外商投资企业批准证书。

申请人申请经营许可，应当将申请材料提交所在地民航地区管理局初审。民航地区管理局收到申请人的申请材料后，将其置于民航局网站，供申请人、利害关系人及社会公众查阅和提出意见。利害关系人和社会公众如有意见，应当自上网公布之日起10个工作日内提出意见。民航地区管理局应当自收到申请人的申请材料之日起20个工作日内提出初审意见并连同申报材料报民航局。民航局对准予筹建的公共航空运输企业，应当自作出决定之日起10个工作日内送达筹建认可决定，予以公告。对不予筹建的，应当自作出决定之日起10个工作日内书面通知申请人、说明理由，并告知申请人享有依法申请行政复议或者提起行政诉讼的权利。

5. 登记注册

申请人持民航局颁发的公共航空运输企业经营许可证，按规定向市场监督管理机关申请设立登记。

四、公共航空运输企业的运营管理

（一）依法享有法人财产权

法人是具有民事权利能力和民事行为能力，依法独立享有民事权利和承担民事义务的组织。《中华人民共和国民用航空法》第94条规定："公共航空运输企业的组织形式、组织机构适用公司法的规定。"《中华人民共和国公司法》第3条规定："公司是企业法人，有独立的法人财产，享有法人财产权。公司以其全部财产对公司的债务承担责任。"第22条规定："公司的控股股东、实际控制人、董事、监事、高级管理人员不得利用关联关系损害公司利益。违反前款规定，给公司造成损失的，应当承担赔偿责任。"公共航空运输企业对其所有财产享有独立的法人财产权，即享有占有、使用、收益、处分的权利。

（二）依法取得航空运营权

公共航空运输企业取得运营许可证并进行登记注册后，正式投入航线运营前，应当按规定完成运行合格审定，审定合格后方可正式投入航线运营。中国民用航空局和中国民用航空地区管理局根据公共航空运输企业经营国内客、货航线的申请，分别负责管理公共航空运输企业航线经营许可的申请、受理、评审、颁发、撤销和注销。公共航空运输企业依法获得航线运营资格后，即享有相应权利。并且，当旅客或托运人违反国家法律或民用航空运输规则时，公共航空运输企业有权拒绝承运。

（三）接受民航主管部门监管

公共航空运输企业经营行为应接受民用航空主管部门的监督和管理，中国民用航空局、中国民用航空地区管理局依据职责对公共航空运输企业按照经营许可条件开展经营活动的情况实施监督检查。中国民用航空局、中国民用航空地区管理局可以采取的检查措施有：进入公共航空运输企业有关部门、经营场所检查；询问公共航空运输企业有关工作人员，要求其对检查事项作出说明；查阅、复制与检查事项有关的文件、资料等。民用航空主管部门可以检查的内容包括：公共航空运输企业的经营范围是否符合许可范围；公共航空运输企业的资产负债情况；公共航空运输企业收费情况；公共航空运输企业安全管理工作等。

（四）安全管理与质量提升

具有独立法人资格的公共航空运输企业不得共用企业名称、字号、二三字代码、客票、货运单、经营范围。公共航空运输企业应当依照国务院制定的《公共航空旅客运输飞行中安全保卫工作规则》，制定安全保卫方案，并报国务院民用航空主管部门备案。为确保运输安全，公共航空运输企业不得运输法律、行政法规规定的禁运物品。公共航空运输企业未经国务院民用航空主管部门批准，不得运输作战军火、作战物资。公共航空运输企业运输危险品，应当遵守国家有关规定。禁止以非危险品品名托运危险品。禁止旅客随身携带危险品乘坐民用航空器。除因执行公务并按照国家规定经过批准外，禁止旅客携带枪支、管制刀具乘坐民用航空器。禁止违反国务院民用航空主管部门的规定将危险品作为行李托运。危险品品名由国务院民用航空主管部门规定并公布。公共航空运输企业不得运输拒绝接受安全检查的旅客，不得违反国家规定运输未经安全检查的行李。公共航空运输企业必须按照国务院民用航空主管部门的规定，对承运的货物进行安全检查或者采取其他保证安全的措施。

《中华人民共和国民用航空法》第95条规定："公共航空运输企业应当以保证飞行安全和航班正常，提供良好服务为准则，采取有效措施，提高运输服务质量。公共航空运输企业应当教育和要求本企业职工严格履行职责，以文明礼貌、热情周到的服务态度，认真做好旅客和货物运输的各项服务工作。旅客运输航班延误的，应当在机场内及时通告有关情况。"这一规定从法律上明确了公共航空运输企业应当履行不断提升服务质量的义务。

案例阅读
中国东方航空股份
有限公司服务承诺

知识巩固

1. 简述民用航空运输的特点。
2. 简述公共航空运输企业的概念和特征。
3. 公共航空运输企业的设立条件有哪些？
4. 公共航空运输企业的设立程序是什么？

知识目标

（1）理解民用航空运输合同的特征与法律性质

（2）掌握航空承运人责任的相关内容

能力目标

（1）掌握民用航空运输凭证的法律性质与使用情况

（2）尝试分析民用航空运输合同纠纷案例

素质目标

（1）牢固树立法治意识，遵守国家对航空人员的法律规定

（2）依法维护落实法律规定的旅客权益

学习领航

民用航空运输合同是规范民用航空运输活动的重要依据，是保护当事人合法权益的重要证据，是促进民用航空运输发展的重要基础。在民用航空运输合同法律实践中，要注重合同的合法性、公正性和有效性。只有不断探索和完善民用航空运输合同法律制度，才能适应新时代民航运输事业发展的需要。

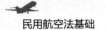

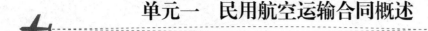

单元一　民用航空运输合同概述

　　《统一国际航空运输某些规则的公约》(简称《华沙公约》)于1929年制定，是国际空运的一项基本公约，规定了以航空承运人为一方和以旅客、货物托运人与收货人为另一方的法律义务和相互关系。我国于1958年交存加入书，同年10月18日起该公约对我国生效。

　　《统一国际航空运输某些规则的公约》(简称《蒙特利尔公约》)第1条规定："本公约适用于所有以航空器运送人员、行李或者货物而收取报酬的国际运输。"《蒙特利尔公约》确保国际航空运输旅客的利益，对在国际航空运输中旅客的人身伤亡或行李损失，或者运输货物的损失，在恢复性赔偿原则基础上建立了公平赔偿的规范体系。我国于2005年加入《蒙特利尔公约》。

　　《中华人民共和国民用航空法》第108条规定："航空运输合同各方认为几个连续的航空运输承运人办理的运输是一项单一业务活动的，无论其形式是以一个合同订立或者数个合同订立，应当视为一项不可分割的运输。"

　　民用航空运输行为是航空承运人与消费者之间的一种航空运输服务合同关系，内容为双方当事人对运输服务经协商达成的一系列权利和义务。在民用航空运输活动中，航空承运人向消费者提供满足合同要求的运输服务，消费者向航空承运人支付运输费用，享受安全舒适的运输服务。作为民事合同的一种，航空运输合同受到《中华人民共和国民法典》《中华人民共和国民用航空法》等法律、行政法规的约束。

一、合同概述

（一）合同的概念

　　《中华人民共和国民法典》第464条规定："合同是民事主体之间设立、变更、终止民事法律关系的协议。"合同是当事人协商一致的产物，是两个以上主体的意思表示一致的协议。

　　自合同成立起，合同当事人都要接受合同的约束，当情况发生变化，需要变更或解除合同时，应协商解决，任何一方不得擅自变更或解除合同，法律规定的不可抗力等情况除外，当事人不履行合同义务或履行合同义务不符合约定的，应承担违约责任。合同是一种法律文书，当事人发生合同纠纷时，合同就是解决纠纷的依据。依法成立的合同受法律的保护。航空运输合同也是契约，反映了航空运输产品交易的法律形式。它的成立必须具有合同成立的一般要件，它的履行也必须符合法律的规定。

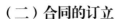

（二）合同的订立

合同的订立又称缔约，是当事人为设立、变更、终止财产权利义务关系而进行协商、达成协议的过程。从法律上看，合同订立可以分为要约和承诺两个阶段。要约是希望与他人订立合同的意思表示。要约生效的时间：以对话方式作出的意思表示，相对人知道其内容时生效。以非对话方式作出的意思表示，到达相对人时生效。以非对话方式作出的采用数据电文形式的意思表示，相对人指定特定系统接收数据电文的，该数据电文进入该特定系统时生效；未指定特定系统的，相对人知道或者应当知道该数据电文进入其系统时生效。当事人对采用数据电文形式的意思表示的生效时间另有约定的，按照其约定。承诺是受要约人同意要约的意思表示。要约以信件或者电报作出的，承诺期限自信件载明的日期或者电报交发之日开始计算。信件未载明日期的，自投寄该信件的邮戳日期开始计算。要约以电话、传真、电子邮件等快速通信方式作出的，承诺期限自要约到达受要约人时开始计算。承诺生效时合同成立，但是法律另有规定或者当事人另有约定的除外。以通知方式作出的承诺，生效时间的规定同要约生效时间的规定。承诺不需要通知的，根据交易习惯或者要约的要求作出承诺的行为时生效。要约的形式有口头和书面两大类，口头要约包括当面对话或打电话等形式，书面要约包括发送信件、邮件、传真等形式。

（三）合同的效力

合同的效力包括有效合同、无效合同、可撤销的合同和效力待定的合同。

1. 有效合同

有效合同是指依照法律的规定成立并在当事人之间产生法律约束力的合同。具备下列条件的民事法律行为有效：

（1）行为人具有相应的民事行为能力；

（2）意思表示真实；

（3）不违反法律、行政法规的强制性规定，不违背公序良俗。

2. 无效合同

无效合同是相对有效合同而言的，它是指虽然成立，但因其违反法律、行政法规或公共利益，或者严重欠缺有效条件，意思表示不真实，因此被确认无效的合同。

3. 可撤销的合同

可撤销的合同是指当事人在订立合同的过程中，由于意思表示不真实，或者是出于重大误解而作出错误的意思表示，依照法律的规定可予以撤销的合同。

4. 效力待定的合同

效力待定的合同是指合同虽然已经成立，但因其不完全符合法律有关生效要件的规定，所以其发生效力与否尚未确定，一般须经权利人表示承认或追认才能生效。

二、民用航空运输合同概述

（一）民用航空运输合同的概念

《中华人民共和国民法典》第809条规定："运输合同是承运人将旅客或者货物从起运地点运输到约定地点，旅客、托运人或者收货人支付票款或者运输费用的合同。"结合民用航空业的特点，民用航空运输合同是指航空承运人与消费者（即旅客、托运人、收货人、邮政机构）之间签订的，使用民用航空器提供运送服务，由消费者支付票款或者运输费用的合同。民用航空运输合同的当事人为航空承运人与消费者，标的是运输服务行为，运输对象为物品和旅客。

（二）民用航空运输合同的特征

民用航空运输合同属于民事合同的一种，符合民事合同的一般法律特征，即内容为一定的民事权利义务关系，是双方当事人意思表示一致的产物。但是，作为民事合同中一种特殊的合同，民用航空运输合同又有其独特性。

1. 民用航空运输合同主体的多样性

民用航空运输合同一方主体为航空承运人，另一方主体既有航空旅客运输合同中的旅客，又有航空货物运输合同中的托运人和收货人。其中，旅客既是合同主体又是运输对象，托运人和收货人既可以是两个人，也可以是一个人。

2. 民用航空运输合同是双务合同

以双方当事人是否互负义务为标准划分，合同可分为双务合同与单务合同。双务合同是双方当事人彼此间互负义务的合同。例如，买卖合同中，买方有支付货款的义务，卖方有提供质量合格商品的义务。单务合同是指当事人一方要么只履行义务不享受权利，要么只享受权利不履行义务的合同。例如，赠与合同中，受赠方享受赠与物体的权利；赠与方履行赠与物体的义务，而无任何附加权利。民用航空运输合同中，航空承运人负责向旅客提供运输服务，而旅客必须支付相应的运输费用，可见民用航空运输合同的任何一个主体都是要履行义务的。

3. 民用航空运输合同是有偿合同

以合同双方当事人之间是否需要偿付费用为标准，合同可划分为有偿合同和无偿合同。有偿合同是指一方当事人想要享有合同规定的权益，必须向对方偿付相应对价的合同，买卖、租赁、保险等合同是典型的有偿合同。无偿合同又称恩惠合同，是指一方当事人向对方给予某种利益，对方取得该利益时不予支付任何代价的合同，如商场、超市的保管合同。民用航空运输合同中，旅客想要享受运输服务就必须付出运费，可见运输服务不是无偿的。因此，民用航空运输合同为有偿合同。

4. 民用航空运输合同是诺成合同

以成立的要件是以合意还是交付为标准，合同可分为诺成合同和实践合同。诺成合同是指仅以当事人意思表示一致为成立要件的合同。诺成合同自当事人双方意思表示一

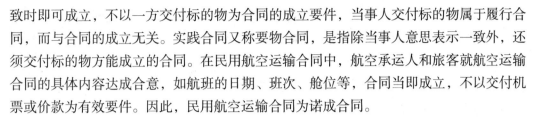

致时即可成立，不以一方交付标的物为合同的成立要件，当事人交付标的物属于履行合同，而与合同的成立无关。实践合同又称要物合同，是指除当事人意思表示一致外，还须交付标的物方能成立的合同。在民用航空运输合同中，航空承运人和旅客就航空运输合同的具体内容达成合意，如航班的日期、班次、舱位等，合同当即成立，不以交付机票或价款为有效要件。因此，民用航空运输合同为诺成合同。

5. 民用航空运输合同是格式合同

格式合同是指基本内容与形式均由一方当事人预先制定好，并在其经营或管理活动中反复使用，合同的另一方当事人只能全部接受或一概拒绝，不能对合同基本内容与形式作出任何变更的合同。航空运输合同的运价和运输条件是由航空承运人一方按照一定的程序事先制定好的，托运人、收货人和旅客对于运费、合同权利及义务等无法与航空承运人协商，只能认同或拒绝。《中华人民共和国民法典》从维护公平、保护弱者出发，在3个方面对格式合同予以限制：（1）采用格式条款订立合同的，提供格式条款的一方应当遵循公平原则确定当事人之间的权利和义务，并采取合理的方式提示对方注意免除或者减轻其责任等与对方有重大利害关系的条款，按照对方的要求，对该条款予以说明。（2）免除提供格式合同一方当事人主要义务、排除对方当事人主要权利的格式条款无效；（3）对格式条款的理解发生争议的，应按通常理解予以解释。对格式条款有两种以上解释的，应当作出不利于提供格式条款一方的解释。

6. 民用航空运输合同是有名合同

以法律是否以特定名称命名并设有专门规范标准，合同可划分为有名合同与无名合同。有名合同是指法律对合同的类型与内容已作出明确规定，并赋予特定名称，合同当事人必须对法律规定的要素作出约定的合同。无名合同是指有名合同以外的、尚未统一确定一定名称的合同。无名合同如经法律确认或在形成统一的交易习惯后，可以转化为有名合同。民用航空运输合同为有名合同。

（三）民用航空运输合同的形式

合同形式指的是合同存在的方式，是合同当事人合意的表现形式，是合同内容得以表现的载体。《中华人民共和国民法典》第469条规定："当事人订立合同，可以采用书面形式、口头形式或者其他形式。"书面形式往往可靠，发生纠纷举证容易。口头合同形式简单易行，快捷迅速，但是一旦发生纠纷就会缺乏文字依据，容易使当事人面临举证困难的情况。从交易安全的角度考虑，一般商业领域建议采用书面合同。

民用航空运输合同为要式合同。要式合同是指应当或者必须根据法律规定的方式成立的合同。《中华人民共和国民用航空法》第109条规定："承运人运送旅客，应当出具客票。旅客乘坐民用航空器，应当交验有效客票。"第112条规定："承运人载运托运行李时，行李票可以包含在客票之内或者与客票相结合。"第113条规定："承运人有权要求托运人填写航空货运单，托运人有权要求承运人接受该航空货运单。托运人未能出示航空货运单、航空货运单不符合规定或者航空货运单遗失，不影响运输合同的存在或者有效。"第 114 条规定："托运人应当填写航空货运单正本一式三份，连同货物交给承运人。"这些单据是用来证明民用航空运输合同存在的证据。这些规定明确了民用航空运输合同是法定书面形式合同。

当前也出现了大量电子客票的情况。机票无纸化、网络化是全球趋势。无论是以哪种形式销售的电子客票，旅客都不会得到印有个人和航班信息的纸质客票，所有预订信息存储于计算机系统内。但是，旅客如有需要，可以打印书面行程单，凭身份证得到纸质登机牌，作为报销凭证。

（四）民用航空运输合同的分类

（1）按照合同标的和运输性质的不同，民用航空运输合同可分为国际航空运输合同和国内航空运输合同。判断一份民用航空运输合同是国际航空运输合同还是国内航空运输合同的标准是根据当时认定的航空运输合同的内容，运输的出发地、约定的经停地和目的地中只要有一个位于我国境外，就可认为该运输合同为国际航空运输合同。如果这3 个地点全部位于我国境内，就可认为该合同是国内航空运输合同。

（2）按照运输对象的不同，民用航空运输合同可分为航空旅客运输合同、航空行李托运合同和航空货物运输合同。其中，航空行李托运合同既可以是独立合同，也可以是航空旅客运输合同的附属合同。

（3）按照航空运输主体权利义务的关系不同，民用航空运输合同可分为标准示范型航空运输合同和约定型航空运输合同。标准示范型航空运输合同是指航空运输主体权利义务关系主要由法律规定，合同的条款基本是格式条款的航空运输合同。大多数情况下的民用航空运输合同是标准示范型航空运输合同。约定型航空运输合同是指航空运输主体权利义务关系除法律规定之外，还可以由合同双方进行合乎法律规定的自由协商，合同的条款除了格式内容，还有双方协商约定的条款，如为提供特殊运输服务而签订的包机运输合同。

其他分类方式包括：按照航空运输管理方式的不同，民用航空运输合同可分为定期航空运输合同和不定期航空运输合同；按照运输方式的不同，民用航空运输合同可分为空海联运合同、空陆联运合同及空海陆联运合同。

三、民用航空运输合同的法律性质

案例阅读

吴某在接受安全检查时，对工作人员的检查表现得很不耐烦。工作人员检查她所穿的厚底坡跟鞋时发出报警，于是要求吴某脱鞋检查，吴某大发雷霆，并声称自己的鞋跟里有大麻。工作人员坚持要求她脱鞋过检，她不听劝阻，并辱骂工作人员，甚至擅自离开安全检查区。工作人员及时报警，吴某被强制带至××区派出所。经检查，吴某的鞋子无异常。

［评析］

作为民用航空运输合同的当事人，旅客要享受舒适的运输服务就必须尽到接受安全检查、保证航空安全的义务。《中华人民共和国治安管理处罚法》第23条规定，扰乱车站、港口、码头、机场、商场、公园、展览馆或者其他公共场所秩序的，处警告或者二百元以下罚款；情节较重的，处五日以上十日以下拘留，可以并处五百元以下罚款。第50条规定，阻碍国家机关工作人员依法执行职务的，可以处警告或者二百元以下罚款；情节严重的，处五日以上十日以下拘留，可以并处五百元以下罚款。最终，吴某因阻碍执行职务被行政拘留5日。

资料来源：机场拒绝安检被行政拘留五日［EB/OL］.新浪网，2012.

（一）航空旅客运输合同

1. 航空旅客运输合同的概念和特征

航空旅客运输合同，是指航空承运人与旅客签订的关于航空承运人将旅客及其行李安全运输到目的地，旅客为此支付运费的协议。航空旅客运输合同为运输合同的一种，具有如下法律特征：第一，航空旅客运输合同的标的为运输旅客的行为；第二，航空旅客运输合同为诺成合同。

2. 航空旅客运输合同的效力

航空旅客运输合同的效力，即在航空旅客运输合同关系中，基于当事人的权利和义务所产生的拘束力。

（1）旅客的义务。

在航空旅客运输中，旅客的义务主要有出示有效客票和有效身份证件乘坐民用航空器，限量携带行李，不随身携带或者在行李中夹带违禁物品等。

1）出示有效客票和有效身份证件乘坐民用航空器。《中华人民共和国民用航空法》第109条规定，旅客乘坐民用航空器，应当交验有效客票。

2）限量携带行李。航空旅客运输合同不仅约定将旅客送达目的地，而且约定将旅客行李随同旅客送达；旅客在运输中应当按照约定的限量携带行李，超过限量携带行李的，应当办理托运手续。

3）不随身携带或者在行李中夹带违禁物品。乘机前，旅客及其行李必须经过安全检查。旅客不得随身携带或者在行李中夹带易燃、易爆、有毒、有腐蚀性、有放射性以及有可能危及运输工具上人身和财产安全的危险物品或者其他违禁物品。旅客违反规定的，航空承运人可以将违禁物品卸下、销毁或者送交有关部门。旅客坚持携带或者夹带违禁物品的，航空承运人应当拒绝运输。《中华人民共和国民用航空法》第101条规定："禁止旅客随身携带危险品乘坐民用航空器。除因执行公务并按照国家规定经过批准外，禁止旅客携带枪支、管制刀具乘坐民用航空器。"

（2）航空承运人的义务。

在航空旅客运输中，航空承运人的义务主要有书面提示旅客、告知旅客、按照客票载明的时间和班次运输旅客、运输过程中对旅客的救助以及安全运送等。

1）书面提示旅客。航空承运人应当采取必要措施，以书面形式向旅客提示有关运输条件内容的法律义务，包括可能限制航空承运人对旅客死亡或者受到伤害，行李毁灭、遗失或者损坏，以及延误所承担的赔偿责任。由于航空运输合同是格式合同，旅客在合同中处于弱势地位，因此，航空承运人应当向旅客提示有关运输条件的内容，向旅客书面提示限制和免除其责任的条款，这也是格式合同的应有之义。《华沙公约》是采取在运输凭证上列明的方式来提示旅客，《蒙特利尔公约》第3条只规定了以书面形式提示，没有明确提示的具体方式，这主要是为适应运输凭证向多样化、简单化方向发展的客观情况，给航空承运人一个自由选择的余地。

2）告知旅客。航空承运人应当向旅客及时告知有关不能正常运输的重要事由和安全运输时应当注意的事项。

3）按照客票载明的时间和班次运输旅客。航空承运人未按客票载明的时间和班次进行运输的，旅客有权要求安排改乘其他班次、变更运输路线以到达目的地或者退票。

4）运输过程中对旅客的救助。航空承运人在运输过程中，应当尽力救助患有急病、分娩、遇险的旅客。如果航空承运人对患有急病、分娩、遇险的旅客不予救助，因其不作为，旅客可要求其承担民事责任。

5）安全运送。航空旅客运输合同生效后，航空承运人负有将旅客安全送达目的地的义务，即在运输中航空承运人应保证旅客的人身安全。

3. 航空旅客运输合同的变更和解除

（1）因旅客自身原因导致的变更或解除。航空旅客运输合同成立后，在合同履行之前，旅客因自己的原因不能按照客票记载的时间乘坐的，可以在法定或约定的时间内变更或解除合同，即变更客票记载或办理退票手续。此种变更或解除被称为自愿变更或解除。旅客因自己的原因不能按照客票记载的时间乘坐的，应当在约定的时间内办理退票或者变更手续。逾期办理的，航空承运人可以不退票款，并不再承担运输义务。

（2）因航空承运人的原因导致的变更或解除。因航空承运人的原因导致的客运合同变更或解除，称为非自愿的变更或解除，主要包括两种情况：一是因航空承运人的迟延运输导致的变更或解除。航空承运人应当按照客票载明的时间和班次运输旅客。航空承运人迟延运输的，应当根据旅客的要求安排改乘其他班次、变更运输路线以到达目的地或者退票。二是航空承运人擅自变更运输工具引起的合同变更。在客运合同订立后，航空承运人单方面变更运输工具的，应视为一种违约行为。航空承运人擅自变更运输工具而降低服务标准的，旅客有权要求退票或者减收票款。航空承运人变更运输工具，提高服务标准的，无权向旅客加收票款。

（二）航空货物运输合同

1. 航空货物运输合同的概念和特征

航空货物运输合同是指航空承运人将托运人交付运输的货物运送到约定地点，托运人支付运费的合同。航空货物运输合同为运输合同的一种，具有如下法律特征：（1）航

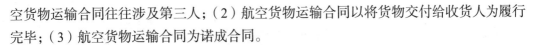

空货物运输合同往往涉及第三人；（2）航空货物运输合同以将货物交付给收货人为履行完毕；（3）航空货物运输合同为诺成合同。

2. 航空货物运输合同的效力

航空货物运输合同的效力，即航空货物运输合同关系中，基于当事人的权利和义务所产生的拘束力。

（1）托运人的义务。

在航空货物运输合同中，托运人的义务有：对货物进行如实申报，按规定向航空承运人提交审批、检验等文件，对货物或托运行李进行包装，支付运费、保管费和其他运输费用以及托运危险品时须履行的义务等。

1）如实申报。托运人应当对其申报的货物的正确性负责，航空承运人没有检验货物的义务。对因托运人或者以其名义所提供的各项说明和陈述不符合规定、不正确或者不完全，给航空承运人或者航空承运人对之负责的任何其他人造成的一切损失，托运人应当对航空承运人承担赔偿责任。但如果是因航空承运人或者以其名义在货物收据或者在所指其他方法保存的记录上载入的各项说明和陈述不符合规定、不正确或者不完全，给托运人或者托运人对之负责的任何其他人造成的一切损失，航空承运人应当对托运人承担赔偿责任。

2）按规定向航空承运人提交审批、检验等文件。在航空货物运输中，根据运输货物的种类、性质及国家的计划安排等，有的货物运输需要得到有关部门的批准，有的货物运输需要先经过有关机关的检验方可进行运输。托运人对需要办理审批、检验手续的货物运输，应将办完有关手续的文件提交航空承运人。

3）对货物和托运行李进行包装。标的物的包装方式与标的物的质量息息相关，如果没有适当的包装方式，即使在交付时符合质量要求的标的物，经过运输，也可能成为不符合质量要求的标的物，从而给买受人造成损失。法律中一般赋予托运人以包装的义务，航空运输中也不例外，法律中规定托运人在托运过程中负有对货物或托运行李包装的义务，如果由于包装不善造成损失，航空承运人不承担赔偿责任。

4）支付运费、保管费以及其他运输费用。在航空承运人全部、正确履行运输义务的情况下，托运人或者收货人有按照规定支付运费、保管费以及其他运输费用的义务。托运人或者收货人不支付运费、保管费以及其他运输费用的，航空承运人对相应的运输货物享有留置权，但当事人另有约定的除外。货物在运输过程中因不可抗力灭失，未收取运费的，航空承运人不得要求托运人支付运费；已收取运费的，托运人可以要求返还。

5）托运危险物品时须履行的义务。托运人托运易燃、易爆、有毒、有腐蚀性、有放射性等危险物品的，应当按照国家有关危险物品运输的规定对危险物品妥善包装，作出危险物标志和标签，并将有关危险物品的名称、性质和防范措施的书面材料提交航空承运人。托运人违反规定的，航空承运人既可以拒绝运输，也可以采取相应措施以避免损失的发生，因此产生的费用由托运人承担。

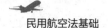

（2）航空承运人的义务。

在航空货物运输中，承运人的义务主要有安全运输、通知以及接受托运人的指示处置货物等。

1）安全运输。航空承运人应依照合同约定，将托运人交付的货物安全运输至约定地点。运输过程中，货物毁损、灭失的，航空承运人应承担损害赔偿责任。《华沙公约》第18条规定："对于任何已登记的行李或货物因毁灭、遗失或损坏而产生的损失，如果造成这种损失的事故是发生在航空运输期间，承运人应负责任。"

2）通知。货物运输到达后，航空承运人负有及时通知收货人的义务。《华沙公约》第13条规定："除另有约定外，承运人应该在货物到达后立即通知收货人。"《蒙特利尔公约》第13条规定："除另有约定外，承运人应当负责在货物到达后立即通知收货人。"《中华人民共和国民用航空法》第120条规定："除另有约定外，承运人应当在货物到达后立即通知收货人。"当然，航空承运人只有在知道或应当知道收货人的通信地址或联系方式的情况下，负有上述通知义务，如果因为托运人或收货人的原因，如托运人在运单上填写的收货人名称、地址不准确，或者收货人更换了通信地址或联系方式而未告知航空承运人的，航空承运人免除上述通知义务。对于无法交付货物的处理结果，航空承运人应当通知托运人。

3）接受托运人的指示处置货物。托运人在履行航空货物运输合同规定的义务的条件下，有权在出发地机场或者目的地机场将货物提回，或者在途中经停时中止运输，或者在目的地点或者途中要求将货物交给非航空货运单上指定的收货人，或者要求将货物运回出发地机场；但是，托运人不得因行使此种权利而使航空承运人或者其他托运人遭受损失，并应当偿付由此产生的费用。托运人的指示不能执行的，航空承运人应当立即通知托运人。航空承运人按照托运人的指示处理货物，没有要求托运人出示其所收执的航空货运单，给该航空货运单的合法持有人造成损失的，航空承运人应当承担责任，但是不妨碍航空承运人向托运人追偿。收货人的权利开始时，托运人的权利即告终止；但是，收货人拒绝接受航空货运单或者货物，或者航空承运人无法同收货人联系的，托运人恢复其对货物的处置权。

（3）收货人的义务。

收货人的义务主要有及时提货、支付托运人未付或者少付的运费以及其他费用、在一定期限内检验货物等。

1）及时提货。收货人虽然没有直接参与航空货物运输合同的签订，但受航空承运人、托运方双方签订航空货物运输合同的约束，收货人应当及时提货，收货人逾期提货的，应当向航空承运人支付保管费等费用。货物被检察机关扣留或因违章等待处理存放在航空承运人仓库内，由收货人或托运人承担保管费和其他有关费用。对于动物、鲜活易腐物品及其他指定日期和航班运输的货物，托运人应当负责通知收货人在到达站机场等候提取。

2）支付托运人未付或者少付的运费以及其他费用。一般情况下，运费由托运人在

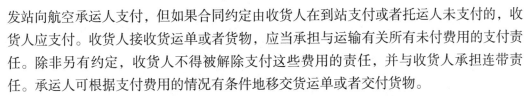

发站向航空承运人支付，但如果合同约定由收货人在到站支付或者托运人未支付的，收货人应支付。收货人接收货运单或者货物，应当承担与运输有关所有未付费用的支付责任。除非另有约定，收货人不得被解除支付这些费用的责任，并与收货人承担连带责任。承运人可根据支付费用的情况有条件地移交货运单或者交付货物。

3）在一定期限内检验货物。货物运交收货人后，收货人负有对货物及时进行验收的义务。收货人提货时，对货物外包装状态或重量如有异议，应当场提出查验或者重新过秤核对。收货人提取货物后并在货运单上签收而未提出异议，则视为货物已经完好交付。检验货物的期限，依据所适用的法律进行。

3. 航空货物运输合同的变更和解除

在航空货物运输中，托运人可以按照有关规定要求变更合同，主要是变更到站和收货人或者运回原发站。对托运人的变更要求，只要是符合条件的，航空承运人都应及时处理，但这种变更要求不得违反国家法律、法规和运输规定，否则航空承运人有权拒绝。同时托运人变更合同时不得使航空承运人或者其他托运人遭受损失，并应当偿付由此产生的费用。对托运人的指示不能执行的，航空承运人应当立即通知托运人，并说明不能执行的理由。

单元二 航空运输凭证的法律意义

航空运输凭证是指从事民用航空运输活动相关的凭据，是证明运输关系存在的证据。航空运输凭证主要包括客票、行李票、航空货运单。

一、客票

1993年，世界上第一张电子客票在美国诞生，电子客票以其使用便利、防丢防假、印制运输管理成本大大降低和结算速度显著提升等突出优势迅速占领市场。2000年3月28日，南方航空公司率先推出国内第一张电子客票。2011年底，中国率先成为全球航空电子客票普及率100%的国家。电子客票是由航空承运人或代表人代表航空承运人销售的，一种不通过纸票来实现客票销售、旅客运输及相关服务的有价凭证。它是普通纸质机票的一种存在于计算机系统内的电子映像，是一种电子号码记录。电子客票在功能上无异于纸质机票，同样可以执行出票、作废、退票、改签等操作。与纸质机票相比，旅客可以在异地订购电子客票，操作更为便捷。订票、付款、办理登机手续的全过程都在计算机上完成，换票或退票也很方便。行程单是旅客购买电子客票的凭证之一，包含旅客姓名拼音、航班号、航班日期等内容。

客票是指由航空承运人或其代理人填开的客票及行李票凭证，包括运输合同的条件、声明、通知，以及乘机联和旅客联等内容。客票可以分为联程票、来回程票、定期客票和不定期客票。航空客票是记名票,由会计联、出票人联、乘机联和旅客联组成。客票在旅客运输行为中扮演着重要的证据角色。

对于客票的性质,《中华人民共和国民用航空法》第 111 条规定:"客票是航空旅客运输合同订立和运输合同条件的初步证据。旅客未能出示客票、客票不符合规定或者客票遗失,不影响运输合同的存在或者有效。在国内航空运输中,承运人同意旅客不经其出票而乘坐民用航空器的,承运人无权援用本法第一百二十八条有关赔偿责任限制的规定。在国际航空运输中,承运人同意旅客不经其出票而乘坐民用航空器的,或者客票上未依照本法第一百一十条第(三)项的规定声明的,承运人无权援用本法第一百二十九条有关赔偿责任限制的规定。"

对于客票记载的内容,《中华人民共和国民用航空法》第 110 条规定:"客票应当包括的内容由国务院民用航空主管部门规定,至少应当包括以下内容:(一)出发地点和目的地点;(二)出发地点和目的地点均在中华人民共和国境内,而在境外有一个或者数个约定的经停地点的,至少注明一个经停地点;(三)旅客航程的最终目的地点、出发地点或者约定的经停地点之一不在中华人民共和国境内,依照所适用的国际航空运输公约的规定,应当在客票上声明此项运输适用该公约的,客票上应当载有该项声明。"

二、行李票

行李一般是指旅客在旅行中为了穿着、使用、舒适或方便的需要而携带的物品和其他个人财物。《中华人民共和国民用航空法》中将行李分为托运行李和自理行李,以及旅客随身携带的物品。托运行李是指旅客交由航空承运人负责照管和运输并填开行李票的行李。自理行李是指经航空承运人同意由旅客自行负责照管的行李。随身携带的物品是指经航空承运人同意由旅客自行携带乘机的零星小物件。《中华人民共和国民用航空法》第 112 条规定:"承运人载运托运行李时,行李票可以包含在客票之内或者与客票相结合。除本法第一百一十条的规定外,行李票还应当包括下列内容:(一)托运行李的件数和重量;(二)需要声明托运行李在目的地点交付时的利益的,注明声明金额。行李票是行李托运和运输合同条件的初步证据。旅客未能出示行李票、行李票不符合规定或者行李票遗失,不影响运输合同的存在或者有效。在国内航空运输中,承运人载运托运行李而不出具行李票的,承运人无权援用本法第一百二十八条有关赔偿责任限制的规定。在国际航空运输中,承运人载运托运行李而不出具行李票的,或者行李票上未依照本法第一百一十条第(三)项的规定声明的,承运人无权援用本法第一百二十九条有关赔偿责任限制的规定。"

由此可见,行李票存在于行李托运的过程中。航空承运人载运托运行李时,行李票可以包含在客票之内或者与客票相结合。

三、航空货运单

航空货运单也可以称为货物收据，是指托运人或者托运人委托承运人填制的，托运人和航空承运人之间为在航空承运人的航线上承运货物所订立合同的证据。《中华人民共和国民用航空法》第114条规定："托运人应当填写航空货运单正本一式三份，连同货物交给承运人。航空货运单第一份注明'交承运人'，由托运人签字、盖章；第二份注明'交收货人'，由托运人和承运人签字、盖章；第三份由承运人在接受货物后签字、盖章，交给托运人。承运人根据托运人的请求填写航空货运单的，在没有相反证据的情况下，应当视为代托运人填写。"

三份货运单具有同等法律效力，分别交与航空承运人、收货人、托运人。航空货运单上关于货物的重量、尺寸、包装和件数的说明具有初步证据的效力。航空货运单不是物权凭证，只用来证明运输行为的存在。

《中华人民共和国民用航空法》第115条规定："航空货运单应当包括的内容由国务院民用航空主管部门规定，至少应当包括以下内容：（一）出发地点和目的地点；（二）出发地点和目的地点均在中华人民共和国境内，而在境外有一个或者数个约定的经停地点的，至少注明一个经停地点；（三）货物运输的最终目的地点、出发地点或者约定的经停地点之一不在中华人民共和国境内，依照所适用的国际航空运输公约的规定，应当在货运单上声明此项运输适用该公约的，货运单上应当载有该项声明。"

单元三　航空承运人责任

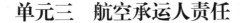

案例阅读

2006年7月21日，肖某以1 300元的价格购买了A航空股份有限公司（以下简称A航）当日20时10分由北京飞往广州的××航班7折机票。在肖某到机场办理登机手续时，A航地面服务公司的工作人员告知他，由于机票超售，××航班已经满员，肖某无法乘坐。A航地面服务公司安排肖某转签B航空股份有限公司（以下简称B航）某航班，但随后A航的工作人员发现B航航班发生了延误，便又将肖某唤回，将其转签至A航的另一航班，并免费为其从经济舱升至头等舱（头等舱机票价格为2 300元）。等候期间，肖某被安排在头等舱休息室休息。当日22时39分，肖某乘坐A航的另一航班离港。此时距肖某原定起飞时间已近3小时。

2006年9月，肖某将A航诉至法院。肖某认为，自己从来没有听说过"超售"一事，在买票时也没有人告知自己飞机票是在超售，A航对机票超售一事进行隐瞒，侵犯了消费者的知情权，并获取多销售机票的利益，因此应当承担相应法律责任，包括：（1）因A航的行为构成欺诈，侵犯了消费者知情权，应双倍赔偿经济损失，即机票价款的2倍2 600元；（2）承担专业诉讼已支付的律师费5 000元；（3）在《法治日报》《经济日报》上公开赔礼道歉。

［评析］

法院根据上述事实和证据认为，航空旅客运输合同是旅客支付运输费用，由航空承运人运输至指定地点的合同。该合同自航空承运人向旅客出票时起即告成立，并同时生效。从超售对合同履行的影响来看，它将使所有不特定的购票旅客均面临不能登机的风险，导致合同履行障碍，因此，超售行为应当向旅客进行明确告知，而不能将其看作航空企业内部的管理手段而不予公示。从超售的社会知晓度来看，超售引入我国时间较短，没有在公众中形成广泛认知。因此，航空承运人作为超售行为的实施者，应当向旅客进行全面而充分的告知。就中国民用航空局关于超售规则的告知程度来看，要查看超售规则，必须进入中国民用航空局的网页，再通过两级点击方可进行。相对于机票销售的特殊性和对旅客的影响而言，此种告知方式，欠缺普及性和明确性，几乎无法让不特定的社会公众了解。因此，即使《消费者航空旅行指南》存在超售说明，也不能免除被告对原告的告知义务。据此，可以认定被告未尽到经营者的告知义务，损害了航空旅客运输合同中旅客的知情权。

就被告未尽到告知义务的行为是否构成欺诈，法院认为，应当结合我国航空客运市场的现实情况综合判断。超售行为引入我国后，行业管理者将其作为行业特殊规则，在向社会公开的网站上予以介绍、认可，不禁止航空承运人使用，但尚未做出必要的规范和管理。航空承运人在此情况下，基于市场竞争、运营成本、客源流失等考虑，未能对航班内全体旅客进行告知，客观上导致超售行为被隐瞒，但并非对原告本人进行虚假宣传或故意隐瞒真实情况，这与法律概念上的欺诈存在区别，因此被告的行为应当认定为违反合同义务，而不构成对原告的欺诈。

最终，法院依据《中华人民共和国民法通则》第55条、第57条、第107条、《中华人民共和国消费者权益保护法》第8条、第35条第3款、第43条之规定，判决如下：一、被告A航空股份有限公司于本判决生效之日起7日内给付原告肖某违约赔偿金1 300元。二、驳回原告肖某的其他诉讼请求。

资料来源：李思.南航公司机票超售乘客获赔1 300元［EB/OL］.北京法院网，2007.

一、航空旅客运输中航空承运人的责任

（一）航空承运人对旅客损害赔偿的范围

1. 一般规定

《华沙公约》第17条规定："对于旅客因死亡、受伤或任何其他身体上的损害而产生的损失，如果造成这种损失的事故是发生在航空器上或在上下航空器的过程中，承运

人应负责任。"1971年《危地马拉城议定书》第4条规定："一、在旅客死亡或遭受任何身体损害时，只要造成死亡或身体损害的事件发生在航空器上或是在上、下航空器的过程中，承运人即应对由此造成的损失承担责任。但是，如果死亡或身体损害纯系旅客健康状况所致，则承运人不负责任。"《蒙特利尔公约》第17条规定："一、对于因旅客死亡或者身体伤害而产生的损失，只要造成死亡或者伤害的事故是在航空器上或者在上、下航空器的任何操作过程中发生的，承运人就应当承担责任。……关于非托运行李，包括个人物件，承运人对因其过错或者其受雇人或者代理人的过错造成的损失承担责任。"《中华人民共和国民用航空法》第124条的规定主要是参照1971年《危地马拉城议定书》第4条的规定所制定的。

根据上述规定，可以看出，在国际航空旅客运输中，航空承运人对旅客损害赔偿的范围包括：旅客的死亡，旅客的受伤，非托运行李所造成的损失以及延误所造成的损失。

2. 精神损害

旅客的损害中是否包括精神损害呢？这是学者对华沙体制下旅客损害构成争议最大的一个问题。

在《华沙公约》签订时，"精神损害"这一概念尚未得到世界各国的认可，得到当时法学家们所认可的只是身体上、肉体上的伤害。从当时对精神损害问题有规定的《德国民法典》和《瑞士民法典》中的规定来看，基本上是规定了对侵权行为所产生的非物质损害的赔偿。自20世纪50年代以来，随着精神损害问题逐渐受到重视，有些学者和法官开始对《华沙公约》第17条所规定的损害提出质疑，希望通过各种方式来证明《华沙公约》所规定的旅客的损害包括精神损害。

到目前为止，对于精神损害问题，普遍形成的观点是：第一，旅客的损害应当是能够明显观察到的、可触摸的伤害，这种损害所引起的精神损害应当也是损害的范围，事故或事件而导致的精神损害是人身伤害的一部分，由于它是人身伤害所导致的，因此应当获得赔偿。第二，精神损害导致人体某些器官的失调，如呕吐、脑组织被破坏、中枢神经系统被破坏等，目前还找不到赔偿的依据。第三，非旅客由于飞行中的事故或事件受到的精神损害是否会得到赔偿？非旅客由于飞行中的事故或事件受到的精神损害主要包括两个方面：一是和飞行中的事故或事件没有任何直接关系的第三人，如某人看见飞机坠毁，以至于在以后的生活中产生了严重的精神伤害；二是旅客的近亲属，听到或看到旅客在事故或事件中死亡而遭受的精神痛苦所导致的严重的精神伤害。对于第一种情形，根据现有的司法实践和学者的观点，是不予赔偿的。对于第二种情况，司法实践和学者的意见是，应当给予赔偿。对近亲属的界定要符合相关规定。第四，对于医学上能够证明的精神损害持"希望"的观点，即希望医学上能够证明的单纯的精神损害能够获得赔偿。我国司法判决也承认由身体伤害造成的精神损害应当给予赔偿。

（二）航空承运人的责任期间

1. 一般规定

在航空运输中，航空承运人对旅客的责任期间一般包括3个方面，即旅客在航空器上、旅客上航空器的过程中和旅客下航空器的过程中。《华沙公约》第17条将航空承运人的责任期间规定为"发生在航空器上或在上下航空器的操作过程中"。《蒙特利尔公约》第17条规定："对于因旅客死亡或者身体伤害而产生的损失，只要造成死亡或者伤害的事故是在航空器上或者在上、下航空器的任何操作过程中发生的，承运人就应当承担责任。"

2. 责任期间的标准

对于"在航空器上"人们的理解是没有什么差异的，而对于什么是上、下航空器的操作过程，及该过程开始于何时、终结于何时，人们的认识则有很大的差异。在司法实践和学者的解释中，争议较多的是对登机过程的解释。随着司法实践的发展和学者的解释的不断深入，对"上、下航空器的操作过程中"的标准逐渐形成了基于活动性质、位置、控制等标准。

（1）活动性质。旅客是否属于登机性质，要看旅客是否正在登机，并且旅客应处于动态的行为过程中，不能是静态的事实和状态。旅客办理好登机手续并在候机楼等候登机不属于旅客上航空器的过程。

（2）位置。一般把这种以受伤旅客当时所处地点或位置来划分上、下航空器过程的主张理解为：事故发生的区域应当是在该航空承运人为旅客登机或下机的目的而专门使用的特定化的区域，不包括当时供其他航空承运人或其他单位使用的公用区域或公共场所。但在司法实践中各国法院对位置标准解释不一。

（3）控制。在判断旅客是否是"上、下航空器的操作过程中"，控制因素具有决定性作用。如果旅客处于航空承运人的指导、照料或控制之下，这时航空承运人的航空运输义务已经开始履行，航空承运人就应当承担责任。

对于下航空器过程的判断，一般认为旅客从航空器上下来，脱离航空承运人的控制，到达机场的安全地带即为完成下航空器活动。

另外，对于"在航空器上"的期间辨别，应包括在出发地登机到预定目的地下航空器的全过程。例如，在劫机中旅客被扣作人质，并被转移到航空器以外其他场所，司法实践中也将其视为"发生在航空器上"。

（三）事故

华沙体制下的各国际航空公约规定，因发生在航空器上或上、下航空器的操作过程中的事故或事件，造成旅客损害的，航空承运人应当承担责任。

有的文件使用"事件"一词，有的文件使用"事故"一词。"事件"与"事故"，内涵和外延都不同，在决定航空承运人是否负责的问题上有着重要的意义。一般而言，"事件"的范围要比"事故"宽泛得多。

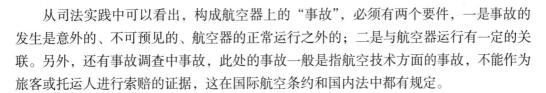

从司法实践中可以看出，构成航空器上的"事故"，必须有两个要件，一是事故的发生是意外的、不可预见的、航空器的正常运行之外的；二是与航空器运行有一定的关联。另外，还有事故调查中事故，此处的事故一般是指航空技术方面的事故，不能作为旅客或托运人进行索赔的证据，这在国际航空条约和国内法中都有规定。

（四）航空承运人的免责事由

华沙体制下，航空承运人对旅客的免责事由在不同的航空条约中也有不同的表述。

（1）《华沙公约》中航空承运人对旅客的免责事由。《华沙公约》中航空承运人对旅客的免责事由主要包括：受害人的过失；承运人采取一切必要的措施，或不可能采取此种措施；承运人无欺诈行为，且超过规定期限。

（2）《蒙特利尔公约》中航空承运人对旅客的免责事由。《蒙特利尔公约》规定航空承运人的免责事由主要表现在第20条的表述中："经承运人证明，损失是由索赔人或者索赔人从其取得权利的人的过失或者其他不当作为、不作为造成或者促成的，应当根据造成或者促成此种损失的过失或者其他不当作为、不作为的程度，相应全部或者部分免除承运人对索赔人的责任。旅客以外的其他人就旅客死亡或者伤害提出赔偿请求的，经承运人证明，损失是旅客本人的过失或者其他不当作为、不作为造成或者促成的，同样应当根据造成或者促成此种损失的过失或者其他不当作为、不作为的程度，相应全部或者部分免除承运人的责任。"因此，《华沙公约》中的"一切必要措施""不可能"等，将不适用《蒙特利尔公约》参加国的航空承运人。

二、航空货物运输中航空承运人的责任

（一）托运行李或货物的损失

《华沙公约》第18条规定："对于任何已登记的行李或货物因毁灭、遗失或损坏而产生的损失，如果造成这种损失的事故是发生在航空运输期间，承运人应负责任。"《蒙特利尔公约》第18条规定："对于因货物毁灭、遗失或者损坏而产生的损失，只要造成损失的事件是在航空运输期间发生的，承运人就应当承担责任。"《中华人民共和国民用航空法》第125条规定："因发生在航空运输期间的事件，造成货物毁灭、遗失或者损坏的，承运人应当承担责任。"

从以上规定可以看出，航空承运人对因货物毁灭、遗失或者损坏而产生的损失承担责任。航空承运人承担责任的范围是货物毁灭、遗失或者损坏而产生的"损失"，而不是"毁灭、遗失或者损坏本身"。这一表述界定了航空承运人承担责任的方式，即赔偿损失。其他承担民事责任的方式则不属于公约的调整范围，如恢复原状，修理、重作、更换、支付违约金、排除妨碍、停止侵害、消除危险、赔礼道歉等。这里的损失，一般也应以财产（金钱）作为判断损失是否存在的标准，即损失系经济损失，非物质性的损失都不在其内。

（二）航空承运人的责任期间

航空承运人的责任期间是航空运输期间。判断航空运输期间，应当从以下几个方面着手：

（1）货物是否处于航空承运人掌管之下是判断货物是否处于航空承运人责任期间的唯一要素。

（2）如果航空器因意外在机场外降落，货物仍然处于航空承运人掌管之下，应认为是在航空运输期间。

（3）替代运输。考虑到航空承运人可能以其他运输方式代替航空运输，《蒙特利尔公约》在第18条第4款中增加了一句规定："承运人未经托运人同意，以其他运输方式代替当事人各方在合同中约定采用航空运输方式的全部或者部分运输的，此项以其他方式履行的运输视为在航空运输期间。"

（三）航空承运人的免责事由

华沙体制下的各国际航空公约对航空承运人免责事由的规定不尽相同，下面分而述之。

1.《华沙公约》的规定

第20条规定："（一）承运人如果证明自己和他的代理人为了避免损失的发生，已经采取一切必要的措施，或不可能采取这种措施时，就不负责任。（二）在运输货物和行李时，如果承运人证明损失的发生是由于驾驶上、航空器的操作上或领航上的过失，而在其他一切方面承运人和他的代理人已经采取一切必要的措施以避免损失时，就不负责任。"

第21条规定："如果承运人证明损失的发生是由于受害人的过失所引起或助成，法院可以按照它的法律规定，免除或减轻承运人的责任。"

第25条规定："如果有损坏情况，收件人应该在发现损坏后，立即向承运人提出异议，如果是行李，最迟应该在行李收到后三天内提出，如果是货物，最迟应该在货物收到后七天内提出。如果有延迟，最迟应该在行李或货物交由收件人支配之日起十四天内提出异议。任何异议应该在规定期限内写在运输凭证上或另以书面提出。"

第26条规定："除非承运人方面有欺诈行为，如果在规定期限内没有提出异议，就不能向承运人起诉。"

2.《蒙特利尔公约》的规定

第18条规定，承运人证明货物的毁灭、遗失或者损坏是由于下列一个或者几个原因造成的，在此范围内承运人不承担责任：

（1）货物的固有缺陷、质量或者瑕疵；

（2）承运人或者其受雇人、代理人以外的人包装货物的，货物包装不良；

（3）战争行为或者武装冲突；

（4）公共当局实施的与货物入境、出境或者过境有关的行为。

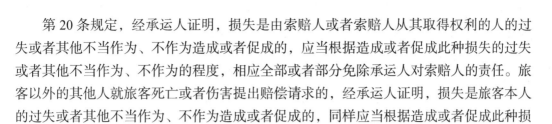

第 20 条规定，经承运人证明，损失是由索赔人或者索赔人从其取得权利的人的过失或者其他不当作为、不作为造成或者促成的，应当根据造成或者促成此种损失的过失或者其他不当作为、不作为的程度，相应全部或者部分免除承运人对索赔人的责任。旅客以外的其他人就旅客死亡或者伤害提出赔偿请求的，经承运人证明，损失是旅客本人的过失或者其他不当作为、不作为造成或者促成的，同样应当根据造成或者促成此种损失的过失或者其他不当作为、不作为的程度，相应全部或者部分免除承运人的责任。本条适用于《蒙特利尔公约》中的所有责任条款。

三、航空承运人的强制缔约义务

案例阅读

2006 年 1 月 15 日，14 岁的女孩皮皮遭遇车祸右脚离断，需要转到某医院进行手术。女孩在登机时遭到航空企业的拒绝，她的父亲下跪恳求机场人员，主治医生也证明她只是右脚离断，不会有生命危险，但航空企业以"机型限制、安全限制、客规限制" 3 个方面的理由拒绝其登机，机长也坚决不同意他们登机。皮皮只好乘车赶往医院，到达时因距离车祸发生时间过长丧失了治疗有效时机而遭截肢。随后，皮皮将航空企业告上法庭，索赔 100 万余元。2006 年 6 月 26 日，该案在人民法院一审落判，法院以航空企业行业规范判决拒绝登机无错，驳回了皮皮的全部请求，但支持航空企业出于人道主义给付 16 万元的经济帮助金。

［评析］

该次航班所使用的飞机按规定不满足载运担架旅客的条件。如果要运输担架旅客，则必须在飞机上布置安放担架的场所，这样将挤占飞机上的应急撤离通道，不符合该机型的应急撤离条件，并将影响飞机上其他旅客和航班运行安全。如果在不具备运送该旅客的条件下运送，则会违反航空承运人所承担的最主要的安全保障义务，所有旅客，包括案例中的皮皮的生命健康权都有可能受到损害。另外一种情形就是皮皮不用担架，可以坐在座位上，按照当时的情形反而会将其置于更加危险的境地。我们知道，在高空运输的情况下，剧烈颠簸、干燥空气、不洁环境等都可能对创伤部位带来更严重的影响。

从另一个角度思考，航空承运人承担强制缔约义务的前提是旅客是健康的状态。对患有疾病或伤残的旅客，如果需要乘坐航班，则应在购买机票前如实告知详细病情，以便航空企业提前作出能否正常承运的决定或提前做好相应准备。本案例中的皮皮在购票时并没有如实告知真实病情，缔结航空旅客运输合同之前即存在瑕疵。这种情况被称为缔约过失责任。缔约过失责任是指因为缔约人故意或者有过失，违反了先合同义务，应当依法承担的民事责任。虽然皮皮与航空企业之间的航空旅客运输合同已经成立，但是由于皮皮的合同有缔约瑕疵，根据相关法律规定，该合同未产生法律效力，并没有正式生效。皮皮的截肢并非航空企业的行为直接导致，两者之间没有完全的必然联系。

资料来源：断足少女被拒登机遭截肢［EB/OL］．搜狐网，2006.

强制缔约的义务，也叫强制性合同行为，是指若干特殊情形下，个人或者企业负有应相对人的请求，与其订立合同的义务。此项义务的规定，意味着合同一方当事人对相对人的要约，只能作出承诺，无正当理由不得拒绝。在现实生活中，为了避免某些情况下强势一方利用自己的优势地位任意拒绝弱势一方的缔约要求或者附加任何不合理的缔约条件，使弱势一方的基本权利无法实现，实现社会公平正义，采用强制缔约义务非常必要。

《中华人民共和国民法典》第810条规定："从事公共运输的承运人不得拒绝旅客、托运人通常、合理的运输要求。"旅客只要作出自愿订立运输合同的请求，航空承运人正常情况下不得拒绝，并且必须向旅客提供满足合同约定内容的运输服务，除非旅客的要求不是"通常的、合理的"。例如，航空运输过程中，航线、航路、航班时间等都是确定的，旅客不能擅自要求改变；对于具有特殊情况的旅客，如果不符合运输条件，也可拒绝运输。

现实中出现的航空承运人拒绝运输旅客的情况时有发生，其中就涉及航空承运人对特殊旅客承运责任的问题。我国现行法律中对特殊乘客（老、幼、病、残、孕）的运输条件的规定并不完善。《中华人民共和国民用航空法》中并没有相关内容。

单元四　民用航空运输合同纠纷的处理

案例阅读

原告张某某诉称，该航班原定于巴黎时间9月28日5时30分抵达巴黎机场，故出发前张某某已经订好9月28日8时19分由巴黎机场至法国昂古莱姆的高铁车票。但由于飞行途中一名外籍旅客生病，飞机返航，在北京机场将病人送下飞机后重新起飞，到达时间为巴黎时间9月28日7时53分，延误2小时23分钟。航班延误致使张某某火车票失效。张某某为此重新购买了一张无座车票，损失112欧元。张某某多次与某航空公司协商，要求赔偿损失，但遭拒，故诉至法院，要求判令某航空公司承担因航班延误导致的损失112欧元（按照人民币与欧元的汇率8.25折算计人民币924元）。

被告中国某航空公司（以下简称某航空公司）辩称，不同意原告的诉讼请求，航班延误系为治病救人，属正当理由。

［评析］

法院认为，根据《蒙特利尔公约》及相关法律规定之精神，航空承运人免责需满足以下两个条件：条件一，航班延误系因客观原因导致，存在合理的理由；条件二，航空承运人对因航班延误可能对旅客造成的延误后果已经采取了合理的补救措施或因客观原因无法采取补救措施。本案中，张某某因航班延迟致使其先前购买的火车票作废，重新购买火车票的费用应属于航班延误造成的直接损失，如某航空公司不能举证证明其航班延误符合以上两个免责条件的，对张某某上述损失应承担赔偿责任。首先，根据张某某的举证及一审法院确认的事实，某航空公司已举证证明航班延误系由于飞行过程中旅客突发病情，为使其获得及时治疗而临时备降北京机场，某航空公司为履行法定的救助义务致使航班延误，应属于非承运人主观原因造成的合理延误。其次，在补救义务方面，经法院核实，张某某系从国内销售代理网站购买的火车票，退票或改签应当将纸质票件退回该网站办事处再行操作，即张某某在航班起飞当天已经无法办理退票，故航班发生延误后某航空公司不可能采取任何合理措施协助张某某办理退票事宜，并且备降发生在凌晨，在约一小时的备降期间内如要求某航空公司提供改乘其他班次或退票的替代安排不符合客观实际，故某航空公司关于不可能采取合理措施避免原告损失的抗辩意见法院予以采信，某航空公司对张某某的损失无需承担责任。

资料来源：张某某诉中国某航空公司航空旅客运输合同纠纷案［EB/OL］．人民法院案例库，2023.

民用航空运输行为安全性越来越高，但是由于人为操作失误、天气原因等，航空安全仍然受到威胁。航空运输是发生在航空承运人和旅客之间的合同关系，运输行为开始后既可能会出现航班延误纠纷，也可能会出现旅客在航空飞行中或者上下航空器的过程中意外遭受的人身伤害，甚至更为严重的坠机事件。这些事件会引发旅客及其他权利人对航空承运人的索赔。

一、民用航空运输合同纠纷的诉讼管辖、索赔期限、诉讼时效

（一）民用航空运输合同纠纷的诉讼管辖

对于国际航空运输合同纠纷，《华沙公约》第28条规定：

（1）有关赔偿的诉讼，应该按原告的意愿，在一个缔约国的领土内，向承运人住所地或其总管理处所在地或签订契约的机构所在地法院提出，或向目的地法院提出。

（2）诉讼程序应根据受理法院的法律规定办理。

《蒙特利尔公约》在被告所在地法院管辖权的基础之上，增加了第五管辖权，即旅客住所地法院。从保护旅客权益出发，增加附条件的旅客住所地或其永久居住地法院管辖权，可为旅客创造诉讼便利。

对于国内民用航空运输合同纠纷的诉讼管辖权的选择，《中华人民共和国民用航空法》没有对管辖法院作出专门规定。《中华人民共和国民事诉讼法》第28条规定："因

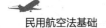

铁路、公路、水上、航空运输和联合运输合同纠纷提起的诉讼，由运输始发地、目的地或者被告住所地人民法院管辖。"

（二）民用航空运输合同纠纷的索赔期限

国际航空运输中，关于托运人或者收货人或者旅客对航空承运人的索赔期限规定，各国际公约有所不同，大概如下：《华沙公约》对于索赔期限的规定分别为托运行李 3 日、货物 7 日、延误 14 日；《修改 1929 年 10 月 12 日在华沙签订的统一国际航空运输某些规则的公约的议定书》（简称《海牙议定书》）对于索赔期限的规定分别为托运行李 7 日、货物 14 日、延误 21 日；《蒙特利尔公约》对于索赔期限的规定与《海牙议定书》相同。

《中华人民共和国民用航空法》中对托运人或者收货人或者旅客对托运行李或者货物索赔期限的有关规定和国际公约规定基本相同。《中华人民共和国民用航空法》第134 条规定："旅客或者收货人收受托运行李或者货物而未提出异议，为托运行李或者货物已经完好交付并与运输凭证相符的初步证据。托运行李或者货物发生损失的，旅客或者收货人应当在发现损失后向承运人提出异议。托运行李发生损失的，至迟应当自收到托运行李之日起七日内提出；货物发生损失的，至迟应当自收到货物之日起十四日内提出。托运行李或者货物发生延误的，至迟应当自托运行李或者货物交付旅客或者收货人处置之日起二十一日内提出。任何异议均应当在前款规定的期间内写在运输凭证上或者另以书面形式提出。除承运人有欺诈行为外，旅客或者收货人未在本条第二款规定的期间内提出异议的，不能向承运人提出索赔诉讼。"

（三）民用航空运输合同纠纷的诉讼时效

《中华人民共和国民用航空法》第 135 条规定："航空运输的诉讼时效期间为二年，自民用航空器到达目的地点、应当到达目的地点或者运输终止之日起计算。"

二、航班延误的法律规定

航班延误对于旅客来说会增加旅行成本，耽误宝贵时间。据调查，在受到实际经济损失的消费者中，绝大部分消费者未得到任何赔偿。而这些未得到赔偿的消费者，大部分主动放弃了索赔，原因是认为没有赔偿标准，难以索赔；或者认为索赔周期长，材料复杂，获得赔偿额少，浪费时间成本。确定航班延误的赔偿原则与标准对于旅客和航空企业都具有非常重大的意义。

对于航班延误问题，2017 年 1 月 1 日起实施的《航班正常管理规定》作了详细的规定。

（一）航班延误的界定

对于延误的定义，一般认为，航空法上的延误是指航空承运人未能按照旅客或者托运人期望的期限到达目的地点。客票或者航空货运单本身只是证明运输合同存在的初步证据，并不能完全涵盖合同的全部内容。延误可分为合理延误与不合理延误，涉及损失赔偿的往往是不合理延误。判断是否为合理延误要综合考虑很多因素。

（1）从造成延误的原因角度考虑，各国法律达成以下共识：一是如果延误是由不可抗力原因造成的，就属于合理延误。不可抗力原因包括天气条件恶劣、自然灾害等。二是非航空承运人原因，如航空器机械故障、机组成员和机械人员的罢工、航空器的操作、流量控制、军事管制、乘客原因等，均为合理延误。不合理延误的原因包括机务原因、机场原因、航班调配、联检原因等。

（2）从时间角度考虑，判断合理延误与不合理延误要以航空承运人完成该运输所花费的时间是否为合同约定的时间为准，在无约定时间的情况下，要看其所花费的时间是否超过一般情况下完成该运输所需要的合理时间。

（3）从航空承运人角度考虑，要看航空承运人或者其受雇人、代理人是否对延误采取防止损失扩大的一切必要措施或者是否可能采取此种措施。

综合以上论述，可以给出航空运输中的延误定义：航空承运人花费的运输时间超过了一般情况下完成该项运输所需要的正常、合理时间。2017年1月1日实施的《航班正常管理规定》规定，"航班延误"是指航班实际到港挡轮挡时间晚于计划到港时间超过15分钟的情况。

（二）航班延误的赔偿规定

1. 赔偿原则

《航班正常管理规定》第29条规定："发生航班出港延误或者取消后，承运人或者地面服务代理人应当按照下列情形为旅客提供食宿服务：（一）由于机务维护、航班调配、机组等承运人自身原因，造成航班在始发地出港延误或者取消，承运人应当向旅客提供餐食或者住宿等服务。（二）由于天气、突发事件、空中交通管制、安检以及旅客等非承运人原因，造成航班在始发地出港延误或者取消，承运人应当协助旅客安排餐食和住宿，费用由旅客自理。（三）国内航班在经停地延误或者取消，无论何种原因，承运人均应当向经停旅客提供餐食或者住宿服务。（四）国内航班发生备降，无论何种原因，承运人均应当向备降旅客提供餐食或者住宿服务。"

2. 赔偿标准

《航班正常管理规定》第3条规定："'航班延误'是指航班实际到港挡轮挡时间晚于计划到港时间超过15分钟的情况。"第17条规定："承运人应当制定并公布运输总条件，明确航班出港延误及取消后的旅客服务内容，并在购票环节中明确告知旅客。国内承运人的运输总条件中应当包括是否对航班延误进行补偿；若给予补偿，应当明确补偿条件、标准和方式等相关内容。"第18条规定："承运人应当积极探索航班延误保险等救济途径，建立航班延误保险理赔机制。"第19条规定："承运人委托他人代理地面服务业务或者销售代理业务的，应当在代理协议中明确航班出港延误后的服务内容和服务标准。"

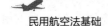

3. 航班延误险

航班延误险是指投保人（旅客）根据航班延误保险合同的约定，向保险人（保险公司）支付保险费，当合同约定的航班延误情况发生时，保险人（保险公司）依约给付保险金的商业保险行为。国内航班延误险大多数是以被动理赔的形式存在的，并且延误超过 4 小时，而且没有上飞机的旅客，才可以申请理赔。理赔程序也相对复杂，需要提交各种资料（如申请表、保险单、个人身份证明、延误时间及原因的书面证明等）。资料递交齐后，在数日内等保险公司批复。有不少保险公司也推出主动理赔形式的航班延误险，也就是说无须客户提交证明材料，保险公司会根据系统内数据跟踪被保险人的延误情况，一旦达到理赔标准即可赔付，省时省力。旅客搭乘的航班因自然灾害、恶劣天气、机械故障等因素造成的航班延误、取消，一般均在这类旅游保险的赔付范围内。因此，旅客在购买航班延误险时一定要看清楚理赔条件，避免不必要的麻烦。

知识拓展
《蒙特利尔公约》
《华沙公约》
对于我国航空运输
合同法律制度
构建之影响

🔍 知识巩固

1. 试论民用航空运输合同的效力。

2. 简述航空旅客运输合同和航空货物运输合同的概念及效力。

3. 简述航空运输凭证的概念，论述航空运输凭证的作用。

4. 民用航空运输合同的变更包括哪些情形？

5. 航空承运人的免责事由有哪些？

6. 收集一个有关航空运输损害赔偿的案例，并作出合理分析。

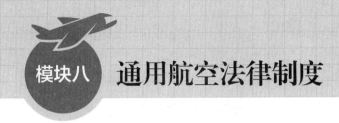

模块八 通用航空法律制度

知识目标

（1）掌握通用航空的概念及分类

（2）明确我国通用航空的法规体系

（3）熟悉通用航空的法定从业条件

（4）了解通用航空法律制度

能力目标

具备熟练运用通用航空法律、行政法规，对实际案例进行分析的能力

素质目标

了解低空经济产业的发展以及立法动向

学习领航

开辟发展新领域新赛道，不断塑造发展新动能新优势，为我国新一轮产业技术革命指明了战略方向。"低空经济"就是这样一条新赛道，希望更多青年踊跃投身通用航空发展大潮，共同描绘通用航空的发展蓝图。认识通用航空的法治建设与国家低空安全、低空经济繁荣之间的重要联系，建立对于通用航空产业的兴趣。

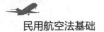

单元一 通用航空概述

通用航空不仅是一个行业，更是一个战略性新兴产业，同时也是航空产业发展壮大的基础。随着近年来全球经济的快速发展及相关技术水平的持续提升，世界范围内通用航空发展规模日益壮大。从通用飞机交付情况来看，近年来全球通用飞机交付量及交付金额整体呈波动上升的趋势。

自 2016 年《国务院办公厅关于促进通用航空业发展的指导意见》发布以来，通用航空业被正式确定为我国"战略性新兴产业体系"，有望成为下一片蓝海，承载调整经济结构、改善民生和拉动新型消费的历史使命。"十四五"期间，我国经济已进入高质量发展阶段，具有多方面优势和条件，发展前景向好。随着通用航空改革进入"深水区"，产业结构日益合理，产业生态逐渐形成，我国通航行业也随之快速发展。

截至 2023 年底，全国在册管理的通用机场数量达到 449 个，其中，A 类通用机场163 个。通用航空在册航空器总数达到 3 303 架，其中，教学训练用飞机 1 398 架。我国共有运输航空公司 66 家，与上年持平。国有控股公司 39 家，民营和民营控股公司27 家。在全部运输航空公司中，全货运航空公司 13 家，中外合资航空公司 8 家，上市公司 7 家。

交通运输是人类社会生产与生活过程中不可缺少的重要组成部分。随着社会生产力的发展和科学技术的进步，作为交通运输重要组成部分的民用航空，在人类社会生产和生活中的作用越来越突出地显现出来。通用航空是民用航空的重要组成部分之一，其发展水平是一个国家科学技术发展水平的标志，在社会和经济发展中具有重要的地位。

一、通用航空的概念及特征

（一）通用航空的概念

我国民用航空法体系中对通用航空的定义基本趋同，只在表述上略有差别：《中华人民共和国民用航空法》第 145 条规定："通用航空，是指使用民用航空器从事公共航空运输以外的民用航空活动，包括从事工业、农业、林业、渔业和建筑业的作业飞行以及医疗卫生、抢险救灾、气象探测、海洋监测、科学实验、教育训练、文化体育等方面的飞行活动。"《通用航空飞行管制条例》第 3 条规定："本条例所称通用航空，是指除军事、警务、海关缉私飞行和公共航空运输飞行以外的航空活动，包括从事工业、农业、林业、渔业、矿业、建筑业的作业飞行和医疗卫生、抢险救灾、气象探测、海洋监测、科学实验、遥感测绘、教育训练、文化体育、旅游观光等方面的飞行活动。"民用

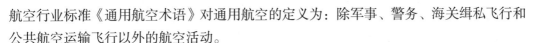

航空行业标准《通用航空术语》对通用航空的定义为：除军事、警务、海关缉私飞行和公共航空运输飞行以外的航空活动。

我们可以发现，官方定义中通常首先采取排除方式，然后再举例说明通用航空包含哪些航空活动，涵摄范围较广。一般而言，除了固定商业航班以外的所有航空活动和业务都纳入通用航空的范畴。例如，农业上采用航空器播种、施肥、除草、喷洒农药，工业上的航空作业项目有陆海石油服务、航空摄影、航空测量、航空探矿、航空遥感等；经营性通用航空有公务飞行、空中游览、短途客货邮运输等；非经营性通用航空作为社会公益事业，可以用于大气监测、海洋监测、医疗救护、抢险救灾等。

（二）通用航空的特征

通用航空最大的优势就是其具有通用性，具有机动灵活、快速高效等特点，适用于工农业生产、科学研究等各个领域和各个方面。对于工农业生产来说，通用航空直接参与工农业生产活动，是工农业活动的重要组成部分；对交通运输来说，相较于其他各种交通运输方式，通用航空不受地理自然等条件的影响，是其他任何交通运输方式所无法替代的。

除了具有民用航空运输的特点，与公共航空相比，通用航空还具有以下 4 个方面的特点：

（1）环境特点。通用航空在野外进行作业，点多、线长、面广，流动性大，高度分散，易受气候条件和地理条件的制约和影响，表现出很强的季节性和突击性。此外，作业人员的工作条件和生活条件也比较艰苦。

（2）工作特点。通用航空专业技术性强，不同的作业项目有不同的技术要求和质量标准。没有一定的飞行技术、丰富的专业知识和对各种特殊情况的处置能力，航空器的飞行安全和作业的质量很难得到保证。

（3）工具特点。通用航空大多进行低空或超低空飞行，加上在各种专业飞行过程中使用的设备各不相同，因此通用航空人员需要深入了解和掌握各种作业工具。

（4）经济特点。通用航空的发展既受到经济发展的制约，也受到国家政策、措施的影响。通用航空不同于公共运输，它不仅是生产的前提、价值实现的手段和桥梁，而且直接参与各项生产活动。对通用航空的需求，取决于工农业生产和社会发展的需求程度。

除此之外，通用航空还具有直达性、行业依附性、经营活动不稳定性和地区差异性等特点。直达性是指通用航空飞行不受任何地理条件的束缚，航空器可以飞行到任何区域进行作业。行业依附性是指通用航空和工业、农业及其他活动紧密联系并相互依附，这也是通用航空的特色所在。没有工业、农业及其他活动支撑，通用航空也就失去了存在的价值。经营活动不稳定性是指通用航空活动易受气候、自然灾害等不稳定因素的影响。例如，干旱，需要人工降水；出现险情，需要抢险救灾。这些专业的飞行活动都不是固定的，带有不稳定性。地区差异性包含两个方面的意思：第一，我国幅员辽阔，地形复杂，资源分布不均，这给通用航空作业带来影响。第二，由于各地经济发展情况不同，经济基础存在很大差异，因此需要因地制宜地发展通用航空事业。

二、通用航空的分类

（一）经营性通用航空与非经营性通用航空

以是否以营利为目的作为分类标准，通用航空分为经营性通用航空和非经营性通用航空，进而适用不同的通用航空行业管理规章。例如，《通用航空经营许可管理规定》适用于从事经营性通用航空活动企业的经营许可以及相应的监督管理；《非经营性通用航空备案管理办法》适用于非经营性通用航空活动的备案以及相应的监督管理；《民航局关于通用航空分类管理的指导意见》中明确提出放管结合，以放为主。对公共运输航空与通用航空、经营性与自用性通用航空、载客类与非载客类飞行活动实施分类管理。放宽事前审定，强化事中事后监管，加强对载客经营类通航飞行活动监管，放宽载货类、培训类和作业类通航飞行活动限制，有效投放监管资源，激发市场活力。

（二）载客类、载人类和其他类通用航空

经营性通用航空是指通用航空企业从事的经营性通用航空活动。按照《通用航空经营许可管理规定》以飞行活动性质和所涉及公共利益为标准的横向分类模式，经营性通用航空活动可分为三类：

（1）载客类通用航空，是指通用航空企业使用符合中国民用航空局规定的民用航空器，从事旅客运输的经营性飞行服务活动。载客类经营活动主要类型包括通用航空短途运输和通用航空包机飞行。

（2）载人类通用航空，是指通用航空企业使用符合中国民用航空局规定的民用航空器，搭载除机组成员以及飞行活动必需人员以外的其他乘员，从事载客类以外的经营性飞行服务活动，如航空医疗救护、直升机引航、空中游览观光和空中跳伞服务等。从合同角度来看，载人类表现为运输合同以外的合同，飞行服务活动是履行此类合同的手段。

（3）其他类通用航空，是指通用航空企业使用符合中国民用航空局规定的民用航空器，从事载客类、载人类以外的经营性飞行服务活动，如航空护林、城市消防、人工降水、航空探矿、航空摄影、海洋监测、渔业飞行、空中巡查、电力作业、航空喷洒（撒）、空中广告、科学实验、气象探测、表演飞行驾驶员执照培训等。

三、我国通用航空的法治建设

近年来，我国出台了一系列通用航空市场准入、运行标准以及外商投资通用航空产业等方面的法律、行政法规，初步建立了较为完善的通用航空法规体系。我国现行的通用航空法规体系包括法律、行政法规、规章、行业标准等。

（1）法律。《中华人民共和国民用航空法》是国内进行通用航空活动和管理的法律依据，是从事民用航空活动的单位和个人必须遵守的法律，其中规定的所有条款均适用于中国民用航空中的通用航空。《中华人民共和国民用航空法》第10章中对通用航空的定义、从事通用航空活动的人员或企业应当具备的条件、从事通用航空活动的要求等事项进行了规定和说明。

（2）行政法规。在实施《中华人民共和国民用航空法》的基础上，基于通用航空行业的特殊性，国务院还会同中国民用航空局制定一些专业性较强的行政法规，要求从事通用航空活动的单位和个人遵守，以便使通用航空活动在遵循《中华人民共和国民用航空法》的基础上更好地实施这些准则，如《中华人民共和国飞行基本规则》《通用航空飞行管制条例》《无人驾驶航空器飞行管理暂行条例》等。

（3）规章。中国民航规章，是由中国民用航空局制定、发布的涉及民用航空活动的、专业性的、具有法律效力的管理规章，凡从事民用航空活动的任何单位或个人都必须遵守各项规定。中国民用航空局经过多年来的研究、实践、总结，逐步制定出一套较为完整的航空规章制度并逐步加以完善。目前涉及通用航空的民航规章很多，内容主要包括经济管理、安全运行、执照管理、航空安保等方面，如《通用航空经营许可管理规定》《一般运行和飞行规则》《民用航空器驾驶员学校合格审定规则》《通用航空安全保卫规则》《民用无人驾驶航空器运行安全管理规则》等。

（4）行业标准。通用航空行业标准包括《通用航空应急救援术语》《森林航空消防应急救援装备配备指南》《直升机城市消防应急装备配备指南》《直升机山区搜救设施设备配备指南》《通用航空企业短途运输旅客服务规范》《通用机场空域监视系统建设通用要求》等。

通用航空法规体系建设逐步完善，完善的通用航空法律法规体系及通用航空政策已成为推进我国通用航空高质量发展的重要动力。

知识拓展

我国通用航空发展大致可分为3个阶段：

1951至1978年为第一阶段。该阶段通用航空的基本特点与当时国家实行的中央政府集中领导、国家资源统一计划调控的管理体制相一致。实行的是由中央军委民航局负责，按国家计划分配任务的管理模式，通用航空虽然没有列入国家专项计划，但是，在国家特殊政策的支持下，集中了有限的人力、财力和技术力量，积极参与社会主义建设，在服务民生和经济发展中发挥了巨大作用，也为恢复和重建新中国通用航空产业奠定了坚实的基础。

从1978年12月18日党的十一届三中全会召开起到2011年，为第二阶段。根据邓小平同志提出的"民航一定要企业化"，民用航空脱离军队建制，归国务院直接领导。这个时期通用航空的基本特点是由计划经济下的政企不分、行政与经营不分，逐步向重视市场经济加强经营管理方向转变和过渡，一些部门和地方兴办通用企业相继成立。

从 2012 年起为第三阶段。国家相继发布促进通用航空发展的一系列政策举措，内外部环境逐步得到改善，通用航空重要战略地位更加明确。2016 年 5 月，《国务院办公厅关于促进通用航空业发展的指导意见》发布，对加快通用航空发展做出了战略性部署。

通用航空作用于经济社会和国计民生各个方面。新中国成立 70 多年来，通用航空为国家建设和发展发挥了巨大的作用。通用航空也是整个民用航空产业的基础。外国通用航空都有相当规模，其中英、德、法、巴西通用航空器数量均超过 2 万架，巴西通航机场超过 4 000 个。相对于运输航空，通用航空被认为是人类交通运输的"第四次革命"。没有惠及全民的、繁荣的通用航空，建设民航强国就无从谈起。

单元二　通用航空法律制度

通用航空虽然与公共航空运输同属民用航空活动，但是其具有航空器品种繁杂、空域随意性大、航空作业项目多样化、使用机型多、飞行时间不确定等基本特征。这就决定了通用航空在从业条件、飞机认证、飞行员执照、航空商业法规、空中交通管制与空域等方面，与高空高速的公共航空运输有较大的区别，所以不能完全用公共航空运输的法规和标准来管理通用航空。通用航空活动应该成为航空法的调整对象之一。

一、通用航空的法定从业条件

《中华人民共和国民用航空法》第 146 条规定："从事通用航空活动，应当具备下列条件：有与所从事的通用航空活动相适应，符合保证飞行安全要求的民用航空器；有必需的依法取得执照的航空人员；符合法律、行政法规规定的其他条件。从事经营性通用航空，限于企业法人。"

从管理角度划分，通用航空分为经营性通用航空和非经营性通用航空两大类，实行两种不同的管理制度。凡符合法定条件的主体，均可从事通用航空活动。但只有企业法人才能从事经营性通用航空活动。

《通用航空经营许可管理规定》关于经营许可的规定有：

第 8 条："申请取得通用航空经营许可的，应当具备下列条件：（一）从事经营性通用航空活动的主体应当为企业法人，企业的法定代表人为中国籍公民；（二）有符合本规定第九条要求的民用航空器；（三）有与民用航空器相适应，经过专业训练，取得相应执照的驾驶员；（四）按规定投保地面第三人责任险；（五）法律、行政法规规定的其他条件。"

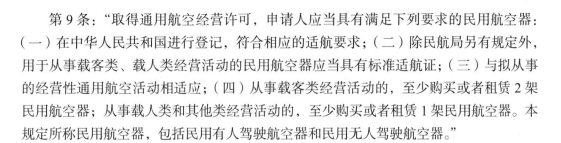

第9条："取得通用航空经营许可，申请人应当具有满足下列要求的民用航空器：（一）在中华人民共和国进行登记，符合相应的适航要求；（二）除民航局另有规定外，用于从事载客类、载人类经营活动的民用航空器应当具有标准适航证；（三）与拟从事的经营性通用航空活动相适应；（四）从事载客类经营活动的，至少购买或者租赁2架民用航空器；从事载人类和其他类经营活动的，至少购买或者租赁1架民用航空器。本规定所称民用航空器，包括民用有人驾驶航空器和民用无人驾驶航空器。"

二、通用航空的飞行管制

（一）通用航空飞行管制的法律依据

除军事、警务、海关缉私飞行和公共航空运输飞行以外的航空活动，包括从事工业、农业、林业、渔业、矿业、建筑业的作业飞行和医疗卫生、抢险救灾、气象探测、海洋监测、科学实验、遥感测绘、教育训练、文化体育、旅游观光等方面的飞行活动，都可划入通用航空的范畴。制定《通用航空飞行管制条例》的目的是促进通用航空事业的发展，规范通用航空飞行活动，保证飞行安全。在中华人民共和国境内从事通用航空飞行活动，包括在中华人民共和国境内从事升放无人驾驶自由气球和系留气球活动，必须遵守该条例。

从事通用航空飞行活动的单位、个人，必须按照《中华人民共和国民用航空法》的规定取得从事通用航空活动的资格，并遵守国家有关法律、行政法规的规定。

飞行管制部门按照职责分工，负责对通用航空飞行活动实施管理，提供空中交通管制服务。相关飞行保障单位应当积极协调配合，做好有关服务保障工作，为通用航空飞行活动创造便利条件。

（二）飞行空域的划设与使用

从事通用航空飞行活动的单位、个人使用机场飞行空域、航路、航线，应当按照国家有关规定向飞行管制部门提出申请，经批准后方可实施。

从事通用航空飞行活动的单位、个人，根据飞行活动要求，需要划设临时飞行空域的，应当向有关飞行管制部门提出划设临时飞行空域的申请。

划设临时飞行空域的申请应当包括下列内容：（1）临时飞行空域的水平范围、高度。（2）飞入和飞出临时飞行空域的方法。（3）使用临时飞行空域的时间。（4）飞行活动性质。（5）其他有关事项。

划设临时飞行空域，按照下列规定的权限批准：（1）在机场区域内划设的，由负责该机场飞行管制的部门批准。（2）超出机场区域在飞行管制分区内划设的，由负责该分区飞行管制的部门批准。（3）超出飞行管制分区在飞行管制区内划设的，由负责该管制区飞行管制的部门批准。（4）在飞行管制区间划设的，由中国人民解放军空军批准。批准划设临时飞行空域的部门应当将划设的临时飞行空域报上一级飞行管制部门备案，并通报有关单位。

划设临时飞行空域的申请，应当在拟使用临时飞行空域 7 个工作日前向有关飞行管制部门提出；负责批准该临时飞行空域的飞行管制部门应当在拟使用临时飞行空域 3 个工作日前作出批准或者不予批准的决定，并通知申请人。

临时飞行空域的使用期限应当根据通用航空飞行的性质和需要确定，通常不得超过 12 个月。因飞行任务的要求，需要延长临时飞行空域使用期限的，应当报经批准该临时飞行空域的飞行管制部门同意。通用航空飞行任务完成后，从事通用航空飞行活动的单位、个人应当及时报告有关飞行管制部门，其申请划设的临时飞行空域即行撤销。

（三）通用航空飞行计划的申请

《通用航空飞行管制条例》第 12 条规定："从事通用航空飞行活动的单位、个人实施飞行前，应当向当地飞行管制部门提出飞行计划申请，按照批准权限，经批准后方可实施。"

1. 飞行计划申请的内容

《通用航空飞行管制条例》第 13 条规定："飞行计划申请应当包括下列内容：（一）飞行单位；（二）飞行任务性质；（三）机长（飞行员）姓名、代号（呼号）和空勤组人数；（四）航空器型别和架数；（五）通信联络方法和二次雷达应答机代码；（六）起飞、降落机场和备降场；（七）预计飞行开始、结束时间；（八）飞行气象条件；（九）航线、飞行高度和飞行范围；（十）其他特殊保障需求。"

2. 提交有效任务批准文件

《通用航空飞行管制条例》第 14 条规定："从事通用航空飞行活动的单位、个人有下列情形之一的，必须在提出飞行计划申请时，提交有效的任务批准文件：（一）飞出或者飞入我国领空的（公务飞行除外）；（二）进入空中禁区或者国（边）界线至我方一侧 10 公里之间地带上空飞行的；（三）在我国境内进行航空物探或者航空摄影活动的；（四）超出领海（海岸）线飞行的；（五）外国航空器或者外国人使用我国航空器在我国境内进行通用航空飞行活动的。"

3. 飞行计划申请的批准

《通用航空飞行管制条例》第 15 条规定："使用机场飞行空域、航路、航线进行通用航空飞行活动，其飞行计划申请由当地飞行管制部门批准或者由当地飞行管制部门报经上级飞行管制部门批准。使用临时飞行空域、临时航线进行通用航空飞行活动，其飞行计划申请按照下列规定的权限批准：（一）在机场区域内的，由负责该机场飞行管制的部门批准；（二）超出机场区域在飞行管制分区内的，由负责该分区飞行管制的部门批准；（三）超出飞行管制分区在飞行管制区内的，由负责该区域飞行管制的部门批准；（四）超出飞行管制区的，由中国人民解放军空军批准。"

4. 飞行计划申请的批准时限

对于飞行计划申请的批准时限，《通用航空飞行管制条例》第 16 条、第 17 条、第 18 条分别作出不同的规定，具体如下：

（1）飞行计划申请应当在拟飞行前1天15时前提出；飞行管制部门应当在拟飞行前1天21时前作出批准或者不予批准的决定，并通知申请人。执行紧急救护、抢险救灾、人工影响天气或者其他紧急任务的，可以提出临时飞行计划申请。临时飞行计划申请最迟应当在拟飞行1小时前提出；飞行管制部门应当在拟起飞时刻15分钟前作出批准或者不予批准的决定，并通知申请人。

（2）在划设的临时飞行空域内实施通用航空飞行活动的，可以在申请划设临时飞行空域时一并提出15天以内的短期飞行计划申请，不再逐日申请；但是每日飞行开始前和结束后，应当及时报告飞行管制部门。

（3）使用临时航线转场飞行的，其飞行计划申请应当在拟飞行2天前向当地飞行管制部门提出；飞行管制部门应当在拟飞行前1天18时前作出批准或者不予批准的决定，并通知申请人，同时按照规定通报有关单位。

飞行管制部门对违反飞行管制规定的航空器，可以根据情况责令改正或者停止其飞行。

（四）通用航空飞行保障的有关规定

通信、导航、雷达、气象、航行情报和其他飞行保障部门应当认真履行职责，密切协同，统筹兼顾，合理安排，提高飞行空域和时间的利用率，保障通用航空飞行顺利实施。

通信、导航、雷达、气象、航行情报和其他飞行保障部门对于紧急救护、抢险救灾、人工影响天气等突发性任务的飞行，应当优先安排。

从事通用航空飞行活动的单位、个人组织各类飞行活动，应当制定安全保障措施，严格按照批准的飞行计划组织实施，并按照要求报告飞行动态。

从事通用航空飞行活动的单位、个人，应当与有关飞行管制部门建立可靠的通信联络。在划设的临时飞行空域内从事通用航空飞行活动时，应当保持空地联络畅通。

在临时飞行空域内进行通用航空飞行活动，通常由从事通用航空飞行活动的单位、个人负责组织实施，并对其安全负责。

飞行管制部门应当按照职责分工或者协议，为通用航空飞行活动提供空中交通管制服务。

（五）升放和系留气球的规定

升放无人驾驶自由气球或者系留气球，不得影响飞行安全。《通用航空飞行管制条例》第31条规定：本条例所称无人驾驶自由气球，是指无动力驱动、无人操纵、轻于空气、总质量大于4千克自由飘移的充气物体。本条例所称系留气球，是指系留于地面物体上、直径大于1.8米或者体积容量大于3.2立方米、轻于空气的充气物体。

无人驾驶自由气球和系留气球的分类、识别标志和升放条件等，应当符合国家有关规定。

进行升放无人驾驶自由气球或者系留气球活动，必须经设区的市级以上气象主管机构会同有关部门批准。具体办法由国务院气象主管机构制定。

升放无人驾驶自由气球，应当在拟升放 2 天前持《通用航空飞行管制条例》第三十三条规定的批准文件向当地飞行管制部门提出升放申请；飞行管制部门应当在拟升放 1 天前作出批准或者不予批准的决定，并通知申请人。

升放无人驾驶自由气球的申请，通常应当包括下列内容：（1）升放的单位、个人和联系方法。（2）气球的类型、数量、用途和识别标志。（3）升放地点和计划回收区。（4）预计升放和回收（结束）的时间。（5）预计飘移方向、上升的速度和最大高度。

升放无人驾驶自由气球，应当按照批准的申请升放，并及时向有关飞行管制部门报告升放动态；取消升放时，应当及时报告有关飞行管制部门。

升放系留气球，应当确保系留牢固，不得擅自释放。系留气球升放的高度不得高于地面 150 米，但是低于距其水平距离 50 米范围内建筑物顶部的除外。系留气球升放的高度超过地面 50 米的，必须加装快速放气装置，并设置识别标志。

升放的无人驾驶自由气球或者系留气球中发生下列可能危及飞行安全的情况时，升放单位、个人应当及时报告有关飞行管制部门和当地气象主管机构：（1）无人驾驶自由气球非正常运行的。（2）系留气球意外脱离系留的。（3）其他可能影响飞行安全的异常情况。加装快速放气装置的系留气球意外脱离系留时，升放系留气球的单位、个人应当在保证地面人员、财产安全的条件下，快速启动放气装置。

禁止在依法划设的机场范围内和机场净空保护区域内升放无人驾驶自由气球或者系留气球，但是国家另有规定的除外。

（六）从事通用航空活动的法律责任

《通用航空飞行管制条例》第 41 条规定，从事通用航空飞行活动的单位、个人违反本条例规定，有下列情形之一的，由有关部门按照职责分工责令改正，给予警告；情节严重的，处 2 万元以上 10 万元以下罚款，并可给予责令停飞 1 个月至 3 个月、暂扣直至吊销经营许可证、飞行执照的处罚；造成重大事故或者严重后果的，依照刑法关于重大飞行事故罪或者其他罪的规定，依法追究刑事责任：未经批准擅自飞行的；未按批准的飞行计划飞行的；不及时报告或者漏报飞行动态的；未经批准飞入空中限制区、空中危险区的。

未经批准飞入空中禁区的，由有关部门按照国家有关规定处置。

升放无人驾驶自由气球或者系留气球，有下列情形之一的，由气象主管机构或者有关部门按照职责分工责令改正，给予警告；情节严重的，处 1 万元以上 5 万元以下罚款；造成重大事故或者严重后果的，依照刑法关于重大责任事故罪或者其他罪的规定，依法追究刑事责任：（1）未经批准擅自升放的。（2）未按照批准的申请升放的。（3）未按照规定设置识别标志的。（4）未及时报告升放动态或者系留气球意外脱离时未按照规定及时报告的。（5）在规定的禁止区域内升放的。

知识拓展
无人机飞行管理
新规正式施行

知识巩固

1. 简述通用航空的概念和分类。

2. 简述通用航空活动的法定从业条件。

3. 结合我国实际，论述非经营性通用航空的发展前景。

4. 论述个人能否成为空域使用的主体。

5. 论述如何协调飞行管制与通用航空的发展。

6. 搜集无人驾驶航空器"黑飞"案例，并结合《无人驾驶航空器飞行管理暂行条例》《民用无人驾驶航空器运行安全管理规则》等法律、行政法规，进行案例分析。

模块九 民用航空器搜寻援救与事故调查

知识目标

（1）理解民用航空器搜寻援救与事故调查的主要内容

（2）掌握事故调查的目的以及《民用航空器不安全事件调查规定（征求意见稿）》的修订说明及其解读

能力目标

（1）能够介绍民用航空器搜寻援救的基本流程和重要环节

（2）能够根据民用航空器事故调查规定分析案例

素质目标

（1）增强责任感和使命感，了解飞行安全意识的重要性

（2）增强团队合作意识，了解在飞行援救和事故调查中团队协作的重要性

（3）提升问题分析与解决能力，养成细心、耐心的工作态度

学习领航

　　国家安全是民族复兴的根基，社会稳定是国家强盛的前提。必须坚定不移贯彻总体国家安全观，把维护国家安全贯穿党和国家工作各方面全过程，确保国家安全和社会稳定。

　　通过学习民用航空器搜寻援救与事故调查的知识，深刻理解飞行安全对于国家、民众生命财产安全的重要性，树立正确的飞行安全观念，提倡遵纪守法、勇敢无畏的精神，培养爱岗敬业、服务民众的意识，为建设安全可靠的民用航空运输体系贡献力量。

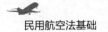

单元一　民用航空器搜寻援救

一、搜寻援救的含义

搜寻援救是指担负搜寻援救民用航空器任务的组织，为了及时有效地避免或者减少遇到紧急情况的民用航空器所造成的人员伤亡和财产损失，依照国家法律规定，对遇到紧急情况的民用航空器及时进行寻找、援助的各种办法。

二、搜寻与援救的关系

搜寻与援救是相辅相成的，二者关系密切。搜寻是援救的前提，也是援救的基本环节，是寻找遇难、失事、遇险的民用航空器、幸存者和其他目的物的一种方式方法。援救是搜寻的目的，是拯救空难事故中幸存者的生命并且尽量把财产损失减少到最低限度的工作。为了让损失在最短时间内减少到最低限度，必须尽快进行援救。

《中华人民共和国搜寻援救民用航空器规定》将民用航空器的紧急情况分为三个阶段：情况不明阶段、告警阶段、遇险阶段。

（一）情况不明阶段

情况不明阶段是指民用航空器的安全出现下列令人疑虑的情况：

（1）空中交通管制部门在规定的时间内同民用航空器没有取得联络；

（2）民用航空器在规定的时间内没有降落，并且没有其他信息。

（二）告警阶段

告警阶段是指民用航空器的安全出现下列令人担忧的情况：

（1）对情况不明阶段的民用航空器，仍然不能同其沟通联络；

（2）民用航空器的飞行能力受到损害，但是尚未达到迫降的程度；

（3）与已经允许降落的民用航空器失去通信联络，并且该民用航空器在预计降落时间后五分钟内没有降落。

（三）遇险阶段

遇险阶段是指确信民用航空器遇到下列紧急和严重危险，需要立即进行援救的情况：

（1）根据油量计算，告警阶段的民用航空器难以继续飞行；

（2）民用航空器的飞行能力受到严重损害，达到迫降程度；

（3）民用航空器已经迫降或者坠毁。

搜寻援救组织应根据民用航空器的紧急情况所处阶段，及时有效地采取相应措施。

2019 年 5 月 13 日，在"5·14"事件即将来临一周年之际，中国民用航空局西南地区管理局向中国民用航空局上报了"5·14"事件中期调查报告。

2018 年 5 月 14 日，四川航空股份有限公司空客 A319-133/B-6419 号机执行 3U8633 重庆至拉萨航班，机上共有旅客 119 人，机组 9 人。飞机在 9 800 米巡航高度、B213 航路 MIKOS 西侧约 2.2 海里处，驾驶舱右侧风挡突然爆裂脱落，飞机失压，旅客氧气面罩脱落，机组宣布 Mayday 后紧急备降成都双流机场安全落地。

事件发生后，中国民用航空局迅速成立了以李健副局长为组长的"5·14"事件调查组，具体调查工作由中国民用航空西南地区管理局组织实施。根据《国际民用航空公约》附件 13 的相关规定，事件信息通报了民用航空器设计制造国为法国，外国相关单位的授权代表和技术顾问参加了调查。

风挡爆裂脱落在民用航空史上是罕见的故障，"5·14"事件受到社会各界、民用航空业内等各方高度关注。一年来，"5·14"事件调查组克服压力和困难，积极开展各项调查工作，在完成国内现场取证调查和试验验证的基础上，赴法国生产厂家进行试验调查，调查组先后与法方召开各类会议 7 次、组织内部专题调查分析会议 20 余次，多次派遣专业调查员赴国内各地开展事件调查相关试验和论证。

"5·14"事件调查工作是以中国民用航空西南地区管理局为主进行的第一次国际调查，在多个方面检验了中国民用航空西南地区管理局长期开展的调查员队伍能力建设工作，同时也锻炼和提高了调查员的实战工作能力。

下一步，"5·14"事件调查组将和外方按计划分别完成后续验证试验，找出事件最大可能原因，制定风险防范措施，在尊重事实的基础上，完成经得起科学和历史检验的最终调查报告。

资料来源：历时一年西南局完成"5·14"事件中期调查报告［EB/OL］.中国民用航空西南地区管理局官网，2019.

三、搜寻援救的原则

《中华人民共和国民用航空法》第 153 条规定："收到通知的搜寻援救协调中心、地方人民政府和海上搜寻援救组织，应当立即组织搜寻援救。收到通知的搜寻援救协调中心，应当设法将已经采取的搜寻援救措施通知遇到紧急情况的民用航空器。"《中华人民共和国民用航空法》第 154 条规定："执行搜寻援救任务的单位或者个人，应当尽力抢救民用航空器所载人员，按照规定对民用航空器采取抢救措施并保护现场，保存证据。"搜寻援救的目的是尽最大可能保障遇难民用航空器及其人员和第三人的生命财产安全，其中人的生命安全是第一位的。

搜寻援救的原则对搜寻援救活动具有指导意义。搜寻援救主要遵循及时、有效原则和人道主义原则两大原则。

（一）及时、有效原则

采取及时、有效的搜寻援救措施，尽可能将财产的损失和人员的伤亡减少到最低限度，这才是搜寻援救的最根本目的。对遇险民用航空器及航空器事故的幸存者来讲，时间就是金钱、时间就是生命。搜寻援救协调中心收到民用航空器紧急情况的信息后，必须立即做出判断，采取搜寻援救措施，容不得一丝一毫的犹豫，因为搜寻援救中最重要的就是抓紧时间。

（二）人道主义原则

《国际民用航空公约》附件12的第2.1.2条规定："在向遇险航空器及航空器事故的幸存者提供援助时，缔约国不应考虑此种人员的国籍或身份或此种人员被发现时所处的情况。"搜寻援救人员应该实行人道主义，尽一切可能提供搜寻援救服务。

四、搜寻援救的设置和提供

展开搜寻援救工作的前提是设置和提供搜寻援救服务，否则搜寻援救工作便无法开展下去。《国际民用航空公约》附件12的第2.1.1条规定："缔约各国必须单独或同其他国家合作，在其领土范围内安排建立并立即提供昼夜24小时的搜寻与援救服务，以确保向遇险人员提供援助。"第2.1.1.1条规定："公海或主权尚未确定的区域，必须在地区航行协议的基础上商定建立搜寻与援救服务。缔约各国一经承担在此种区域中提供搜寻与援救服务的责任，必须单独或同其他国家合作，按照本附件各项规定安排建立并提供此种服务。"虽然上述规定在法律上对各缔约国不构成强制性义务，且《国际民用航空公约》第25条仅规定"缔约各国承允对在其领土内遇险的航空器，在其认为可行的情况下，采取援助措施，并在本国当局管制下准许该航空器所有人或该航空器登记国的当局采取情况所需的援助措施"，但从人道主义上来说，各国在其领土内提供搜寻援救服务是应尽的义务。

我国的搜寻援救服务包括两个方面，除了符合《国际民用航空公约》附件12的要求，即提供昼夜24小时的搜寻与援救服务，《中华人民共和国搜寻援救民用航空器规定》第13条规定，搜寻援救民用航空器的通信联络，应当符合下列规定：民用航空空中交通管制单位和担任搜寻援救任务的航空器，应当配备121.5兆赫航空紧急频率的通信设备，并逐步配备243兆赫航空紧急频率的通信设备；担任海上搜寻援救任务的航空器，应当配备2 182千赫海上遇险频率的通信设备；担任搜寻援救任务的部分航空器，应当配备能够向遇险民用航空器所发出的航空器紧急示位信标归航设备，以及在156.8兆赫（调频）频率上同搜寻援救船舶联络的通信设备。第7条规定，使用航空器执行搜寻援救任务，以民用航空力量为主，民用航空搜寻援救力量不足的，由军队派出航空器给予支援。

五、搜寻援救的组织

由于民用航空器遇险和发生事故时情况复杂、特殊，有种种困难，因此相关负责人应调动一切可以调动的力量，共同完成搜寻援救工作任务。建立一个具有较高权利、权威，能够指挥和调动各个搜寻援救部门和人员的搜寻援救协调中心很有必要。我国建立了中国民用航空局搜寻援救协调中心和中国民用航空地区管理局搜寻援救协调中心。现阶段中国民用航空局搜寻援救协调中心设在空中交通管理局，中国民用航空地区管理局搜寻援救协调中心设在各地区空中交通管理局。

《国际民用航空公约》附件 12 的第 2.3.1 条规定："缔约国必须在每一搜寻与援救区中设立一援救协调中心。"此外，为了提高搜寻援救工作的效率，建议任何时候若能提高搜寻援救服务的效率，应设立从属于援救协调中心的援救分中心。援救协调中心是负责促进有效地组织搜寻援救工作，并在某一搜寻援救区域内协调搜寻援救工作的组织。援救分中心是为了在某个援救区域的某一划定的地段内，提高和改进援救协调中心的工作而设置的一种机构，从属于援救协调中心。另外，第 2、3、5 条的建议指出，在公共电信设备不能使看到处于紧急情况的航空器的人员直接地、迅速地通知有关援救协调中心的地方，缔约国应该指定适当的公共单位或私人单位担任告警站。告警站是一个接受群众反映航空器处于紧急状态情报的机构。世界各国根据本国国情来设置类似于告警站的同等机构。

六、搜寻援救的实施

无论是单位还是个人发现或者收听到民用航空器遇险的消息，应当立即通知中国民用航空地区管理局搜寻援救协调中心；发现失事的民用航空器，其位置在陆地的，应当立即上报给当地政府；其位置在海上的，应当立即上报给当地政府并同时上报给当地海上搜寻援救组织。中国民用航空地区管理局搜寻援救协调中心收到群众或单位上报的民用航空器紧急情况的消息后，必须立即做出准确的判断，根据民用航空器紧急情况所处的不同阶段，采取搜寻援救措施，并及时向中国民用航空局搜寻援救协调中心以及有关单位报告或者通报。

《中华人民共和国搜寻援救民用航空器规定》第 19 条规定，对情况不明阶段的民用航空器，地区管理局搜寻援救协调中心应当：根据具体情况，确定搜寻的区域；通知开放有关的航空器电台、导航台、定向台和雷达等设施，搜寻掌握该民用航空器的空中位置；尽速同该民用航空器沟通联络，进行有针对性的处置。

《中华人民共和国搜寻援救民用航空器规定》第 20 条规定，对告警阶段的民用航空器，地区管理局搜寻援救协调中心应当：立即向有关单位发出告警通知；要求担任搜寻援救任务的航空器、船舶立即进入待命执行任务状态；督促检查各种电子设施，对情况不明的民用航空器继续进行联络和搜寻；根据该民用航空器飞行能力受损情况和机长的意见，组织引导其在就近机场降落；会同接受降落的机场，迅速查明预计降落时间后五分钟内还没有降落的民用航空器的情况并进行处理。

《中华人民共和国搜寻援救民用航空器规定》第 21 条规定，对遇险阶段的民用航空器，地区管理局搜寻援救协调中心应当：立即向有关单位发出民用航空器遇险的通知；对燃油已尽，位置仍然不明的民用航空器，分析其可能遇险的区域，并通知搜寻援救单位派人或者派航空器、船舶，立即进行搜寻援救；对飞行能力受到严重损害、达到迫降程度的民用航空器，通知搜寻援救单位派航空器进行护航，或者根据预定迫降地点，派人或者派航空器、船舶前往援救；对已经迫降或者失事的民用航空器，其位置在陆地的，立即报告省、自治区、直辖市人民政府；其位置在海上的，立即通报沿海有关省、自治区、直辖市的海上搜寻援救组织。

《中华人民共和国搜寻援救民用航空器规定》第 22 条规定，省、自治区、直辖市人民政府或者沿海省、自治区、直辖市海上搜寻援救组织收到关于民用航空器迫降或者失事的报告或者通报后，应当立即组织有关方面和当地驻军进行搜寻援救，并指派现场负责人。

《中华人民共和国搜寻援救民用航空器规定》第 23 条规定，现场负责人的主要职责是：组织抢救幸存人员；对民用航空器采取措施防火、灭火；保护好民用航空器失事现场；为抢救人员或者灭火必须变动现场时，应当进行拍照或者录相；保护好失事的民用航空器及机上人员的财物。

《中华人民共和国搜寻援救民用航空器规定》第 24 条规定，指派的现场负责人未到达现场的，由第一个到达现场的援救单位的有关人员担任现场临时负责人，行使本规定第二十三条规定的职责，并负责向到达后的现场负责人移交工作。

《中华人民共和国搜寻援救民用航空器规定》第 25 条规定，对处于紧急情况下的民用航空器，地区管理局搜寻援救协调中心应当设法将已经采取的援救措施通报该民用航空器机组。

《中华人民共和国搜寻援救民用航空器规定》第 26 条规定，执行搜寻援救任务的航空器与船舶、遇险待救人员，搜寻援救工作组之间，应当使用无线电进行联络。条件不具备或者无线电联络失效的，应当依照本规定附录规定的国际通用的《搜寻援救的信号》进行联络。

《中华人民共和国搜寻援救民用航空器规定》第 27 条规定，民用航空器的紧急情况已经不存在或者可以结束搜寻援救工作的，地区管理局搜寻援救协调中心应当按照规定程序及时向有关单位发出解除紧急情况的通知。

案例阅读

2022 年 3 月 21 日，东方航空云南有限公司波音 737-800 型 B-1791 号机，执行 MU5735 昆明至广州航班，在广州管制区域巡航时，自航路巡航高度 8 900 米快速下降，最终坠毁在广西壮族自治区梧州市藤县埌南镇莫埌村附近。飞机撞地后解体，机上 123 名旅客、9 名机组成员全部遇难。

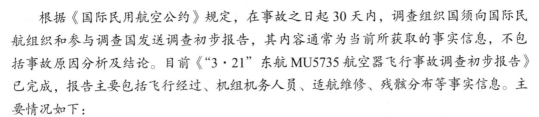

根据《国际民用航空公约》规定，在事故之日起 30 天内，调查组织国须向国际民航组织和参与调查国发送调查初步报告，其内容通常为当前所获取的事实信息，不包括事故原因分析及结论。目前《"3·21"东航 MU5735 航空器飞行事故调查初步报告》已完成，报告主要包括飞行经过、机组机务人员、适航维修、残骸分布等事实信息。主要情况如下：

飞机于北京时间 13∶16 从昆明长水机场 21 号跑道起飞，13∶27 上升至巡航高度 8 900 米，14∶17 沿 A599 航路进入广州管制区，14∶20∶55 广州区域管制雷达出现"偏离指令高度"告警，飞机脱离巡航高度，管制员随即呼叫机组，但未收到任何回复。14∶21∶40 雷达最后一次记录的飞机信息为：标准气压高度 3 380 米，地速 1 010 千米／小时，航向 117 度。随后，雷达信号消失。

事故现场位于广西壮族自治区梧州市藤县埌南镇莫埌村附近一个东南至西北走向的山谷中。现场可见面积约 45 平方米、深 2.7 米的积水坑，判定为主撞击点，位置为北纬 23° 19′ 25.52″，东经 111° 06′ 44.30″。飞机残骸碎片主要发现于撞击点 0° 至 150° 方位范围内的地面及地下。距主撞击点约 12 公里处发现右翼尖小翼后缘。事故现场山林植被有过火痕迹。现场发现水平安定面、垂直尾翼、方向舵、左右发动机、机身部件、起落架及驾驶舱内部件等主要残骸。所有残骸从现场搜寻收集后，统一转运到专用仓库进行清理、识别，按照飞机实际尺寸位置对应摆放，便于后续检查分析。

经调查，当班飞行机组、客舱机组和维修放行人员资质符合要求；事故航空器适航证件有效，飞机最近一次 A 检（31A）及最近 1 次 C 检（3C）未超出维修方案规定的检查时限，当天航前和短停放行无故障报告，无故障保留；机上无申报为危险品的货物；此次飞行涉及的航路沿途导航和监视设施、设备未见异常，无危险天气预报；在偏离巡航高度前，机组与空管部门的无线电通信和管制指挥未见异常，最后一次正常陆空通话的时间为 14∶16；机上两部记录器由于撞击严重受损。

资料来源：关于"3·21"东航 MU5735 航空器飞行事故调查初步报告的情况通报［EB/OL］.中国民用航空局官网，2022.

单元二　民用航空器事故调查

一、民用航空器事故的概念

为了规范民用航空器事件调查，根据《中华人民共和国安全生产法》、《中华人民共和国民用航空法》和《生产安全事故报告和调查处理条例》等法律、行政法规，交通运输部制定了《民用航空器事件技术调查规定》。该规定适用于中国民用航空局（以下简称民航局）、中国民用航空地区管理局（以下简称地区管理局）负责组织的，在我国境内发生的民用航空器事件的技术调查，包括委托事发民航生产经营单位开展的调查。

《民用航空器事件技术调查规定》第3条规定："本规定所称事故，是指对于有人驾驶航空器而言，从任何人登上航空器准备飞行直至所有这类人员下了航空器为止的时间内，或者对于获得民航局设计或者运行批准的无人驾驶航空器而言，从航空器为飞行目的准备移动直至飞行结束停止移动且主要推进系统停车的时间内，或者其他在机场活动区内发生的与民用航空器有关的下列事件：（一）人员死亡或者重伤。但是，由于自然、自身或者他人原因造成的人员伤亡，以及由于偷乘航空器藏匿在供旅客和机组使用区域外造成的人员伤亡除外。（二）航空器损毁无法修复或者严重损坏。（三）航空器失踪或者处于无法接近的地方。"第4条规定："事故等级分为特别重大事故、重大事故、较大事故和一般事故，具体划分按照有关规定执行。"

案例阅读

2014年5月16日，中国民用航空华东地区管理局公布的一份调查报告称，去年6月15日发生在沂南县境内直升机坠毁事故中，因当时能见度差，直升机的驾驶员丧失目视参考，在用于辅助导航的GPS突然不工作后迷航，最终直升机撞山坠毁，造成机上1名驾驶员当场遇难的惨剧。调查组认定造成此次事故的直接原因是：作业区能见度差，驾驶员丧失目视参考，在用于辅助导航的GPS突然不工作后迷航，直升机偏离作业区，误入山区后撞山。造成此次事故的间接原因是：直升机所属公司未经农林喷洒作业飞行的运行合格审定，违规运行。

资料来源：临沂直升机坠毁原因公布　能见度差且违规运行［EB/OL］.民航资源网，2014.

案例阅读

2001年9月11日上午，两架被恐怖分子劫持的民航客机分别撞向美国纽约世界贸易中心一号楼和世界贸易中心二号楼，两座建筑在遭到攻击后相继倒塌；第三架被劫持的民航客机撞向位于美国华盛顿的美国国防部五角大楼，五角大楼局部结构损坏并坍塌。第四架民航客机在宾夕法尼亚州坠毁。这几个劫机者，有些甚至是接受过专业飞行训练的人。

二、事故调查的原则

事故调查一般遵循四个原则：

（一）独立原则

调查应当由组织事件调查的部门独立进行，不受任何其他单位和个人的干涉。

（二）客观原则

调查应当实事求是、客观公正、科学严谨，不得带有主观倾向性。

（三）深入原则

调查应当查明事件发生的各种原因，并深入分析产生这些原因的因素，包括航空器设计、制造、运行、维修、保障、人员培训，以及行业规章、企业管理制度和实施方面的缺陷等。

（四）全面原则

调查不仅应当查明和研究与本次事件发生有关的各种原因和产生因素，还应当查明和研究与本次事件发生无关，但在事件中暴露出来的或者在调查中发现可能影响安全的问题。

三、事故调查的目的

保证飞行安全是民用航空工作的永恒主题。飞行安全是民用航空的生命，是发展民用航空业的基础。为了确保安全性和可靠性，国家必须对民用航空业进行严格监管。为了减少飞行事故的发生和提高安全性，对飞行事故进行调查是必不可少的。

《国际民用航空公约》附件13的第3.1条指出："调查事故或事故征候的唯一目的是防止事故或事故征候。这一活动的目的不是为了分摊过失或责任。"在一些国家，飞行事故调查与追究责任的刑事调查界限分明，为了保障事故调查的顺利进行，事故调查结论不能作为追究法律责任的证据。

四、事故调查的内容

事故调查的主要内容：事发时间、地点和民用航空器运营人；民用航空器类别、型别、国籍和登记标志；机长姓名，机组、旅客和机上其他人员人数及国籍；任务性质，最后一个起飞点和预计着陆点；简要经过；机上和地面伤亡人数，航空器损伤情况；事发时的地形、地貌、天气、环境等物理特征；事发时采取的应急处置措施；危险品的载运情况及对危险品的说明；报告单位的联系人及联系方式；与事故、严重征候有关的其他情况。

五、事故调查的注意事项

（一）保护资料

事发相关单位应当根据调查工作需要，立即封存并妥善保管与此次事件相关的下列资料：飞行日志、飞行计划、通信、导航、监视、气象、空中交通服务、雷达等有关资料；飞行人员的技术、训练、检查记录，飞行经历时间；航空卫生工作记录，飞行人员体检记录和登记表、门诊记录、飞行前体检记录和出勤健康证明书；航空器国籍登记证书、适航证书、无线电台执照、履历、有关维护工具和维护记录；为航空器加注各种油料、气体等的车辆、设备以及有关化验记录和样品；航空器使用的地面电源和气源设备；为航空器除、防冰的设备以及除冰液化验的记录和样品；旅客货物舱单、载重平衡表、货物监装记录、货物收运存放记录、危险品运输相关文件、旅客名单和舱位图；旅客、行李安全检查记录，货物邮件安全检查记录，监控记录，航空器监护和交接记录；有关影像资料；其他需要封存的文件、工具和设备。应当封存但不能停用的工具和设备，应当通过拍照、记录等方法详细记录其工作状态。封存资料的单位应当指定封存负责人，封存负责人应当记录封存时间并签名。所有封存的文件、样品、工具、设备、影像和技术资料等未经调查组批准，不得启封。

（二）保护事发现场

事发现场的保护按照下列规定进行：（1）民用机场及其邻近区域内发生的事件，现场保护工作按照《民用运输机场突发事件应急救援管理规则》执行；其他区域发生的事件按照《中华人民共和国搜寻援救民用航空器规定》执行。（2）参与救援的单位和人员应当保护事发现场，维护秩序，禁止无关人员进入，防止哄抢、盗窃和破坏。救援工作结束后，救援人员无特殊情况不得再进入现场，防止事发现场被破坏。（3）任何单位或者个人不得随意移动事发航空器或者航空器残骸及其散落物品。航空器坠落在铁路、公路或者跑道上或者为抢救伤员、防火灭火等需要移动航空器残骸或者现场物件的，应当作出标记，绘制现场简图，进行书面记录、拍照和录像，妥善保护现场痕迹和物证。（4）先期到达现场的调查先遣人员对现场各种易失证据，包括物体、液体、冰、资料、痕迹等，及时拍照、采样、收集，并做书面记录。（5）幸存的机组人员应当保持驾驶舱操纵手柄、电门、仪表等设备处于原始状态，并在救援人员到达之前尽其可能保护事发现场。（6）救援人员到达后，由现场的组织单位负责保护现场和驾驶舱的原始状态。除因抢救工作需要外，任何人不得进入驾驶舱，严禁扳动操纵手柄、电门、改变仪表读数和无线电频率等破坏驾驶舱原始状态的行为。在现场保护工作中，现场组织负责人应当派专人监护驾驶舱，直至向调查组移交。（7）现场救援负责人怀疑现场有放射性物质、易燃易爆物品、腐蚀性液体、有害气体、有害生物制品、有毒物质等危险品或者接到有关怀疑情况报告的，应当设置专门警戒，注意安全防护，并及时安排专业人员给予确认和处理。（8）参与救援的单位和人员应当避免对事发现场周边环境造成损害。

（三）管理事发现场

调查组到达事发现场后，按照下列规定管理事发现场：（1）接管现场并听取负责现场保护和救援工作的单位的详细汇报。（2）负责现场和事发航空器或者残骸的监管工作。未经调查组同意，任何无关人员不得进入现场；未经调查组组长同意，不得解除对现场和事发航空器的监管。（3）进入事发现场工作的人员应当服从调查组的管理，不得随意进入航空器驾驶舱、改变航空器、残骸、散落物品的位置及原始状态。拆卸、分解航空器部件、液体取样等工作应当事先拍照或者记录其原始状态并在调查组成员的监督下进行。（4）调查组组长应当指定专人负责现场的安全防护工作并及时采取下列措施：1）对事发现场的有毒物品、放射性物质及传染病源等危险品采取相应的安全措施，防止对现场人员和周围居民造成危害。2）采取相应的防溢和防火措施，防止现场可燃液体溢出或者失火。3）采取相应的措施，防止航空器残骸颗粒、粉尘或者烟雾对现场人员造成危害。4）组织专业人员将现场的高压容器、电瓶等移至安全地带进行处理。处理前应当测量和记录有关数据，并记录其散落位置和状态等情况。5）及时加固或者清理处于不稳定状态的残骸及其他物体，防止倒塌造成伤害或者破坏。6）采取设立警戒线等安全防护措施，隔离事发现场的危险地带。7）在事发现场配备急救药品和医疗器材。

（四）开展现场调查

调查组到达现场后，应当立即开展现场调查工作并查明下列有关情况：（1）事发现场勘查。（2）航空器或者残骸。（3）飞行过程。（4）机组和其他机上人员。（5）空中交通服务。（6）运行控制。（7）天气。（8）飞行记录器。（9）航空器维修记录。（10）航空器载重情况及装载物。（11）通信、导航、监视、航行情报、气象、油料、场道、机场灯光等保障情况。（12）事发当事人、见证人、目击者和其他人员的陈述。（13）爆炸物破坏和非法干扰行为。（14）人员伤亡原因。（15）应急救援情况。

（五）试验、验证项目

对事件调查中需要试验、验证的项目，按照下列规定进行：（1）组织事件调查的部门应当满足调查组提出的试验、验证要求，并提供必要的支持和协助。（2）由调查组组长指派调查组成员参加试验、验证工作。（3）采用摄像、拍照、笔录等方法记录试验部件的启封和试验、验证过程中的重要、关键阶段。（4）试验、验证结束后，试验、验证的部门应当提供试验、验证报告。报告应当由操作人、负责人和调查组成员签署。

（六）保护信息

调查组成员和参与调查的人员不得对外公开下列信息：（1）调查过程中获取的有关人员的所有陈述记录；（2）与航空器运行有关的所有通信记录；（3）相关人员的姓名、医疗或者私人资料；（4）驾驶舱语音记录及其记录文本；（5）机载影像记录及其记录文本；（6）与空中交通服务有关的所有记录；（7）原因分析资料，包括飞行记录器分析资料和技术会议记录；（8）调查报告草案。前款规定的信息仅在与调查事件分析和结论有关时才可纳入调查报告或者其附录中，与分析和结论无关的部分不得公布。

六、事故调查的组织

（一）事故调查前的准备工作

事故调查前，负责组织、召集调查的领导向调查人员交代主要任务，明确分工，提出要求，拟定初步的调查计划。同时，调查人员还要准备好与事故相关的文件、资料和工具，如飞行手册、地图、指北针、望远镜、照相机、小型录音机、高度尺、放大镜、铅封、容器等一系列调查事故时会用到的专业工具。

（二）事故调查的报告

在调查的任何阶段，民航局、地区管理局应当及时向有关部门、单位、国家以及国际民航组织提出加强和改进航空安全的建议。发布全球关切的安全建议（SRGC）时，无论建议是否提向国际民航组织，都应当将发布的建议及其回复情况发送国际民航组织，并在文件上标注发送日期。收到民航局、地区管理局提出安全建议的部门或者单位，应当自接到安全建议 30 日内，书面回复安全建议的接受情况。收到国（境）外调查机构发来安全建议的部门或者单位，应当自接到安全建议 90 日内，书面回复安全建议的接受情况。

按照有关规定，调查报告经国务院或者民航局、地区管理局批准后，调查工作即告结束。组织调查的部门应当在事故发生后 30 日内按规定向国际民航组织和有关国家送交初步调查报告。组织调查的部门应当按规定向国际民航组织和有关国家送交事故和严重征候最终调查报告。事故调查报告应遵守《芝加哥公约》附件 13 的规定，向国际民航组织送交事故调查报告。事故调查报告由民航局负责统一发布的。

七、事故调查的组织机构和人员

（一）我国事故调查的组织机构

我国政府及其民用航空主管部门——民航局非常重视和关心航空器事故的调查工作。

现阶段民航局主要负责民用航空器事故的调查，由民航局和地区管理局负责组织和开展活动。以下飞行事故由民航局负责调查：国务院授权组织调查的特别重大事故；运输航空重大事故、较大事故；中国民用航空局认为有必要组织调查的其他事件。

由地区管理局负责组织调查的事故，包括：运输航空一般事故；通用航空事故；征候；民航局授权地区管理局组织调查的事故；地区管理局认为有必要组织调查的一般事件。未造成人员伤亡的一般事故、征候，地区管理局可以委托事发民航生产经营单位组织调查。

由民航局组织的调查，事发地地区管理局和事发相关单位所属地地区管理局应当参与。由事发地地区管理局组织的调查，事发相关单位所属地地区管理局应当给予协助，民航局可以根据需要指派调查员或者技术专家给予协助。事发地地区管理局可以委托其他地区管理局组织调查，事发地地区管理局和事发相关单位所属地地区管理局应当给予协助。

（二）事故调查组

1. 人员

民用航空器事故调查是一项非常复杂的工作，需要由专门机构的专职人员来负责。民用航空器事故调查工作对调查人员的个人品德、业务能力、专业素质都有着极高的要求。

调查组组成应当符合下列规定：（1）组织事件调查的部门应当任命一名调查组组长，调查组组长负责管理调查工作，并有权对调查组组成和调查工作作出决定。（2）调查组组长根据调查工作需要，可以成立若干专业小组，分别负责飞行运行、航空器适航和维修、空中交通管理、航空气象、航空安保、机场保障、飞行记录器分析、失效分析、航空器配载、航空医学、生存因素、人为因素、安全管理等方面的调查工作。调查组组长指定专业小组组长，负责管理本小组的调查工作。（3）调查组由调查员和临时聘请的专家组成，参加调查的人员在调查工作期间应当服从调查组组长的管理，其调查工作只对调查组组长负责。调查组成员在调查期间，应当脱离其日常工作，将全部精力投入调查工作，并不得带有本部门利益。（4）与事件有直接利害关系的人员不得参加调查工作。

民航局、地区管理局、接受委托开展事件调查的民航生产经营单位应当指定满足下列条件的人员担任调查员负责事件调查工作：（1）在航空安全管理、飞行运行、适航维修、空中交通管理、机场管理、航空医学或者飞行记录器译码等专业领域具有3年及以上工作经历，具备较高专业素质；（2）按照民航局调查员培训大纲的要求参加初始培训和复训；（3）有一定的组织、协调和管理能力；（4）身体和心理条件能够适应调查工作。

调查员应当实事求是、客观公正、尊重科学、恪尽职守、吃苦耐劳，正确履行职责、行使权力，遵守调查纪律。未经调查组组长允许，调查员不得擅自发布调查信息。

民航局、地区管理局应当根据工作需要配备调查员、颁发证件并进行管理工作。民航生产经营单位负责本单位调查员管理工作。民航局、地区管理局的调查员因身体、心理、离职或者培训考核不合格等原因不能正常履行调查员职责的，或者任期内有违法、违纪行为的，应当终止其调查员委任。民航局、地区管理局和民航生产经营单位根据需要为本单位的调查员提供心理疏导，保护调查员职业健康。

2. 职权

调查组依法行使下列职权：（1）决定封存、启封和使用与发生事件的航空器运行和保障有关的文件、资料、记录、物品、设备和设施；（2）要求发生事件的航空器运行、保障、设计、制造、维修等单位提供情况和资料；（3）决定实施和解除事发现场的隔离，负责隔离期间的现场管理；（4）决定移动、保存、检查、拆卸、组装、取样、验证发生事件的航空器及其残骸；（5）对事件有关单位和人员、目击者和其他知情者进行询问并录音或者录像，要求其提供相关文件、资料；（6）提出开展尸检、病理及毒理检验等工作要求；（7）确定可公开的信息及资料；（8）调查组认为有必要开展的其他行动。

　　根据我国批准的国际公约有关规定，有关国家授权代表及其顾问应当在调查组组长的管理下进行调查工作，并有以下权利和义务：（1）航空器登记国、运营人所在国、设计国、制造国的授权代表及其顾问有权参加所有的调查工作，包括：查看事发现场；检查残骸；获取目击信息和建议询问范围；尽快完全掌握全部有关证据；接收一切有关文件的副本；参加记录介质的判读；参加现场外调查活动以及专项实验验证；参加调查技术分析会，包括分析报告、调查结果、原因和安全建议的审议；对调查的各方面内容提出意见。（2）除航空器登记国、运营人所在国、设计国、制造国以外国家的授权代表及其顾问，有权参加与该国提供的资料、设备或者专家有关的调查工作。（3）授权代表及其顾问的义务：应当向调查组提供其掌握的所有相关资料；未经调查组同意，不得泄露有关调查进展和结果的信息。

　　在我国境内发生的事故中遇有外籍人员死亡或者重伤时，组织调查的部门应当允许蒙受公民死亡或者重伤的国家指派一名专家，该专家有权：（1）查看事发现场；（2）掌握已对外公布的有关事实情况，以及关于调查工作进展情况的信息；（3）接收最终调查报告的副本。组织调查的部门还应当允许蒙受公民死亡或者重伤的国家协助辨认遇难者和与该国的幸存者见面。在国外发生的事故中遇有我国公民死亡或者重伤时，民航局或者地区管理局可以指派一名专家，该专家享有我国批准的国际公约中规定的权利和义务。

案例阅读

　　在某代理单位组织行李装机时，负责地面行李车指挥的行李操作员在货舱内进行指挥，对车辆对接位置判断不正确，对驾驶员清晰准确观察指挥手势造成一定影响；地面行李车驾驶员在未确认指令的情况下操作车辆，造成行李车传送带顶端与飞机前货舱门框右下部产生挤压，导致飞机前货舱门下部门框金属保护板形成一处凹陷，尺寸为长20mm、宽10mm、深1.5mm。

　　[评析]

　　1. 客观的原因

　　油料车辆先行靠近飞机进行加油作业，前货舱作业空间相对狭小。

　　2. 人为原因

　　行李车驾驶员在货舱内进行指挥，对车辆对接位置判断不正确，这对驾驶员清晰准确观察指挥手势造成了一定影响。

　　该事件定性为代理单位人员违规操作导致飞机受损的严重事件。

岗位链接

民用航空器事件调查员管理办法

　　第一章　总则

　　第一条　为规范民用航空器事件调查员（以下简称调查员）管理工作，依据《民用

航空器事件调查规定》（CCAR395），并参照《航空器事故和事故征候调查》（《国际民航公约》附件13）等相关规定，制定本办法。

第二条　本办法适用于中国民用航空局（以下简称民航局）、中国民用航空地区管理局（以下简称地区管理局）以及根据民航局授权履行民用航空器事件调查（以下简称事件调查）职能的事业组织（以下简称被授权事业组织）中从事事件调查的人员。

第三条　民航局对调查员进行统一管理，民航局航空安全办公室（以下简称航安办）负责具体工作实施。

第二章　职责权限

第四条　调查员的职责是按照民航局、地区管理局授权，组织或者参与民用航空器事件调查，查明事发原因，提出安全建议，编写调查报告。

第五条　调查员在履行职责时可以行使下列职权：

（一）进出、勘察事发现场，查看事发航空器及其残骸；

（二）调阅事发航空器运行、保障资料，查验相关物品和设施设备；

（三）访谈事件目击者及相关人员，要求其提供书面材料；

（四）以录音、录像、封存、取样、拍照、复制、画图、抄写等各种方式获取和保存调查证据；

（五）参加调查组工作会议和技术讨论，发表意见；

（六）调查组组长授予的其他职权。

第六条　调查员在执行调查任务时，应当遵循调查原则，遵守调查纪律，正确履行职责、行使权力。

第七条　调查员在执行调查任务期间，应当脱离其日常工作，其调查工作仅向调查组组长负责，不得带有本部门利益。与事件有直接利害关系的人员不得参加调查工作。

第八条　未经组织事件调查的部门允许，调查员不得擅自发布调查信息。

第九条　各级局方调查员应当按照《调查员岗位说明》（见附件1）开展具体工作，被授权的事业组织的调查员参照执行。

第三章　申请及委任

第十条　调查员申请人应当具备下列条件：

（一）政治过硬，忠于职守，敬业奉献；

（二）遵纪守法，廉洁奉公，品行良好；

（三）在航空安全管理、飞行运行、适航维修、空中交通管理、机场管理、航空医学或者飞行记录器译码等专业领域具有3年及以上工作经历，具备较高专业素质；

（四）按照民航局《民用航空器事件调查员培训管理办法》的要求参加培训且考核合格；

（五）有一定的组织、协调和管理能力；

（六）身体和心理条件能够适应调查工作。

第十一条　民航局工作人员申请调查员委任的，按照下列程序办理：

（一）申请人向所在部门提交调查员委任申请材料，填写《民用航空器事件调查员证申请表》（见附件2），申请人所在部门依据本办法第十条进行审查；

（二）申请人所在部门将审查合格的申请材料提交民航局航安办进行审查；

（三）民航局航安办审查合格后，报民航局批准；

（四）经批准后，民航局颁发调查员证件。

第十二条　地区管理局工作人员申请调查员委任的，按照下列程序办理：

（一）由申请人所在机关部门或者派出机构向地区管理局航安办提交调查员委任申请材料，填写《民用航空器事件调查员证申请表》（见附件2），地区管理局航安办依据本办法第十条进行审查；

（二）地区管理局航安办审查合格后，报地区管理局负责人审核；

（三）地区管理局将审查合格的申请材料提交民航局航安办进行审查；

（四）民航局航安办审查合格后，报民航局批准；

（五）经批准后，民航局颁发调查员证件。

第十三条　被授权事业组织工作人员申请调查员委任的，按照下列程序办理：

（一）申请人向被授权事业组织提交调查员委任申请材料，填写《民用航空器事件调查员证申请表》（见附件2），被授权事业组织依据本办法第十条进行审查；

（二）被授权事业组织将审查合格的申请材料提交民航局航安办进行审查；

（三）民航局航安办审查合格后，报民航局批准；

（四）经批准后，民航局颁发调查员证件。

第十四条　申请人应当如实提供申请材料，对申请材料的真实性负责。

第十五条　调查员有下列情形之一的，应当终止其委任：

（一）因身体、心理、离职等原因不能正常履行调查员职责；

（二）未按民航局《民用航空器事件调查员培训管理办法》的要求参加复训或复训考核不合格；

（三）有违法、违纪或严重失信行为；

（四）其他不适合继续担任调查员的情形。

第四章　证件管理

第十六条　调查员证件是调查员获得民航局委任，开展事件调查，行使调查职权的资格证明。

第十七条　调查员证件应载明持证人姓名、证件编号、发证机关和日期等信息，附本人照片。

第十八条　调查员开展事件调查时应当出示调查员证件，证件仅限本人使用，不得转借他人使用。

第十九条　调查员证件不得涂改、伪造；因污损、破损影响正常使用的，可以申请换发；发生遗失的，应当立即报告，申请补发。

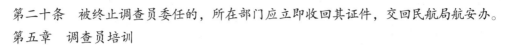

第二十条　被终止调查员委任的，所在部门应立即收回其证件，交回民航局航安办。

第五章　调查员培训

第二十一条　调查员应当按照民航局《民用航空器事件调查员培训管理办法》要求参加培训。

第六章　调查员档案

第二十二条　调查员所属单位应当建立调查员档案，并负责档案管理。民航局事故调查中心协助民航局航安办实施调查员档案管理工作。调查员个人成长档案（IDP表格）的格式、要素以及维护程序见附件3和附件4。

第七章　职业健康保护

第二十三条　民航局、地区管理局和被授权事业组织应当按照《民用航空器事件调查设备装备管理办法》为调查员配备个人防护装备，并根据需要为本单位的调查员提供心理疏导，保护其职业健康。

第八章　附则

第二十四条　本办法由民航局航空安全办公室负责解释。

第二十五条　本办法自2022年7月1日起施行。2020年6月18日下发的《民用航空器事件调查员管理办法》（民航综安发〔2020〕4号）同时废止。

知识拓展
《民用航空器事件
调查员管理办法》

🔍 知识巩固

1. 简述搜寻援救的含义。

2. 民用航空器的紧急情况分为哪三个阶段？

3. 简述搜寻援救的原则。

4. 为什么要建立搜寻援救组织？

5. 简述民用航空器事故的概念。

6. 飞行事故可分为哪几个等级？

7. 简述事故调查的原则。

8. 简述事故调查组的组成。

模块十 民用航空器对地（水）面第三人损害赔偿法律制度

知识目标

（1）了解民用航空器对地（水）面第三人损害责任赔偿的相关知识

（2）理解并掌握民用航空器对地（水）面第三人侵权行为的构成要件

（3）了解国际公约中民用航空器对地（水）面第三人损害赔偿的规定

能力目标

能够运用所学知识，对有关航空器对地（水）面第三人损害赔偿案例进行分析，并提出合理的解决方案

素质目标

（1）牢固树立严谨的工作态度，培养高度的责任意识

（2）认识到航空器运营中可能存在的风险，提高风险预防和应对能力

学习领航

强化国家安全工作协调机制，完善国家安全法治体系、战略体系、政策体系、风险监测预警体系、国家应急管理体系，完善重点领域安全保障体系和重要专项协调指挥体系。航空安全事关重大，我们要认识到航空企业和航空人员所承担的社会责任，积极维护社会公平正义。实际工作中，航空企业和航空人员要采取一切措施杜绝安全隐患，避免航空安全事故。

单元一　对地（水）面第三人损害概述

一、地（水）面第三人的概念

有人将法律中的第三人分为实体法上的第三人和程序法上的第三人。

在航空法中对地（水）面第三人的界定非常复杂。一次航空运输活动至少涉及两个法律关系：一是航空旅客或货物运输合同法律关系，二是民用航空器经营人所投第三人责任保险法律关系或担保法律关系。如果以航空旅客或货物运输合同法律关系作为界定第三人的基础，那么在地面的非航空运输合同当事人都是地（水）面第三人；如果以民用航空器经营人所投第三人责任保险法律关系或担保法律关系作为界定的基础，那么除该保险或担保法律关系以外的在地面的人都是地（水）面第三人。本书认为，对地（水）面第三人的界定应当综合考虑航空运输所涉及的法律关系。

（一）地（水）面第三人中"地（水）面"一字排除了"空中"

在航行活动中对乘坐该民用航空器的任何人或物的权利人所造成的损害，都不是对地（水）面第三人造成的损害，即使他们之间没有运输合同关系的约束。

（二）地（水）面第三人的排除范围

（1）地（水）面第三人不包括与经营人订立的合同所约束的人。例如，某农场与民用航空器经营人订立合同使用民用航空器洒农药，民用航空器坠毁或从该民用航空器上落下的人或物造成该农场主人身伤亡或者财产损害，此种损害受双方所订立的雇佣合同所约束，因此该农场主就不是"地（水）面第三人"；

（2）地（水）面第三人不包括与对民用航空器有使用权的人订立合同所约束的受到损害的人，对民用航空器有使用权的人是指除经营人以外有权使用民用航空器的人。例如，某农场主雇佣民用航空器的承租人使用民用航空器洒农药的机组成员由承租人配备，民用航空器坠毁或从该民用航空器上落下的人或物造成该农场主人身伤亡或者财产损害，此种损害受双方所订立的合同的约束，该农场主不是"地（水）面第三人"；

航空法中的地面第三人既不同于民法实体法中的第三人，也不同于民事诉讼法中的第三人。民法实体法上的第三人，指不参加当事人之间的法律关系，但与当事人之间的结果有利害关系的人。而航空法中的地（水）面第三人不参加当事人之间的法律关系，和当事人之间的结果也没有利害关系。《中华人民共和国民事诉讼法》第59条规定："对当事人双方的诉讼标的，第三人认为有独立请求权的，有权提起诉讼。"在《中华人民共和国民事诉讼法》中，第三人参与诉讼有诸多的限制。而航空法中的地（水）面第三人是直接的诉讼主体，既可以直接起诉民用航空器经营人，也可以在法定条件下，即经营人破产情况下，直接起诉保险人；它不需要以民用航空器经营人和保险人之间的诉讼为前置程序，只要有保险合同的存在就足够了。

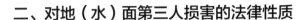

二、对地（水）面第三人损害的法律性质

民用航空器在空中航行，系高度危险作业。世界上很多国家对高度危险作业致人损害的责任性质基本上都认为是一种特殊的侵权责任，但归责的原则略有不同。1922年德国的《空中交通法》及后续修订版本在当时对于航空领域责任规则的界定起到了奠基作用。其中关于民用航空器装置或物体脱落对地（水）面第三人造成损害时航空企业经营人承担侵权责任（即使无过错）的规定符合当时德国对航空这种高风险活动加强责任监管的理念。法国关于这方面的法律更多考虑到了对实际生活的影响，包括民用航空器因起降而产生的噪声损害等规定。《苏俄民法典》的内容体现了苏联对于高度危险活动责任承担的基本原则。在当时苏联的法律体系下，对于交通运输（包括航空运输）等高度危险活动，采取了严格责任原则，即只要不能证明损害是由不可抗力或受害人故意造成的，航空企业经营人就要承担赔偿责任。这与苏联当时的法律理念和对保障社会公平、公民权益等观念相符合。

美国法对于航空事故造成的地（水）面第三人损害能否适用基于异常危险行为的严格责任虽一直存在争议，但航空活动从一开始就被毫无疑问地视为异常危险行为，因此，对于因航空事故对地（水）面第三人造成的损害，不论是人身伤亡还是财产损害，受害人都可以基于异常危险行为的严格责任向加害人主张损害赔偿。

从以上规定来看，各国法律对高度危险作业致人损害都认为是特殊侵权，其归责原则主要有两个：一个是无过错责任制，一个是严格责任制。《中华人民共和国民法典》第1236条规定，从事高度危险作业造成他人损害的，应当承担侵权责任。而《中华人民共和国民用航空法》第161条规定："依照本章规定应当承担责任的人证明损害是完全由于受害人或者其受雇人、代理人的过错造成的，免除其赔偿责任；应当承担责任的人证明损害是部分由于受害人或者其受雇人、代理人的过错造成的，相应减轻其赔偿责任。但是，损害是由于受害人的受雇人、代理人的过错造成时，受害人证明其受雇人、代理人的行为超出其所授权的范围的，不免除或者不减轻应当承担责任的人的赔偿责任。一人对另一人的死亡或者伤害提起诉讼，请求赔偿时，损害是该另一人或者其受雇人、代理人的过错造成的，适用前款规定。"可见受害人的过错成为民用航空器经营人或应当承担责任的人的免责事由，因此叫严格责任更为贴切。因为严格责任并不是不考虑行为人的过错，只是加重行为人的举证责任，当行为人造成损害结果时推定行为人有过错，应承担责任，除非行为人能举证证明自己的行为符合法定的免责条件。同时严格责任还要考虑受害人的过错，这与无过错责任中的绝对责任明显有别。

民用航空器空中碰撞，往往呈现复杂的情况，经常难于判明谁有过错。有学者认为，这种情况下适用公平责任原则。但《中华人民共和国民用航空法》第162条规定："两个以上的民用航空器在飞行中相撞或者相扰，造成本法第一百五十七条规定的应当赔偿的损害，或者两个以上的民用航空器共同造成此种损害的，各有关民用航空器均应当被认为已经造成此种损害，各有关民用航空器的经营人均应当承担责任。"从此规定可以看出，在民用航空器空中碰撞中，对地（水）面第三人而言，公平责任原则无论是在实质方面还是在操作性方面都存在一定问题，所以不应作为对地（水）面第三人侵权的一项归责原则。对于地（水）面第三人而言，相撞的民用航空器应承担严格责任，根本没有必要去追究哪一架民用航空器有过失。

三、对地（水）面第三人侵权责任的构成要件

从飞行中的民用航空器或民用航空器上落下的人或物对地（水）面第三人造成损害的，民用航空器经营人应当承担赔偿责任。对地（水）面第三人侵权责任的构成要件包括三个方面：一是损害事实的客观存在；二是损害事实与侵权行为有因果关系；三是不属于法定免责事由。

（一）损害事实的客观存在

在航空运输中，对地（水）面第三人造成损害，既包括财产损害，也包括非财产的人身伤亡。损害事实并非仅指实际的财产损失，只要造成地（水）面第三人人身伤亡或者财产损害的结果，同时损害本身又具有可补救性和确定性，再综合其他要件，即可追究民用航空器经营人的责任。此处的损害是直接损害还是间接损害，航空法中并没有做出明示，一般认为是直接损害，不包括间接损害和精神损害。

（二）损害事实与侵权行为之间有因果关系

只要受害人能够证明，损害是指由于飞行中的民用航空器以及民用航空器上落下的人或物造成的损害，即两者有因果关系，民用航空器经营人就应当承担赔偿责任。此处的因果关系应当是近因而不是直接因果关系，直接因果关系只能有一个，而近因可能有多个：只要从民用航空器落下的人或物以及该民用航空器坠毁是造成第三人的人身伤亡或者财产损害的近因，地（水）面第三人就有权获得赔偿。

（三）不属于法定免责事由

对于特殊侵权的免责事由，法律中一般规定了不可抗力和受害人的故意行为。《中华人民共和国民法典》第1238条："民用航空器造成他人损害的，民用航空器的经营者应当承担侵权责任；但是，能够证明损害是因受害人故意造成的，不承担责任。"在航空法中，对地（水）面第三人应当承担责任的人除了法定免责事由，都应当承担赔偿责任。这些内容将在单元二中进行详细论述。

四、对地（水）面第三人损害责任赔偿的法律基础

（一）对地（水）面第三人造成损害的责任

飞行中的民用航空器对地（水）面第三人造成损害的责任主要涉及两个方面：一是飞行中的民用航空器或者从飞行中的民用航空器上落下的人或物对地（水）面第三人造成损害的责任；二是民用航空器碰撞造成第三人损害的责任。还有另一种划分方法：一

是外国民用航空器飞入、飞经、飞离一国所造成的对地（水）面第三人的损害；二是本国民用航空器造成的对本国地（水）面第三人的损害。

在民用航空器空航行或运输过程中，除航空承运人对旅客等作为运输合同当事人的赔偿责任外，还涉及其他方面当事人的民事责任问题，其赔偿对象既有旅客、托运人，也有非旅客或托运人而受损害的第三人。在航空运输中，对旅客和托运人的赔偿，有华沙体制、各国国内法以及航空企业之间的协议作保障。对地（水）面第三人的赔偿问题，在国际上形成了一套比较完备的法律制度，如《关于外国航空器对地（水）面上第三者造成损害的公约》（简称1952年《罗马公约》）等。当然，国际公约只对加入国具有法律效力，对于非参加国而言，外国民用航空器造成本国地（水）面第三人人身伤亡或者财产损害的赔偿主要根据国内法或者国际私法冲突的一般原则来确定其适用的法律。

另外，各国为了保护本国地（水）面第三人的合法权益，对飞入本国的外国民用航空器做出了要求其投地（水）面第三人责任险或者取得责任担保。《中华人民共和国民用航空法》第175条规定："外国民用航空器飞入中华人民共和国领空，其经营人应当提供有关证明书，证明其已经投保地面第三人责任险或者已经取得相应的责任担保；其经营人未提供有关证明书的，中华人民共和国国务院民用航空主管部门有权拒绝其飞入中华人民共和国领空。"民用航空器在我国境内对地（水）面第三人的侵权，法律基础是国内法。同时为了保障受害人能够得到充分的赔偿，《中华人民共和国民用航空法》第166条规定："民用航空器的经营人应当投保地面第三人责任险或者取得相应的责任担保。"

对于本国民用航空器在本国境外的侵权行为的法律基础要根据具体情况进行分析，按照国际私法冲突的一般规则确定适用法律。《中华人民共和国民用航空法》第189条规定："民用航空器对地面第三人的损害赔偿，适用侵权行为地法律。民用航空器在公海上空对水面第三人的损害赔偿，适用受理案件的法院所在地法律。"

另外，对民用航空器噪声、声震对地（水）面第三人造成损害，国际上并没有统一的规定。这主要结合民用航空器的适航管理所制定的相关文件。民用航空器的噪声、声震的损害是巨大的，但在国际上形成统一的规定以及在国内法中增加相应条款来保护地（水）面第三人的权益还有很长的路要走。

（二）民用航空器空中碰撞的法律基础

两架以上民用航空器在飞行中的有形致害接触常发生在拥挤繁忙的机场终端区内，大部分空中碰撞事故发生在进场和离场阶段。空中碰撞的隐患来自民用航空器之间的空中危险接近。危险接近是空中碰撞事故的征候。发生空中碰撞事故是严重违反空中交通规则，未遵守民用航空器飞行安全间隔的结果。究其原因，绝大多数是人为造成的，主要有空中交通管制员指令的差错和民用航空器驾驶员执行指令的差错。空中碰撞的危害是巨大的，但目前针对民用航空器空中碰撞的法律基础却是不健全的，国际上缺乏对空中碰撞的统一规定。在现行的国际条约中，1952年《罗马公约》提及了空中碰撞问题。

国内法中，《中华人民共和国民用航空法》第 162 条涉及民用航空器空中碰撞的规定。但是在国际层面，统一民用航空器空中碰撞规则的努力没有停止过。早在 1931 年空中碰撞公约的问题就被列入议事日程。20 世纪初，民用航空器开始投入商业运营，随着航空活动的增加，空中碰撞等安全问题逐渐凸显，国际社会开始意识到需要制定相关规则来规范民用航空器的空中运行，国际航空法律专家技术委员会曾就空中碰撞公约草案进行讨论，但未完成。在早期探索阶段，由于航空技术的快速发展和航空活动的复杂性，对于空中碰撞责任认定、赔偿规则等诸多问题存在较大争议，因此难以在短时间内达成一致并形成完整的公约草案。国际民用航空组织法律委员会接替国际航空法律专家技术委员会继续研究工作是航空法律制定进程中的常见模式。随着国际民用航空组织在国际航空事务中主导地位的逐渐确立，其法律委员承担起进一步研究和推进空中碰撞公约草案等重要法律文件制定的责任，1949 年国际民用航空组织法律委员会决定将空中碰撞公约草案与 1952 年《罗马公约》分开进行，这一决策体现了对不同法律问题的分类处理和精细化研究的思路。空中碰撞问题涉及民用航空器运行中的具体安全责任和规则，与 1952 年《罗马公约》所关注的外国民用航空器对第三人造成损害等问题虽有一定关联，但具有独特的法律要点和复杂性，分开研究更有利于深入探讨和制定有针对性的规则，国际民用航空组织决定成立法律小组委员会专门研究空中碰撞公约草案，凸显了国际社会对空中碰撞问题的高度重视和持续投入。专门的小组委员会进行深入研究和讨论，能够更加聚焦问题核心，广泛征求各成员国的意见和建议，提高公约草案的科学性和可行性。1961 年法律小组委员会巴黎会议完成了公约草案，这一成果是国际社会多年来共同努力的结果，标志着在统一民用航空器空中碰撞问题规则方面取得了重要阶段性进展。

民用航空器对地（水）面第三人的损害责任是一种民事责任。它由侵权行为所产生，为侵权之债，责任形式是赔偿损失。《中华人民共和国民法典》第 1165 条规定："行为人因过错侵害他人民事权益造成损害的，应当承担侵权责任。依照法律规定推定行为人有过错，其不能证明自己没有过错的，应当承担侵权责任。"诸如《中华人民共和国民法典》在环境污染与生态破坏、高度危险作业等领域的规定，第 1229 条针对污染环境、破坏生态造成他人损害的，侵权人承担侵权责任；第 1236 条聚焦从事高度危险作业造成他人损害的，根据场景厘定责任归属，凸显特殊侵权行为适用无过错责任原则的立法考量，即便行为人主观无过错，只要满足法定致害情形，也要承担责任。民用航空活动以高空作业为显著特征，天然蕴含高度危险性，民用航空器致使第三人权益受损的侵权情状，契合特殊侵权行为框架下高度危险作业致害范式，故而在归责层面遵循无过错责任原则，为受害第三人权益提供坚实保障。我国侵权责任体系总体以过错责任原则为基石，针对特殊侵权行为，基于对高危行业、特殊领域风险分配与权益平衡之需，多采行无过错责任原则，此与《中华人民共和国民法典》第 1166 条立法意旨相呼应，只要满足法定特殊侵权情形，无论行为人主观有无过错，责任承担即为法定必然。值得关注的是，在民用航空器空中碰撞这类复杂且棘手的情境中，鉴于航空作业的瞬时性、高动态性以及技术专业性，过错判定常陷入困境，难以精准厘定责任主体过错状态。此时，《中华人民共和国民法典》所确立的公平责任原则发挥关键调适作用。依据第 1173 条，被侵权人对同一损害的发生或者扩大有过错的，可以减轻侵权人的责任。依据第 1186 条，在受害人和行为人双方对损害发生均无过错情形下，基于法律规范指引，综合考量案件实际，妥善分配损失分担比例，以达成个案正义与社会公平的有机统一。伴随司法实践不断深化与细化规范需求，于 2024 年 9 月 27 日起施行的《最高人民法院关于适用〈中华人民共和国民法典〉侵权责任编的解释（一）》，针对侵权责任编诸多条款予以阐释明晰，从构成要件解读到责任范围界定，从特殊情形规范适用到举证责任分配细则，全方位、多维度增强民法典侵权责任编在司法裁判中的实操性与精准度，为侵权纠纷妥善解决筑牢坚实司法应用根基。

五、对地（水）面第三人造成损害的含义

《中华人民共和国民用航空法》第 157 条第 1 款规定："因飞行中的民用航空器或者从飞行中的民用航空器上落下的人或者物，造成地面（包括水面，下同）上的人身伤亡或者财产损害的，受害人有权获得赔偿；但是，所受损害并非造成损害的事故的直接后果，或者所受损害仅是民用航空器依照国家有关的空中交通规则在空中通过造成的，受害人无权要求赔偿。"在这里，"地面（包括水面，下同）上的人"就是第三人。也就是说，在航空运输中，航空承运人与旅客或者托运人以及收货人之间是一种航空运输合同关系，航空运输合同当事人之外的都是第三人。《中华人民共和国民用航空法》第 158 条规定："本法第一百五十七条规定的赔偿责任，由民用航空器的经营人承担。"也就是说，民用航空器对第三人造成损害，民用航空器经营人要依法承担责任。在航空作业中，民用航空器经营人与民用航空器使用人依法订立航空作业合同，他们之间的权利义务关系由合同约定，合同关系之外的都是第三人。民用航空器对第三人造成损害，民用航空器经营人亦要依法承担责任。但是，在上述第三人之中又存在复杂的情形，应依据不同的法律关系，按照不同的法律规定分别对待。例如，在航空运输或者航空作业过程中，受害人虽是航空运输合同或航空作业合同之外的第三人，但他们是民用航空器经营人的工作人员，受有关劳动合同的约束，因而不适用对第三人造成损害责任的法律规定。

单元二　我国对地（水）面第三人损害的赔偿责任制度

背景知识

《中华人民共和国民用航空法》第 12 章"对地面第三人损害的赔偿责任"的制定参考了 1952 年《罗马公约》以及 1978 年《修改 1952 年 10 月 7 日订于罗马的关于外国

航空器对地（水）面上第三者造成损害的公约的议定书》（简称《蒙特利尔议定书》）的规定，共分两大部分内容：一部分是关于民用航空器经营人对地（水）面第三人损害的赔偿责任制度的规定；另一部分是关于对地（水）面第三人损害赔偿责任和保险问题的规定。

一、适用范围

（一）一般规定

《中华人民共和国民用航空法》第157条规定："因飞行中的民用航空器或者从飞行中的民用航空器上落下的人或者物，造成地面（包括水面，下同）上的人身伤亡或者财产损害的，受害人有权获得赔偿；但是，所受损害并非造成损害的事故的直接后果，或者所受损害仅是民用航空器依照国家有关的空中交通规则在空中通过造成的，受害人无权要求赔偿。前款所称飞行中，是指自民用航空器为实际起飞而使用动力时起至着陆冲程终了时止；就轻于空气的民用航空器而言，飞行中是指自其离开地面时起至其重新着地时止。"这是参考1952年《罗马公约》的规定制定的，基本上与该公约的规定相一致。

1."飞行中"的含义

《中华人民共和国民用航空法》中"飞行中"的概念和1952年《罗马公约》的规定一致，即"飞行中"是指民用航空器为实际起飞而使用动力时起至着陆冲程终了时止。民用航空器为从停机坪移往跑道而使用动力进行滑行的过程不是"飞行中"，民用航空器进入跑道后为实际从地面起飞而使用动力的时候才是飞行的开始。民用航空器在降落地面时，降落或着陆的惯性结束时即为着陆冲程终了；自着陆冲程终了时起使用动力从跑道向停机坪或廊桥滑行的过程也不是"飞行中"。对轻于空气的民用航空器来说，"飞行中"是指自其离开地面时起至其重新着地时止。轻于空气的民用航空器是指使用轻于空气的气体作为其动力的民用航空器，如热气球。

2.损害范围

《中华人民共和国民用航空法》第157条规定的损害范围有两个方面：一是人身伤亡；二是财产损害。除此以外的损害在目前都不应当属于"飞行中"的民用航空器或者从"飞行中"的民用航空器上落下的人或物造成地（水）面上的损害。造成损害的原因有两个：一是飞行中的民用航空器造成地（水）面上的人身伤亡或财产损害，如民用航空器在飞行时坠落造成地（水）面人身伤亡或者财产损害；二是从飞行中的民用航空器上落下的人或物造成地（水）面上第三人人身伤亡或者财产损害，如飞行中的民用航空器在空中投弃物品造成地（水）面人身伤亡或者财产损害。受害人对上述损害有权要求赔偿，对上述损害以外的精神损害无权要求赔偿。另外，对于没有处在"飞行中"状态的民用航空器所造成的地（水）面第三人的人身伤亡或者财产损害不在航空法中的对地（水）面第三人损害之列；飞行中的民用航空器或者从飞行中的民用航空器上落下的

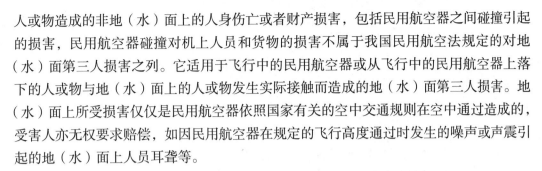

人或物造成的非地（水）面上的人身伤亡或者财产损害，包括民用航空器之间碰撞引起的损害，民用航空器碰撞对机上人员和货物的损害不属于我国民用航空法规定的对地（水）面第三人损害之列。它适用于飞行中的民用航空器或从飞行中的民用航空器上落下的人或物与地（水）面上的人或物发生实际接触而造成的地（水）面第三人损害。地（水）面上所受损害仅仅是民用航空器依照国家有关的空中交通规则在空中通过造成的，受害人亦无权要求赔偿，如因民用航空器在规定的飞行高度通过时发生的噪声或声震引起的地（水）面上人员耳聋等。

（二）不适用的几种情况

根据《中华人民共和国民用航空法》第 172 条的规定，对地面第三人损害的赔偿责任规定不适用于下列损害：（1）对飞行中的民用航空器或者对该航空器上的人或者物造成的损害；（2）为受害人同经营人或者同发生损害时对民用航空器有使用权的人订立的合同所约束，或者为适用两方之间的劳动合同的法律有关职工赔偿的规定所约束的损害；（3）核损害。

《中华人民共和国民用航空法》第 5 条规定："本法所称民用航空器，是指除用于执行军事、海关、警察飞行任务外的航空器"，故我国民航法中，对地（水）面第三人的损害也不适用于执行军事、海关、警察飞行任务的民用航空器造成的损害。

二、赔偿责任人

（一）一般规定

《中华人民共和国民用航空法》中对赔偿主体的规定和 1952 年《罗马公约》的规定基本相同。《中华人民共和国民用航空法》第 158 条规定："本法第一百五十七条规定的赔偿责任，由民用航空器的经营人承担。前款所称经营人，是指损害发生时使用民用航空器的人。民用航空器的使用权已经直接或者间接地授予他人，本人保留对该民用航空器的航行控制权的，本人仍被视为经营人。经营人的受雇人、代理人在受雇、代理过程中使用民用航空器，无论是否在其受雇、代理范围内行事，均视为经营人使用民用航空器。民用航空器登记的所有人应当被视为经营人，并承担经营人的责任；除非在判定其责任的诉讼中，所有人证明经营人是他人，并在法律程序许可的范围内采取适当措施使该人成为诉讼当事人之一。"赔偿主体是民用航空器的经营人、所有人。

（二）赔偿主体

经营民用航空器或者从民用航空器落下的人或物对地（水）面第三人的赔偿主体是民用航空器经营人，下列人员被界定为经营人。

（1）经营人是指损害发生时使用民用航空器的人，即损害发生时，对民用航空器有完全使用权的人。

（2）民用航空器的使用权已经直接或者间接地授予他人，本人保留对该民用航空器的航行控制权的，本人仍被视为经营人。

（3）经营人的受雇人、代理人在受雇、代理过程中使用民用航空器，无论是否在其受雇、代理范围内行事，均视为经营人使用民用航空器。经营人作为事主，其本人使用民用航空器或者由其受雇人、代理人在受雇、代理的过程中使用民用航空器，无论该受雇人、代理人是不是在其受雇、代理权限范围内行事，均视为经营人使用民用航空器。一旦受雇人、代理人在受雇、代理过程之中且超出受雇、代理权限范围行事，即构成非法使用，非法使用人也难逃其咎。

（4）在无法判定谁是经营人的情况下，推定民用航空器所有权登记证书上登记为所有人的人为经营人，并使其承担经营人的责任。但是，该所有人在判定其责任的诉讼中如果能够证明经营人是他人并在法律程序许可的范围内采取适当措施使该人成为诉讼当事人之一时，所有人即可摆脱被定为经营人的可能。被所有人证明为经营人并因所有人采取的措施而成为诉讼当事人的人将承担经营人的责任。例如，所有人证明自己已将民用航空器出租给某家航空企业，并要求法院将该航空企业追加为当事人之一，该航空企业即为经营人，并承担经营人的责任。对所有人来说，在事故发生后去证明他人是经营人往往是非常困难的。因此，所有人一般都采取事先在合同中明示经营人的办法使自己摆脱"经营人"的地位。然而，并不是在所有的情况下，所有人都能摆脱责任。按照规定，倘若经营人对民用航空器的使用未达完整权限状态，且这种情形持续时长满足法定要求，在此期间，一旦发生民用航空器对地（水）面第三人造成损害的情况，那么民用航空器的所有人就得与经营人一同承担连带责任。当然，法律规定期限是自经营人开始有权使用该民用航空器时起计算的。

（5）未经对民用航空器有航行控制权的人同意而使用民用航空器，对地（水）面第三人造成损害的，有航行控制权的人除证明本人已经适当注意防止此种使用外，应当与该非法使用人承担连带责任。

（6）两个以上的民用航空器在飞行中相撞或者相扰，造成《中华人民共和国民用航空法》第157条规定的应当赔偿的损害，或者两个以上的民用航空器共同造成此种损害的，各有关民用航空器均应当被认为已经造成此种损害，各有关民用航空器的经营人均应当承担责任。

三、责任原则和责任范围

（一）责任原则

1. 一般规定

《中华人民共和国民法典》第1238条规定："民用航空器造成他人损害的，民用航空器的经营者应当承担侵权责任；但是，能够证明损害是因受害人故意造成的，不承担责任。"第1240条规定："从事高空、高压、地下挖掘活动或者使用高速轨道运输工具造成他人损害的，经营者应当承担侵权责任；但是，能够证明损害是因受害人故意或者不可抗力造成的，不承担责任。被侵权人对损害的发生有重大过失的，可以减轻经营者的责任。"从现行相关法律条文的规范意旨及内在逻辑审视，当民用航空器处于飞行状态并致使他人遭受损害时，无论受损主体是地（水）面第三人还是其他情形下的权益受损者，依据侵权责任认定的一般性规则，民用航空器的作业人通常需要承担侵权责任。此责任承担机制具有显著的归责特性，即遵循无过错责任原则。其要义在于，即便作业人在操作民用航空器过程中主观层面不存在过错，只要损害结果客观发生，且与民用航空器飞行活动存有因果关系，作业人便要扛起侵权赔偿之责。唯有在能够确凿证实损害系由受害人故意所致的特殊情形下，作业人方可豁免侵权责任，此乃基于受害人对自身损害的主动引致、自甘风险行为逻辑所作出的合理免责设定，契合法律责任平衡与公平分配之理念。然而，细究《中华人民共和国民用航空法》第161条的内涵，可洞察其责任界定呈现出更为精细复杂的格局。在民用航空器对地（水）面第三人造成损害的情境中，受害人及其代理人的过错被纳入民用航空器经营人的免责考量范畴。这并非对无过错责任原则的根本性颠覆，而是基于航空运营实际状况、各方权益权衡以及过错与损害因果关系深度剖析后作出的规范调适。例如，倘若地（水）面第三人或其代理人因自身疏忽大意，违规闯入机场限制区域、漠视航空警示标识，致使民用航空器在正常起降、滑行等航空作业环节与之发生碰撞或引发其他损害后果，民用航空器经营人在能够举证证实受害人及其代理人存在过错情形下，可依法主张免责事由，从而避免过度苛责，达到航空运营效率、安全保障诉求与地（水）面第三人合法权益保护之间的精妙平衡，彰显法律规则对航空领域多元复杂利益关系的精准把控与妥适规范。

2. 免责事由

《中华人民共和国民用航空法》第160条规定："损害是武装冲突或者骚乱的直接后果，依照本章规定应当承担责任的人不承担责任。依照本章规定应当承担责任的人对民用航空器的使用权业经国家机关依法剥夺的，不承担责任。"第161条规定："依照本章规定应当承担责任的人证明损害是完全由于受害人或者其受雇人、代理人的过错造成的，免除其赔偿责任；应当承担责任的人证明损害是部分由于受害人或者其受雇人、代理人的过错造成的，相应减轻其赔偿责任。但是，损害是由于受害人的受雇人、代理人的过错造成时，受害人证明其受雇人、代理人的行为超出其所授权的范围的，不免除或者不减轻应当承担责任的人的赔偿责任。一人对另一人的死亡或者伤害提起诉讼，请求赔偿时，损害是该另一人或者其受雇人、代理人的过错造成的，适用前款规定。"这与1952年《罗马公约》中关于民用航空器经营人的免责事由的规定相同。

（二）责任范围

《中华人民共和国民用航空法》中没有规定责任限制的情况，而是根据民法的一般规定来确定赔偿的数额。我国对不免除责任的情况的规定体现在《中华人民共和国民用航空法》第164条中："除本章有明确规定外，经营人、所有人和本法第一百五十九条规定的应当承担责任的人，以及他们的受雇人、代理人，对于飞行中的民用航空器或者从飞行中的民用航空器上落下的人或者物造成的地面上的损害不承担责任，但是故意造成此种损害的人除外。"

四、保险或担保

（一）一般规定

《中华人民共和国民用航空法》第 150 条规定："从事通用航空活动的，应当投保地面第三人责任险。"第 166 条规定："民用航空器的经营人应当投保地面第三人责任险或者取得相应的责任担保。"第 175 条规定："外国民用航空器飞入中华人民共和国领空，其经营人应当提供有关证明书，证明其已经投保地面第三人责任险或者已经取得相应的责任担保；其经营人未提供有关证明书的，中华人民共和国国务院民用航空主管部门有权拒绝其飞入中华人民共和国领空。"

（二）保险人和担保人的抗辩权

《中华人民共和国民用航空法》第 167 条规定："保险人和担保人除享有与经营人相同的抗辩权，以及对伪造证件进行抗辩的权利外，对依照本章规定提出的赔偿请求只能进行下列抗辩：（一）损害发生在保险或者担保终止有效后；然而保险或者担保在飞行中期满的，该项保险或者担保在飞行计划中所载下一次降落前继续有效，但是不得超过二十四小时；（二）损害发生在保险或者担保所指定的地区范围外，除非飞行超出该范围是由于不可抗力、援助他人所必需，或者驾驶、航行或者领航上的差错造成的。前款关于保险或者担保继续有效的规定，只在对受害人有利时适用。"

上述延长有效期或扩大范围使保险或担保有效的规定，只有对受害人有利时才适用。也就是说，除非在上述情况下发生损害赔偿应使保险人或担保人承担责任外，不得解释为在任何情况下都可以延长有效期或者扩大保险或担保的地域范围。

《中华人民共和国民用航空法》第 168 条规定："仅在下列情形下，受害人可以直接对保险人或者担保人提起诉讼，但是不妨碍受害人根据有关保险合同或者担保合同的法律规定提起直接诉讼的权利：（一）根据本法第一百六十七条第（一）项、第（二）项规定，保险或者担保继续有效的；（二）经营人破产的。除本法第一百六十七条第一款规定的抗辩权，保险人或者担保人对受害人依照本章规定提起的直接诉讼不得以保险或者担保的无效或者追溯力终止为由进行抗辩。"

（三）受害人优先受偿

民用航空器经营人投保的地（水）面第三人责任险或取得责任担保，应当被专门指定优先支付对地（水）面第三人损害的责任赔偿；保险人应当支付给经营人的款项，在被造成损害的地（水）面第三人的赔偿请求未满足前，不受经营人的债权人的扣留和处理。

五、诉讼时效

《中华人民共和国民用航空法》第 171 条规定："地面第三人损害赔偿的诉讼时效期间为二年，自损害发生之日起计算；但是，在任何情况下，时效期间不得超过自损害发生之日起三年。"

六、对地（水）面第三人损害赔偿金的计算

《中华人民共和国民用航空法》对此没有具体规定，但第 189 条明确规定："民用航空器对地面第三人的损害赔偿，适用侵权行为地法律。民用航空器在公海上空对水面第三人的损害赔偿，适用受理案件的法院所在地法律。"

《中华人民共和国民法典》对地（水）面第三人造成损害应当按实际损失赔偿，没有限额规定。依据《中华人民共和国民法典》侵权责任编相关规定，在民用航空器对地（水）面第三人造成损害情形下，遵循全面赔偿原则，按实际损失予以赔付，并不设赔偿限额。第 1179 条规定："侵害他人造成人身损害的，应当赔偿医疗费、护理费、交通费、营养费、住院伙食补助费等为治疗和康复支出的合理费用，以及因误工减少的收入。造成残疾的，还应当赔偿辅助器具费和残疾赔偿金；造成死亡的，还应当赔偿丧葬费和死亡赔偿金。"故而，在民用航空器致地（水）面第三人损害赔偿事宜中，应立足个案实际损害状况，秉持公平、合理、合法之准则细致核算赔偿金额，综合考量人身、财产等多元受损维度，精准确定侵权人应担负的赔偿责任范围与具体数额。倘若当事人彼此间就赔偿金额无法达成合意、协商无果，那么可依法向有管辖权的人民法院提请诉讼，由法院依据查明的案件事实、结合民法典侵权责任编及相关法律规定、秉持公正司法理念，对赔偿争议事项作出权威裁决，以此切实保障受害人合法权益，平衡侵权人与受害人双方间的利益关系，彰显民法典侵权责任规范于航空侵权损害赔偿实践场景中的规范指引与权益保障效能。

单元三　国际公约中对地（水）面第三人损害赔偿的规定

> **背景知识**

在国际航空立法活动的早期，有一些国际法学者试图将有关民用航空运输活动的所有责任纳入到《华沙公约》中，也就是说，将合同责任和侵权责任都整合到一个公约中，然而，事与愿违，这种想法并未付诸到实践中。因此，随后的主流观点是制定一个规制侵权责任的国际公约，于是就有了 1933 年在罗马通过的《关于统一与外国航空器对地面第三方造成损害相关的某些规则的公约》（简称 1933 年《罗马公约》）。然而，这

个公约并未被国际社会所普遍接受。国际民航组织成立后，又重新启动了这一公约的立法进程。国际民航组织研究了 1933 年《罗马公约》的修改问题，会议准备了一份更为详细的公约草案。1952 年在罗马举行的国际会议上对这项草案进行了研究，通过了《关于外国航空器对地（水）面上第三者造成损害的公约》（简称 1952 年《罗马公约》）。1978 年国际民航组织在蒙特利尔会议上通过了旨在修订 1952 年《罗马公约》的议定书，也就是 1978 年《蒙特利尔议定书》。

一、1952 年《罗马公约》中的一般规定

1952 年《罗马公约》第 23 条规定："一、本公约适用于第一条所指在一缔约国领土内登记的航空器在另一缔约国领土内造成的损害。二、就本公约而言，在公海上的船舶或者航空器应被视为该船舶或者航空器登记国的领土的一部分。"从以上规定可以清楚地看出，1952 年《罗马公约》所适用的范围是在另一缔约国登记的飞行中的民用航空器在缔约国领土内对地（水）面第三人造成的损害。

（一）民用航空器必须是在缔约国登记，否则 1952 年《罗马公约》将不予适用

在当时情况下，民用航空器租赁业并不发达，民用航空器经营人的国籍国往往就是民用航空器的登记国，在二者重合的时候，不会产生法律适用上的难题。但是随着民用航空器包、租、换业务的不断发展，民用航空器的登记国和经营人的国籍国可能出现了相分离的状况，而 1952 年《罗马公约》第 2 条第 1 款规定："本公约第一条所指的损害赔偿责任由航空器的经营人承担。"这是公约的核心内容，如果民用航空器经营人的国籍国不是缔约国，在诸如责任担保和保险的规定、对法院判决的执行等方面，都会遇到诸多障碍。再如该民用航空器在 A 国登记，被 B 国经营人所租赁，从事 B 国到 C 国的航空运输，如果 A、B、C 三国都是 1952 年《罗马公约》的缔约国，这次运输如果在 C 国对地（水）面第三人造成损害，则适用 1952 年《罗马公约》；但如果民用航空器的登记国 A 国而不是 1952 年《罗马公约》缔约国，即便 B、C 国都是 1952 年《罗马公约》缔约国，也不适用 1952 年《罗马公约》。显然，单纯以民用航空器国籍，而忽视民用航空器经营人国籍不太合理。所以，1978 年《蒙特利尔议定书》对适用范围做出修改，适用范围包括在一缔约国领土上由在另一缔约国登记的航空器造成的损害，或者由不论在何处登记的但经营人的主营业所或无主营业所而其永久居所是在另一缔约国的航空器造成的损害。这样就解决了民用航空器在包、租、换业务中民用航空器经营人国籍国是 1952 年《罗马公约》缔约国，而民用航空器在非缔约国登记不适用 1952 年《罗马公约》的问题。1978 年《蒙特利尔议定书》之中的"经营人所属国"指登记国以外的、经营人在其领土上有主营业所或无主营业所而有永久居所的任何缔约国。这样，就摆脱了航空器的国籍对公约适用的限制。

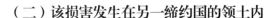

（二）该损害发生在另一缔约国的领土内

1. 损害

1952 年《罗马公约》第 1 条第 1 款规定："一、凡在地（水）面上遭受损害的人，只要证明该项损害是飞行中的航空器或从飞行中的航空器坠落下的人或物所造成的，即有权获得本公约规定的赔偿。但是，如所受的损害并非造成损害的事件的直接后果，或所受的损害只是航空器遵照现行的空中交通规则在空中通过的结果，则受害人无权要求赔偿。""如所受的损害并非造成损害的事件的直接后果，或所受的损害只是航空器遵照现行的空中交通规则在空中通过的结果，则受害人无权要求赔偿"排除了民用航空器因噪声或声震而造成的损害；"所受的损害并非造成损害的事件的直接后果"表明了所受损害是直接损害，而非间接损害。在制订公约过程中，这是一个争论十分激烈的问题，不少代表认为，将损害局限于与民用航空器直接接触所造成的损害，似乎不大公平。

2. 一国的领土

1952 年《罗马公约》第 30 条对一国的领土作出了规定："一国的本土以及根据第三十六条规定的在对外关系上由该国负责的一切领土。"但"任何国家在交存批准书或加入书时可以声明其对本公约的接受不适用于其在对外关系上负责的一部分或几部分领土。"另外，根据该公约第 23 条第 2 款的规定，"就本公约而言，在公海上的船舶或者航空器应被视为该船舶或者航空器登记国的领土的一部分"。

（三）民用航空器在"飞行中"对地（水）面第三人造成的损害

1952 年《罗马公约》第 1 条第 2 款规定，民用航空器"在飞行中"是指该"航空器自起飞使用动力时起，至降落终结时止"。对于轻于空气的民用航空器，"在飞行中"一词指"航空器离开地面时起至重新系留地面时止的期间"。这是国际航空法中第一次对"飞行中"下的定义，后来为《东京公约》所仿效。

二、1952 年《罗马公约》不适用的几种情况

（1）1952 年《罗马公约》第 24 条规定："本公约不适用于对飞行中的航空器或者对该航空器上的人或物造成的损害。"此条排除了民用航空器空中碰撞相互之间的损害赔偿，以及机上人员伤亡或者财产损害，这分别由华沙体制下的公约或相关国家国内法调整。

（2）1952 年《罗马公约》第 25 条规定："如果地（水）面上的损害责任由受害人与经营人或与发生损害时有权使用航空器的人之间的合同调整，或者由适用于上述人员之间签订的劳动合同关于职工赔偿的法律所调整，则本公约不适用。"

（3）1952 年《罗马公约》第 126 条规定："本公约不适用于供军事、海关或警察用的航空器所造成的损害。"1978 年《蒙特尔议定书》第 13 条将《罗马公约》第 26 条修改为"本公约不适用于供军事、海关和警察部门使用的航空器"。

（4）不适用于核损。此条为 1978 年《蒙特利尔议定书》第 14 条增加的新内容。

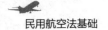

三、1952 年《罗马公约》中的责任原则和责任范围

（一）责任原则

1952 年《罗马公约》采取了完全责任原则，有人认为是完全责任原则，即只要该损害是由民用航空器所引起的，民用航空器经营人就有应予以赔偿的责任；有人认为是无过错责任制或称为客观责任制，即无论民用航空器经营人有无过错，只要发生了公约第 1 条上的损害，民用航空器经营人就应当承担责任；有人认为从 1952 年《罗马公约》的整体着眼，称为严格责任更好。在《关于航空器对第三方造成损害的赔偿的公约草案》中，经营人的责任原则发生了变化，引入了 1999 年《蒙特利尔公约》对旅客赔偿责任的归责原则，实行了双梯度责任制。1999 年《蒙特利尔公约》第 21 条在旅客死亡或者伤害的赔偿方面作出了如下规定："一、对于根据第十七条第一款所产生的每名旅客不超过 100 000 特别提款权的损害赔偿，承运人不得免除或者限制其责任。二、对于根据第十七条第一款所产生的损害赔偿每名旅客超过 100 000 特别提款权的部分，承运人证明有下列情形的，不应当承担责任：（一）损失不是由于承运人或者其受雇人、代理人的过失或者其他不当作为、不作为造成的；（二）损失完全是由第三人的过失或者其他不当作为、不作为造成的。"这种双梯度责任制的归责原则，既考虑了航空运输的高风险性和公共性，对旅客的基本权益给予了充分保障，又在一定程度上平衡了航空承运人的责任和风险，促使航空承运人更加注重飞行安全和服务质量，以避免因自身过错导致的高额赔偿。

1. 经营人

民用航空器对地（水）面第三人造成的损害，根据 1952 年《罗马公约》第 2 条第 1 款的规定应当由民用航空器的经营人承担责任。1952 年《罗马公约》采取或使用"经营人"的概念是因为这类责任不限于航空运输中发生的情况，使用"航空承运人"显然是不适当的。对于何谓民用航空器经营人，1952 年《罗马公约》第 2、3、4、7 条对民用航空器经营人的范围做出了界定并且对被视为经营人及承担责任的情况进行了说明。

（1）损害发生时使用航空器的人。但是，将航空器的使用权已直接或间接地授予他人却仍保留对该航空器的航行控制权的人，被视为是经营人。在判断民用航空器经营人上应当注意：当民用航空器的使用权直接或间接地授予他人时，被授予民用航空器使用权的人是民用航空器经营人。当民用航空器的使用权直接或间接地授予他人，而本人仍然保留对该民用航空器的航行控制权时，本人是经营人。

在航空活动中，判断谁具有航行控制权，就要看谁能够真正控制飞行活动。在航空实践中，一般来说，谁配备机组，谁就提供燃料、投保航空保险，并负责民用航空器发动机的正常运行。以租赁民用航空器为例，承租人自出租人租赁不带机组的民用航空器（即干租），自行配备机组时，承租人具有航行控制权；承租人自出租人租赁带机组的民用航空器（即湿租）时，出租人（一般是民用航空器所有人）具有航行控制权；但在跨国湿租民用航空器的情况下，谁具有航行控制权，以合同约定为准。另外，民用航空器

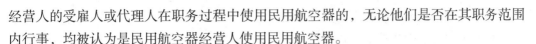

经营人的受雇人或代理人在职务过程中使用民用航空器的，无论他们是否在其职务范围内行事，均被认为是民用航空器经营人使用民用航空器。

（2）在航空器登记簿上登记的所有人应被推定为航空器的经营人，并承担经营人的责任，除非在为认定其责任而进行的诉讼程序中他证明另外一个人是经营人，并在法律程序许可的范围内采取适当措施使该另一人成为诉讼当事人。

（3）当损害发生时经营人如果对航空器没有自其开始有权使用时起十四天以上的专有使用权，则授予使用权的人须与该人负连带责任。

（4）如某人未经有权控制航空器航行的人的同意而使用航空器，有权控制航空器航行的人除非能证明他已适当注意防止这种使用，否则应与航空器的非法使用人一起对根据第一条规定应予赔偿的损害负连带责任，各受本公约规定的条件和责任限制的约束。

（5）当两架或两架以上航空器在飞行中相撞或相扰，并发生了第一条所指应予赔偿的损害，或者两架或两架以上航空器共同造成这种损害时，则每一架有关的航空器都应被认为造成了这种损害，而每一架航空器的经营人都应在本公约规定的条件及责任限制范围内承担责任。

2. 免责条款

1952 年《罗马公约》第 5 条规定："如果损害是武装冲突或民事骚乱的直接后果，或者被公共权力机关的行为剥夺了使用航空器的权利，则按照本公约规定应负责任的人将对该项损害不承担赔偿义务。"

1952 年《罗马公约》第 6 条规定："一、按照本公约规定应负责的人如能证明损害完全是由于受害人或其受雇人的过失造成的，则不承担责任。如应负责任的人能证明损害部分是由于受害人或其受雇人的过失造成的，则其负担的赔偿应按该项过失造成的损害程度予以减少。但是，如损害是由于受害人的受雇人的过失造成的，而受害人证明其受雇人的行为超出了他所授权的范围，则不能免除或减轻上述赔偿责任。二、如某人为他人死亡或遭受伤害提起损害赔偿诉讼时，该人或其受雇人的过失亦具有前款规定的后果。"

（二）责任范围

由于航空事故所造成的损害巨大，民用航空器经营人在一般情况下就是航空承运人，有时他们不仅要赔偿旅客或者托运人的损害，而且还要赔偿地（水）面第三人的损害，其赔偿数额巨大，若不限制民用航空器经营人的责任，有时他们是难以承受的。即使限制了民用航空器经营人的责任，如果发生巨大航空事故，单纯依靠民用航空器经营人的力量进行赔偿，对于他们而言是十分困难的。1952 年《罗马公约》的制定者似乎也看到了这一点，公约除了专门规定了"责任的担保"制度，还坚持了责任限制原则。1978 年《蒙特利尔议定书》在此基础上提高限额，本质上是在责任限制框架内的调整，并非摒弃责任限制原则，而是根据经济发展、通货膨胀等因素对具体限额进行的合理修订，以更好地平衡航空经营人与受害人之间的利益关系。

1. 两个以上赔偿主体的赔偿限额

1952 年《罗马公约》第 13 条规定："一、当按照第三条或第四条的规定，由两个或两个以上的人对损害负责，或者按照第二条第三款的规定，在航空器登记簿上登记的所有人虽非经营人而被视为经营人对损害负责时，受害人能主张的赔偿总额不得超过按照本公约的规定由任何一个应负责任的人给付的最高赔偿额。"

在 1952 年《罗马公约》的框架下，针对两个以上赔偿主体的赔偿限额规定体系呈现多维度化。从单一民用航空器肇事的情形来看，依据公约条文，承担责任的相关人员针对符合规定需赔偿的损害所支付的赔偿款额，在每一架民用航空器及每一起事件的维度上，均被限定于特定的额度范围之内。第十一条规定："一、除第十二条另有规定外，根据本公约规定承担责任的全体人员对按照第一条规定应予以赔偿的损害所给付的赔偿金额，以每一航空器和每一事件计，不得超过：（一）航空器重量为 1 000 公斤或以下时 500 000 法郎；（二）航空器重量超过 1 000 公斤但不超过 6 000 公斤时，除 500 000 法郎外，其超过 1 000 公斤的每一公斤另加 400 法郎；（三）航空器重量超过 6 000 公斤但不超过 20 000 公斤时，除 2 500 000 法郎外，其超过 6 000 公斤的每一公斤另加 250 法郎；（四）航空器重量超过 20 000 公斤但不超过 50 000 公斤时，除 6 000 000 法郎外，其超过 20 000 公斤的每一公斤另加 150 法郎；（五）航空器重量超过 50 000 公斤时，除 10 500 000 法郎外，其超过 50 000 公斤的每一公斤另加 100 法郎。二、关于人身死亡或伤害的责任，对每一死者或伤者不得超过 500 000 法郎。三、"重量"指航空器适航证上认可的航空器最大起飞重量，如用充气气体助升，则不包括助升气体的作用。四、本条所述金额的法郎，系指含有千分之九百成色的六十五点五毫克黄金的货币单位。此法郎数额可以折合为各国货币，取其整数。在以此项法郎数额折合为非金本位国家的货币时，如进行法律诉讼，应按判决之日的黄金价格折合，或者在第十四条所列的情况下，应按赔偿金分配之日黄金价格折合。"这种以民用航空器重量为基准的划分方式，旨在综合考量不同规模民用航空器可能造成的损害程度与风险水平，从而确定相对合理的赔偿上限，以平衡受害人权益保障与民用航空器运营人的责任承担。

当两架或两架以上民用航空器在飞行中相撞或者相扰时，给受害人造成损害的，受害人可以获得对有关的每一架民用航空器适用的赔偿限额的总数，但每一个民用航空器经营人负责赔偿的数额除按照公约规定无限制外，应不超过适用于他的民用航空器的限额。如果确定的各项赔偿总数超过了公约规定适用的责任限额，第 14 条规定了下列适用的规则："（一）如果赔偿仅涉及人身死亡或伤害，或者仅涉及财产损失，则按照各项赔偿金额的比例予以减少。（二）如果赔偿既涉及人身死亡或伤害，又涉及财产损失时，则应以用来分摊的金额的总数的一半优先满足人身死亡或伤害的赔偿；若不足清偿，则按照各项赔偿金额的比例分摊。用来分摊的金额余数，按照各项财产损害的赔偿金额以及人身死亡或伤害赔偿金未清偿了结的部分的比例分摊。"1978 年《蒙特利尔议定书》将 1952 年《罗马公约》第 14 条适用的规则进行了一定的修改："（一）如果赔偿仅涉及人身死亡或伤害，或者仅涉及财产损失，则按照各项赔偿金额的比例予以减少。（二）如果赔偿既涉及人身死亡或伤害，又涉及财产损失时，则应以用来分摊的金额的总数优先赔偿人身死亡或伤害，并按比例给付赔偿金。如果用来分摊的金额留有余额，则将余额按比例分摊赔偿物质损失。"

《关于航空器对第三方造成损害的赔偿的公约草案》中增加了先行付款的条款，引入了与1999年《蒙特利尔公约》第28条相似的一条以保证当出现涉及人身伤亡或未保险的不动产受到损失时，民用航空器经营人应当在其国内法有此种规定时，向索赔人先行赔偿。

2. 不限责任情况

1952年《罗马公约》第12条规定下列两种情况应当承担无限制的责任。

第一，如果受害人证明损害是由于经营人或其受雇人故意造成损害的作为或不作为所造成，则经营人的责任将无限制；如果是受雇人有上述作为或不作为，还须证明是在执行职务的过程中并在其职权范围内的行为。就民用航空器经营人或其受雇人故意行为而言，当受害人能够确凿地证实损害乃是源于民用航空器经营人或其受雇人蓄意为之的作为或不作为所引发时，民用航空器经营人所承担的责任将突破公约原本所设定的责任限制而成为无限责任。在此种情境下，对于受雇人所实施的行为，还需进一步精准判定其是否处于执行职务过程之中以及是否在其既定的职权范围之内。这一规定的内在逻辑在于，故意的侵权行为在法律的价值评判体系中具有更为严重的可责难性。民用航空器经营人作为民用航空器运营的核心主体，对其自身以及受雇人的行为具有管理、监督与规范的职责与义务。一旦出现故意的侵权作为或不作为，表明其在运营管理环节出现了重大的过错与纰漏，理应承担更为严苛的责任后果。例如，若民用航空器经营人或其受雇人明知民用航空器存在特定故障可能对地（水）面第三人造成严重损害，却故意隐瞒并继续执行飞行任务，最终导致损害发生，那么民用航空器经营人便需要承担无限责任。这有助于从根本上强化民用航空器经营人对自身及雇员行为的约束与管控，提高航空运营活动的安全性与规范性，给予地（水）面第三人更为充分且有力的权益保障。

第二，未经有使用权的人的同意而非法取得并使用航空器的人，应负的责任将无限制。《关于航空器对第三方造成损害的赔偿的公约草案》第10条规定，如果运营人证明损害是由索赔人或索赔人从其取得权利的人的故意或者明知可能造成损失而轻率地作为或者不作为造成或促成的，则应当在此种作为和不作为造成或促成损害的范围内，免除运营人对该索赔人的全部或部分责任。对于未经同意非法使用民用航空器之人，其应承担的责任被明确界定为无限制。这种规定旨在严厉打击非法获取并使用民用航空器的行为，此类行为不仅严重侵犯了民用航空器所有人或合法民用航空器经营人的权益，更对地（水）面第三人的生命财产安全构成了极大的、难以预测的威胁。由于非法使用者的行为具有高度的违法性与不可控性，其行为动机、操作能力以及可能造成的损害后果均处于法律规范与航空运营管理机制的正常预期之外，因此，使其承担无限责任能够最大程度地弥补受害人所遭受的损失，同时也对潜在的非法使用民用航空器行为形成强大的威慑力，防止此类危及公共安全的行为在航空领域发生，维护整个航空运输体系以及地面社会环境的安全稳定秩序。

四、1952年《罗马公约》中责任的保险和担保

1952年《罗马公约》第15条规定，任何缔约国可以要求在另一缔约国登记的航空器经营人，对于他可能在该缔约国领土内造成按照第一条规定应予赔偿的损害责任，根据第十一条规定的适用限额进行保险。在实践中，各国一般都要求外国民用航空器具有这种保险或提供其他方式的担保，否则不准许在其本国领土内飞行。

1952年《罗马公约》从第15条至第18条对责任的保险和担保问题制定了相应的规则。

（一）保险

1952年《罗马公约》第15条规定："一、任何缔约国可以要求在另一缔约国登记的航空器的经营人，对于他可能在该缔约国领土内造成按照第一条规定应予赔偿的损害责任，根据第十一条规定的适用限额进行保险。二、（一）按照本公约规定的条件，向根据航空器登记国或者保险人住所地国或者其主营业所所在地国的法律被许可办理此项保险业务并由上述国家之一审核了清偿能力的保险人投保时，此项保险应被视为是充分的。（二）如任何国家根据本条第一款规定要求保险，而依照在该国所作的终审判决给付的赔偿金未能按照所提出的要求以该国货币偿付时，则任何缔约国在该项赔款偿付以前，可以拒绝承认该保险人有清偿能力。三、尽管有上述第二款的规定，对未经一缔约国许可办理此项保险业务的保险人所作的保险，航空器飞越国可以拒绝视为是充分的。四、如果符合第十七条的规定，下列任何一种担保代替保险被视为是充分的：（一）在航空器登记的缔约国的保管机构内或在经该国准许充当保管机构的银行内缴存现金；（二）由航空器登记的缔约国认可并审核了清偿能力的银行提供担保；（三）由航空器登记的缔约国提供担保，但该缔约国须承允对有关该项担保的诉讼将不援引司法豁免权。五、除本条第六款另有规定外，航空器飞越国还可以要求航空器备有保险人出具的证明书，证明已按照本公约规定签订了保险，并列明被该项保险所担保责任的被保险人，以及附有航空器登记国或者保险人住所地国或其主营业所所在地国适当机关所发的证明书或所作的签注，证明保险人具有清偿能力。如系按本条第四款规定提供其他担保，则航空器须具备由航空器登记国适当机关签发的关于该项担保的证明书。六、如本条第五款所指证明书的一份经认证的副本已送存航空器飞越国指定的适当机关，或者如经国际民用航空组织同意，已送存该组织，并由该组织复制副本分送各缔约国，则此项证明书无须在航空器内放置。"

（二）担保

1952年《罗马公约》第17条规定："一、如果按照第十五条第四款的规定提供担保，此项担保应专门用于并优先支付本公约规定的赔偿金。二、担保在下列情况被视为

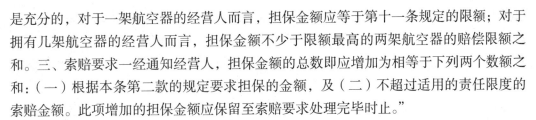

是充分的，对于一架航空器的经营人而言，担保金额应等于第十一条规定的限额；对于拥有几架航空器的经营人而言，担保金额不少于限额最高的两架航空器的赔偿限额之和。三、索赔要求一经通知经营人，担保金额的总数即应增加为相等于下列两个数额之和：（一）根据本条第二款的规定要求担保的金额，及（二）不超过适用的责任限度的索赔金额。此项增加的担保金额应保留至索赔要求处理完毕时止。"

1. 担保的方式

1952 年《罗马公约》第 15 条中有关于担保方式的规定，在航空器登记的缔约国的保管机构内或在经该国准许充当保管机构的银行内缴存现金；由航空器登记的缔约国认可并审核了清偿能力的银行提供担保；由航空器登记的缔约国提供担保，但该缔约国须承允对有关该项担保的诉讼将不援引司法豁免权。

如系规定提供其他担保，则航空器须具备由航空器登记国适当机关签发的关于该项担保的证明书。如证明书的一份经认证的副本已送存航空器飞越国指定的适当机关或者如经国际民用航空组织同意，已送存该组织，并由该组织复制副本分送各缔约国，则此项证明书无须在航空器内放置。

2. 补充证据

1952 年《罗马公约》第 15 条中有关于担保方式的规定，如航空器飞越国有合理根据对保险人或者对按本条第四款的规定提供担保的银行的清偿能力有所怀疑，该国可以要求提供关于清偿能力的补充证据。如果对这些证据是否充分发生争议，涉及有关各国的争端应经其中一国的请求送交仲裁庭。此仲裁庭或是国际民用航空组织理事会，或是经各方同意组成的仲裁庭。在此仲裁庭作出裁决以前，保险或担保将被航空器飞越国认为暂时有效。

1978 年《蒙特利尔议定书》将以上的规定进行了简化，简化后为两个方面。任何缔约国可以要求航空器的经营人，对于他可能在该缔约国领土内造成应予赔偿的损害责任，根据公约规定的适用限额，通过一项保险或一项其他担保予以保证。如飞经国要求，经营人应提供上述担保的证据。如果航空器飞经的缔约国认为保险人或提供担保的其他人在财务上无能力清偿本公约规定的债务，该国可以随时要求航空器登记国、经营人所属国或提供担保的任何其他缔约国进行磋商。

（三）保险人、担保人的权利

1952 年《罗马公约》第 16 条规定了保险人、担保人的抗辩权、追索权、符合法定条件的免诉权。

1. 抗辩权

按照规定对经营人的责任提供担保的保险人或任何其他人，对抗根据本公约提出的赔偿要求，除可以援用经营人的抗辩理由和以伪造文件为抗辩理由外，仅能援引下列抗辩理由：损害发生在担保有效期终止以后。但是，如果担保有效期在飞行中届满，则该项担保的有效期应延长至飞行计划列明的下一次降落，但以不超过 24 小时为限；如果担保由于有效期届满或更换经营人以外的原因而终止有效，则在保险人或担保人将该项担保终止有效通知出具证书的国家适当机关后的 15 天内，或者在 15 天期限内撤回按照要求提供保险人的证明书或担保证明书，则至该证明书被实际撤回时止，该项担保继续有效。当保险或其他担保因有效期届满以外的原因终止有效时，依照规定出具或签注证明书的国家，应尽速将此情况通知各有关缔约国。如按照要求提供了保险或其他担保的证明书，而在担保的有效期内更换经营人，则该项担保将适用于负 1952 年《罗马公约》规定责任的新经营人，除非新经营人的责任已有另外的担保，或者新经营人为航空器的非法使用人。但是，该担保适用于新经营人的期限将不超过自保险人或担保人将该担保的失效通知出具证明书的国家适当机关后的 15 天，或者在 15 天期限内撤回按照要求提供保险人的证明书，则至该证明书被实际撤回。关于延长担保有效期的规定，仅在对受害人有利时适用。损害发生在担保规定的地区范围以外，除非飞越此种范围是由于不可抗力、必须援助他人，或者领航、驾驶或导航上的错误而造成的。

2. 追索权

上述规定不妨碍保险人或担保人行使向他人追偿的权利。

3. 符合法定条件的免诉权

仅在下列情况下，受害人可以对保险人或担保人提起直接诉讼，但这并不妨碍受害人根据有关保险合同或担保合同适用的法律进行直接诉讼的权利：按规定延长担保有效期时；当经营人被宣告破产时。在受害人适用本公约提起直接诉讼的情况下，除规定的抗辩理由外，对经营人责任提供担保的保险人或任何其他人不得援用任何担保无效的理由进行抗辩，也不得援引追溯撤销担保的权利。

五、1952 年《罗马公约》中的程序规则和诉讼期限

（一）管辖法院

1952 年《罗马公约》第 20 条规定："根据本公约的规定进行诉讼，只能向损害发生地的缔约国的法院提起。"这就是单一管辖原则，是指只能向损害发生地的缔约国的法院提起诉讼。

（二）索赔期限和诉讼时效

1952 年《罗马公约》第 19 条规定："如果受害人未对经营人提起索赔诉讼，或者未在造成损害的事件发生之日起六个月内将索赔通知书送交经营人，则索赔人只能在上述期限内提出的全部索赔要求得到充分清偿之后，从经营人留存待分摊的赔偿金余额中获得赔偿。"

1952 年《罗马公约》第 21 条规定："一、本公约规定的诉讼时效为两年，从造成损害的事件发生之日起算。二、本条第一款规定的时效的中止或中断的理由，由受理案件的法院的法律确定；但在任何情况下，在造成损害的事件发生之日起算的三年届满时，提起诉讼的权利即行丧失。"

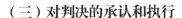

（三）对判决的承认和执行

对于本国法院的判决，此处不论述对判决的承认和执行问题。这里所说的是对外国法院判决的承认和执行问题。1952年《罗马公约》第20条规定的一般原则是，当按照本公约规定具有管辖权的法院作出了终审判决，包括缺席判决，并按照该法院法律规定的程序规则可以申请执行时，在缔约国或者在属于该缔约国一部分的领土、州或省申请执行并按照该缔约国或者其领土、州或省的法律履行了规定的手续之后，该项判决在下列缔约国具有执行力：判定债务人的住所或者其主营业所所在地的缔约国；或者当在前项所指的国家或在作出判决的国家内，该债务人存有的财产不足清偿时，该债务人存有财产的任何其他缔约国。

六、1952年《罗马公约》中的执行条件限制、诉讼费用的执行规定、赔偿金计息规定

从执行条件限制的角度来看，在受害人依据1952年《罗马公约》第19条所规定的特定时限于损害发生地国启动各项相关诉讼的情境下，倘若这些诉讼尚未全部达成终审判决，且被告能够有力地证实这些潜在判决可能判定的赔偿金总额将会超出本公约所规定适用的责任限额时，被申请执行判决的法院便依法拥有拒绝执行该项判决的权利。这一规定的核心目的在于维护公约所设定的责任限额体系的权威性与稳定性，防止因个别地区法院可能出现的超限额判决而破坏整个国际航空损害赔偿责任框架的平衡与协调。例如，若某一损害事件在多个法域引发系列诉讼，其中部分未决诉讼依据当地法律可能判定的赔偿额远超公约限额，被申请执行法院可基于此规定审慎考量是否执行，以确保责任承担在公约框架内的一致性。同样地，当受害人在规定时限内于损害发生地国提起诉讼并获得判决，然而判决的赔偿金总额超出了适用的责任限额时，被申请执行的法院亦不会轻易发布执行令。直至这些判决的赔偿金额依照第14条的规定完成相应减少的程序后，才会进入执行程序的后续考量阶段。这一机制进一步强化了公约限额对于赔偿金额判定的约束性，保障了运营人在可预见的责任范围内参与国际航空活动，避免因不同法域司法裁判差异而遭受不合理的高额赔偿负担，促进国际航空运输业务的有序开展。

此外，关于诉讼费用的执行规定，当满足上述判决具有执行力的前提条件时，被判处的诉讼费用原则上亦具备执行力。然而，被申请执行的法院在特定情形下可依据判定债务人的合理请求，对诉讼费用的执行额度予以限制。具体而言，该项诉讼费用通常被限定不得超过所执行的判决的赔偿金额的10%，并且需要明确的是，本公约所规定的责任限额范畴并不涵盖此项诉讼费用。这一规定在一定程度上兼顾了债权人和债务人双方的利益平衡，既认可了诉讼费用作为合法债权的一部分应在合理范围内得以执行，又防止了因过高的诉讼费用执行而对债务人造成过度的经济压力，确保责任限额制度的核心功能不受影响，同时也体现了在跨国航空损害赔偿司法实践中对于费用负担合理性的考量。

对于根据判决支付的赔偿金计息问题，本公约明确规定可按照不超过 4% 的年利率计息，计息的起始时间自已签发执行令的判决之日起算。这一计息规定在一定程度上保障了受害人在获得赔偿金过程中的资金时间价值，使其能够在合理范围内弥补因赔偿延迟所遭受的经济损失，同时也为赔偿金额的最终确定提供了明确的计算依据，避免因利息计算的不确定性而引发的争议与纠纷，增强了判决执行过程中的可操作性与确定性。

在申请执行期限方面，按照相关规定，执行判决的申请必须在这些判决终审之日起算的 5 年内提出。这一期限的设定旨在促使当事人及时行使其执行判决的权利，避免因过长时间的拖延而导致证据灭失、当事人情况变更等诸多不利因素对执行程序的影响，确保判决的执行能够在合理的时间范围内高效推进，维护司法裁判的权威性与终局性。

案例阅读
2022 年 5 月 12 日西藏
航空 A319/B-6425 号
机重庆机场起飞偏出
跑道事故调查报告

🔍 知识巩固

1. 简述对地（水）面第三人侵权责任的构成要件。

2. 如何确定地（水）面第三人损害的责任主体？

3. 1952 年《罗马公约》责任原则和责任范围包括哪些内容？有哪些限制？

模块十一 民用航空保险法律制度

知识目标

（1）理解民用航空保险的概念、特点和险种

（2）掌握民用航空保险赔偿和纠纷解决的相关规定

（3）理解民用航空保险的理赔程序和争议解决方式

能力目标

（1）能够分析并解决民用航空保险理赔过程中可能出现的问题和纠纷

（2）能够运用相关法律知识，评估民用航空保险案例并提出解决方案

素质目标

（1）培养责任感和规则意识，了解保险合同履约和纠纷解决的重要性

（2）培养综合分析和解决问题的能力，提升处理复杂情况的能力

学习领航

增强风险防范和安全意识，深入了解保险在航空领域中的重要作用，提高对航空安全和保险责任的认识，强调保护航空旅客和货物利益的重要性，在处理保险事务时遵守法律规定，在保护旅客合法权益的同时依法维护个人权益，共同建设社会主义法治文化。

单元一　民用航空保险概述

一、民用航空保险的历史

航空保险是世界现代保险业发展的重要体现，是当今保险领域的一个重要险种，它随着民用航空器的发明和航空产业的发展而兴起。

1903 年 12 月 17 日，美国的加利福尼亚州北部，威尔伯·莱特和奥维尔·莱特这一对孪生兄弟，在经历过无数次的失败后，试飞新建造的飞机"飞行者一号"。莱特兄弟发明飞机，首次实现了人类的飞行梦，而由此产生的危险，奠定了民用航空保险业的发展基础，也使民用航空保险有了存在的必要性。莱特兄弟试飞成功以后，激发了众多飞行爱好者的兴趣和试飞勇气。

随着航空产业的发展，飞行事故也开始出现，消除飞行事故风险的需求逐渐增多，航空保险应运而生。这也掀开了世界保险史上新的篇章。

航空保险的产生最早可以追溯到 1911 年劳合社签署了第一张标准规格的航空保险单。1912 年 7 月，英国索尔斯堡平原举行了一场飞行比赛，劳合社决定为所有参赛飞机承保。但是由于天气原因，很多飞机坠机，劳合社损失巨大，因此劳合社所有保险人都想彻底放弃民用航空保险这一新的险种，这也间接导致出现了民用航空保险市场难以打开的局面。

第一次世界大战结束后，许多军用航空器转为民用，民用航空保险问题走进了人们的视野。航空器驾驶员对保险的需求日益增加，主要是因为大部分人缺乏资金且飞行收益也不固定。不过，许多退役的驾驶员开始转向从事航空保险承保人和经纪人的工作，逐渐使民用航空保险业务发展成为一种独立的、专门的保险业务。1919 年英国成立了两家专业航空保险公司，一家是航空通用保险公司，另一家是鹰星保险公司。此后不久，英国伦敦劳合社的承保人、一些保险从业者、相关机构组织联合成立了"白十字民用航空保险协会"，这是一家承办民用航空保险业务的专门机构。

1929 年《华沙公约》规定了航空承运人的责任限额，极大地促进了保险市场承保民用航空保险业务的积极性。1933 年，英国民用航空保险有限公司成立，它是英国劳合社外围公司中最大的两家专门承接民用航空保险业务的公司之一。1934 年 6 月，国际民用航空保险承保人联合会成立，它代表和保护民用航空保险承保人的利益。1933 年，通用民用航空保险公司诞生，它是专门从事通用民用航空保险业务的专业公司。然而，民用航空保险业真正的发展时期是从 20 世纪 40 年代末开始的。

第二次世界大战期间，航空知识的发展推动了民用航空保险业的发展。战后，大批军用航空器改装成民用航空器，很多退役军人去了英国的劳合社和其他保险公司就职，因此保险公司拥有了一批懂得航空技术的人才。随着民用航空器载重量的增大、民用航空器价格的提高、空中运输需求量的增加，由此产生的风险更加集中，因而对民用航空

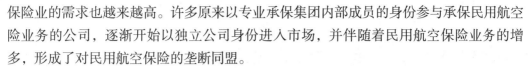

保险业的需求也越来越高。许多原来以专业承保集团内部成员的身份参与承保民用航空险业务的公司，逐渐开始以独立公司身份进入市场，并伴随着民用航空保险业务的增多，形成了对民用航空保险的垄断同盟。

与较为悠久和兴旺发达的世界民用航空保险业相比，中国民用航空涉足航空保险的时间较晚。1974年9月14日，经中华人民共和国国务院批准，我国从事国际航线飞行的民用航空器（包括班机和包机）均需办理保险。中国人民保险公司开办了飞机保险业务，9月29日，中国民航出具了中国第一张飞机险保险单，承保了4架三叉戟飞机，当时投保的险种有飞机机身一切险、战争险和法定责任险。随着民用航空运输业务的发展、民用航空器的不断引入，投保的民用航空器逐渐增多，险种也不断增多。目前，中国民航的民用航空器不论是购入的还是租入的，都要投保。

民用航空保险对促进我国民用航空器的发展起到了积极的保障作用，是发生事故后航空运输企业的经济利益得到补偿的唯一手段，对保证航空企业经营的稳定有重要作用。

二、民用航空保险的概念

民用航空保险是指以民用航空活动中涉及的财产及相关经济利益为保险标的的各种保险的统称。

自然灾害和意外事故总是会给人类造成财产损失或者意想不到的人身伤亡。民用航空在运营过程中也会遇到不同类型的风险，比如机械失灵、塔台指挥失误导致民用航空器相撞、操作不当导致民用航空器失事、旅客在飞行途中受伤或身亡、民用航空器坠毁时造成地（水）面第三人人身伤亡或者财产损害等。保险是一种经济制度，其设立目的是确保经济生活的安定、弥补由自然灾害或意外事故造成的经济损失，类似于为社会救济建立的共同基金，属于集体救济制度。民用航空保险制度就是对由各种飞行风险造成的民用航空器损坏、旅客人身伤亡或者财产损害进行救济的制度。民用航空保险也是对各种飞行风险造成的民用航空器、旅客损害的一种补偿。民用航空保险是航空运输中不可或缺的一部分。

一般概念中的航空保险就是飞机保险。然而飞机保险仅只是航空保险的主要险种之一。航空保险实际上是一种综合性保险，既包括财产保险，如以飞机及设备为保险标的的飞机及零部件保险，也包括责任保险，如航空承运人对旅客及第三人的法定责任保险，还包括人身意外伤害保险，如航空旅客人身意外伤害险等。除此之外，目前市场上常见的民用航空保险险种还有机场责任险、航空产品责任保险等。因此，民用航空保险不同于其他险种，涉及面广，是一种综合性的保险。

三、民用航空保险的特点

（一）高价值、高风险、高技术

高价值是指保险标的的保额比常规险种高。由于民用航空器本身就具有高价值、技术要求严格、速度快和风险大等特点，因此航空保险也具有赔付额度高、风险集中、专业性和技术性较强的特点。随着航空技术的发展，民用航空保险所涉及的保险金额不断增长。航空器发生事故，不仅航空器本身会产生巨额损失，而且可能会造成旅客人身伤亡或者财产损害、第三人人身伤亡或者财产损害，这些赔偿多则数亿美元。

高风险是指一旦出现事故，就可能发生高额赔付。航空保险之所以有高风险，既是因为其具有高价值，也是因为保险标的出险时全损的概率很高。例如，一架准备着陆的航空器突然遇到雷雨或侧风，假设驾驶员操作不慎，机毁人亡的惨剧就有极大可能发生，这时保险人所面临的索赔金额是巨大的。

高技术是指航空活动在技术上非常复杂，要求承保人、勘察人员、定损人员具有相关的专业知识。航空活动具有流动性和全球性，民用航空保险的赔偿处理，要依据体系复杂的民用航空法规，这也体现了民用航空保险承保、理赔的技术含量很高。

（二）再保险和共同保险必不可少

再保险是指保险人以其承担的保险责任的一部分或全部为保险标的，向其他保险人转保的保险。再保险是保险人的保险，也称分保。航空保险"三高"的特点决定了一家保险公司很难独自承担风险。为了经营的稳定性，保险人必然需要依靠稳妥的再保险体系或共保体系，当发生再保险合同约定的事故时，可以从再保险人那里摊回赔款。保险公司在承保了民用航空保险以后，均通过分保将巨额风险分散到国际市场或分摊到几家保险公司，巨额赔付也分摊到各年中去，这样分保费低，而且容易获得，还能使直接保险费下降，受害人的利益还能得到多重的保障，赔付时分保商或再保险公司通常承担赔付的主要费用。

1995 年《中华人民共和国保险法》第 101 条规定，除人寿保险业务外，保险公司应当将其承保的每笔保险业务的百分之二十按照国家有关规定办理再保险。但随着保险市场的发展和相关规定的调整，法定分保的规定已被逐步取消，比如属于巨额险种的民用航空保险，国内保险公司在根据自身资本金状况确定自留成分后，除要向中国再保险公司分保外，还要将剩余风险广泛分散到国内外商业再保险市场。发生保险损失后，大部分赔款也将从再保险市场摊回。

共同保险简称共保，是指由两个或两个以上保险人对被保险人共同承担保险责任的保险。我国的航空意外险就是由多家保险公司集体共保的一种保险。航空意外事故一旦发生，理赔数额巨大。较之于其他交通工具发生的意外事故而言，航空器一旦发生事故，往往会造成机毁人亡的惨剧。因此，保险公司为避免自身可能承担巨额赔偿责任，并切实保障被保险人的保险利益，往往对航空意外险实行共同保险。

（三）具有国际性

1. 险种具有国际性

航空运输的国际性决定了航空保险的国际性。民用航空保险的险种也是国际社会共同认可并为各国普遍采用的，有利于保护各国受害人的权益。

2. 承保条件具有国际性

民用航空保险涉及各国航空公司和旅客的普遍利益，承保条件国际统一，能够更好地体现公平和平等原则，能够减少国际纠纷。中国民航机队的保险是由中国人民保险公司承保的，为了有效地分散风险，中国人民保险公司在接受中国民航机队的保险后，采取分保的方式，自留一定限额的风险后，通过经纪人在英国的劳合社保险市场进行分保。劳合社承保人有强大的实力，中国民航机队的保险条件实际上是由劳合社首席承保人确定的。

（四）自愿保险与强制保险相结合，以强制保险为主

自愿保险，又称任意保险，是在保险双方当事人自愿的基础上，通过签订保险合同建立保险法律关系的一种保险。自愿保险的保险关系，是双方当事人达成合意后建立的合同关系。投保人可以自行决定是否投保、中途退保等，可以自由选择保障范围、保障程度和保险期限等。保险人对不符合保险条例的投保条件享有拒绝承保的权利；可以根据情况自愿决定是否承保、怎样承保，并且能够自由选择保险标的、设定保险条件等。航空旅客人身意外伤害险、航空货物运输法定责任险等保险均属于自愿保险。通过自愿保险，航空活动的当事人在损害发生后能够及时获得更为全面和充分的经济补偿。

强制保险，又称法定保险，是根据国家有关法律、行政法规强制实施的保险，具有全面性。凡是在法律规定范围内的单位或个人，不论当事人愿意与否，都必须参加的保险。由于民用航空保险能在一定程度上弥补航空事故造成的人身伤亡或者财产损害，因此世界各国普遍对民用航空保险作了强制性的要求。由于强制保险在某种意义上表现为国家对个人意愿的干预，因此强制保险的范围是受严格限制的。强制保险一般用于高风险行业和领域，有利于更好地发挥保险的经济补偿和社会管理功能。在航空保险中，航空器机身险等保险都属于强制保险。

（五）在理赔中由原保险人与再保险人共同处理赔付

由于航空保险投保金额十分庞大，因此一笔巨额的民用航空保险业务，通常需要由多个国家的多家保险公司来承担。一旦发生事故，需要由直接承保业务的原保险人和接受分保的再保险人来共同处理保险赔付。

四、民用航空保险的种类

（一）航空器机身险

1. 保险标的与范围

航空器机身险是主要针对航空器机身、发动机及其附件设备的保险。在航空器飞行、滑行或地面停航期间，若这些部件发生损坏、灭失、失踪，以及遭遇碰撞、坠毁、爆炸、失火等情况，造成损失，均由该保险负责赔偿。例如，航空器在飞行中因鸟击导致发动机受损，或者在地面因操作失误发生碰撞致使机身变形等情况。航空器机身险还

涵盖因意外事故或自然灾害引发的相关费用，如航空器的拆卸、重装、运输和清除残骸费用。同时，事故发生后的施救费用、航空器从出事地点到修理厂的运输费用、损坏航空器修理后试飞和检验的合理费用、修好后的航空器运返出事地点或其他指定地点的运输费用等也在保障之列。

2. 除外责任

（1）明确排除因战争、敌对行为或武装冲突，投保的航空器被劫持或被第三者破坏而造成的损失，不在该保险赔偿范围内。例如，在战乱地区，航空器被武装势力袭击受损，不在该保险赔偿范围内。

（2）若航空器不符合适航条件却飞行，从而造成损失，不在该保险赔偿范围内。例如，航空器未按规定进行维护检修，因机械故障坠毁，不在该保险赔偿范围内。

（3）被保险人及其代理人的故意行为所致损失，不在该保险赔偿范围内。例如，被保险人及其代理人故意破坏航空器关键部件造成航空器故障，不在该保险赔偿范围内。

（4）航空器任何部件的自然磨损、制造及机械本身的缺陷，以及噪声、污染、放射性沾染等所造成的损失也不在该保险赔偿范围内。例如，航空器轮胎因长期使用自然磨损导致爆胎引发的事故，不能获得该保险赔付。

3. 保险费

（1）保险费可按账面价值确定，即依据购买航空器时的实际价值或按年度账面逐年扣减折旧后的价值计算。例如，假设购置一架新航空器的价格是1亿美元，使用5年后，按账面折旧计算出的价格可以作为保险金额。

（2）保险费也可采用重置价值确定，即按照市场同样类型、同样机龄航空器的市场价值计算。例如，同款航空器在市场上的重置价值为8 000万美元，可依此确定保险金额。

（3）通过双方协定价值，由保险人与被保险人协商确定一个合适的价值作为保险金额。

确定保险费时通常综合考虑多方面因素，包括航空器类型（大型航空器还是小型航空器）、航空企业的损失记录（过往事故多的航空企业的保险费可能较高）、机组成员的保险情况（人员保障完善的情况下保险费相对低）、航空器的飞行小时及机龄（飞行时间长、机龄大的航空器风险相对较高，保险费高）、飞行范围及航空器用途（国际长途飞行与国内短途飞行风险不同、专机与货机用途不同，费率也不同）、免赔额的高低（免赔额高则保险费相对低）、机队规模的大小（大规模机队可分散风险，保险费可能低）、国际保险市场的行情（国际市场波动影响保险费设定）等。

飞机保险的保险费分为年费和短期费。短期费一般为年费乘以一定比例。

4. 附加险种

（1）机身战争险。机身战争险是机身一切险的特别附加险，用于赔偿战争、劫持、敌对行为、武装冲突、罢工、民变、暴动或航空器被扣留、没收或第三者恶意破坏所造

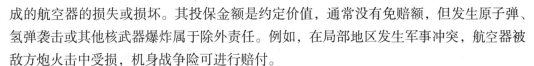

成的航空器的损失或损坏。其投保金额是约定价值，通常没有免赔额，但发生原子弹、氢弹袭击或其他核武器爆炸属于除外责任。例如，在局部地区发生军事冲突，航空器被敌方炮火击中受损，机身战争险可进行赔付。

（2）责任战争险。因机身战争险的责任范围引起被保险人对第三者或旅客应负法律责任的费用由责任战争险保险人负责赔偿。责任战争险的承保范围与机身战争险相同。例如，在战争引发的事故中，对旅客伤亡或第三者财产损失的赔偿责任由责任战争险保险人承担。

（3）免赔额险。免赔额险是针对免赔额部分的保险。保险人对每次保险事故有一定的免赔额，一般以绝对数表示，且航空器价值越高，免赔额越大。免赔额依据机型决定，然后被保险人另行交纳保险费投保免赔额险。例如，一架航空器，机身险免赔额为100万元，投保免赔额险后，若发生事故损失90万元，被保险人只承担50万元，另外40万元由保险人承担；若未投保免赔额附加险，则90万元均由被保险人自行承担。此险种的保险金额以机身险的免赔额为限，保险费与免赔额高低成反比，即免赔额越高，保险费越低。

（4）航空器试飞险。航空器试飞险承保从生产线上下来、出厂前或被维修后交给客户前，为验证性能需要试飞的航空器。对于新制造的航空器，一般规定适当的飞行小时数和地面停放天数作为收取保险费的条件，保险期满时再根据实际情况加以调整。对于维修的航空器，一般以维修合同为基础，在航空器机身险项下根据维修后不同的试飞项目加收一定的保险费。例如，新制造的一款新型客机，在试飞阶段投保了航空器试飞险，按规定飞行50小时、在地面停放30天的标准收取保险费，期满后根据实际飞行和停放情况结算费用。另外，航空器进行修理（仅指正常修理和非保险事故的修理）或连续停航超过规定天数时（视保险单具体规定而定），其间的保险费可以办理停航退费。停航退费的计算方法是保额乘以航空器机身险费率与地面费率之差，乘以退费比例，再乘以实际停航天数，除以一年的天数。例如，航空器机身险费率为0.8%，地面费率为0.4%，保额为3 000万美元，退费比例为保额的75%，停航20天，那么应退的费用是：$3\,000 \times (0.8\% - 0.4\%) \times 75\% \times 20 \div 365 = 4\,931.51$（美元）。若航空器是因发生保险事故进行修理的，在修理期间的停航则不予退费。

（二）航空承运人法定责任险

1. 保险责任与范围

航空承运人法定责任险承保航空器在营运过程中（飞行和起降过程中），因意外事故导致人身伤亡或者财产损害所带来的经济损失的赔偿。具体包括：

（1）航空旅客运输法定责任险（含行李）：承担因意外事故造成旅客的人身伤亡及其所带行李（包括手提行李和交运行李）物品的损失或延迟送还所产生的赔偿的保险。这里的旅客是指购买飞机票的旅客或航空运输企业同意免费搭载的旅客，但不包括为履行航空运输企业的飞行任务而免费搭载的人员。

《中华人民共和国民法典》第 811 条规定，承运人应当在约定期限或者合理期限内将旅客、货物安全运输到约定地点。若在运输的过程中造成旅客的人身伤亡，那么航空承运人应承担违约责任或侵权责任，进行赔偿。为确保航空承运人足额赔偿、保障旅客的合法权益，我国法律要求航空企业必须投保航空旅客运输法定责任险。这种保险是以航空承运人可能承担的对旅客的赔偿责任为保险标的的保险，本质是财产险，而非人身险。投保人是航空企业，保险费来源于机票收入，保险费的支出属于航空企业的运营成本，构成机票价格的一部分。当出现旅客伤亡时，航空企业作为航空承运人依法承担的赔偿责任由保险公司在航空承运人法定责任险合同约定的范围内赔付。

（2）航空货物运输法定责任险：负责赔偿所保航空承运人承运的货物。从承运时起至交付收货人时止的过程中，如发生损失或迟延交付，依法或依合同规定应由被保险人承担的赔偿由航空货物运输法定责任险赔付，如货物在运输途中因航空器颠簸受损或因航班延误导致货物未能按时交付收货人。

（3）航空邮件运输法定责任险：保障航空邮件在运输过程中的相关风险，与航空货物运输法定责任险类似。

（4）航空器第三者责任险：承保航空器在营运中，由于航空器坠落或从航空器上坠人、坠物而造成第三者的人身伤亡或者财产损害所产生的损失。在航空运输中，航空承运人与旅客、托运人、收货人构成一种航空运输合同关系，航空运输合同当事人之外的主体都是第三者。但被保险人的雇员（包括机上和机场工作人员）、被保险飞机上的旅客的人身伤亡或财产损失都不属于航空器第三者责任险承保范围。例如，航空器在降落时偏离跑道，损坏机场周边的建筑物或车辆，对第三者的损失由航空器第三人责任险赔偿。

2. 责任限额与保险费

航空旅客运输法定责任险和航空器第三人责任险的责任限额是按每次事故来确定的。确定责任限额主要考虑飞行范围（国际航线风险大，限额可能较高）、航空器类型（大型航空器载客量多，限额可能更高）、有关国家对人身伤亡赔偿限额的规定（不同国家法律规定不同）等因素。如果是以机队形式投保，还要考虑机队的构成。航空旅客运输法定责任险的保险费一般按飞行公里数计算，收取保险费的办法是在年初按全年预计保险费乘以一定比例预收（也称预收保险费或最低保险费），到保险期限届满时，再根据实际完成飞行公里数进行调整。如果是单架航空器投保，保险人则按旅客座位数收取一定的保险费。航空器第三人责任险的保险费可以按机队规模或者机型一次性收取。航空货物运输法定责任险、航空邮件运输法定责任险的保险费则按航空企业每年货物运输营业额收取。

3. 相关费用与限制

航空承运人法定责任险负责赔偿与事故发生有关的费用，如事故发生后的搜索和施救费用以及为减少事故损失及损坏而采取的措施的成本、清除航空器残骸的费用等。另

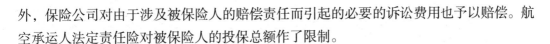

外，保险公司对由于涉及被保险人的赔偿责任而引起的必要的诉讼费用也予以赔偿。航空承运人法定责任险对被保险人的投保总额作了限制。

（三）航空旅客人身意外伤害险

1. 保险责任与范围

被保险人在登机和航空器滑行、飞行、着陆过程中，在保险期限内因航空器意外事故遭到人身伤害导致身故或残疾时，由保险公司按照保险条款载明的保险金额给付身故保险金，或按身体残疾所对应的给付比例给付残疾保险金。意外伤害是指遭受外来的、突发的、非本意的、非疾病的使身体受到伤害的客观事件。保险期限是指从被保险人踏入保单上载明的航班班机（或等效班机）的舱门开始到飞抵目的港走出舱门为止。等效班机是指由于各种原因由航空企业为指定航班所有旅客调整的班机或被保险人经航空企业同意对指定航班变更并且起始港与原指定航班相同的班机。例如，旅客在飞行途中因航空器遭遇强气流颠簸受伤导致残疾，可获得相应残疾保险金。

机组成员人身意外伤害险的内容与航空旅客人身意外伤害险相同。大多数航空器保险保单中的责任保险部分都不负责被保险人的雇员的人身伤亡。大多数航空企业会单独为机组成员投保人身意外伤害险，或者通过扩展航空器保单中的责任险部分来投保，以保障机组成员在遭遇意外事故而受伤或死亡时得到必要的经济赔偿。

2. 除外责任

被保险人的故意行为和非意外事故造成的伤害不在航空旅客人身意外伤害险保障范围内。例如，旅客故意自伤或者因自身突发疾病导致身体不适，不在该保险保障范围内。

3. 与其他险种的关系

航空旅客人身意外伤害险与航空旅客运输法定责任险所履行的都是赔偿责任，但本质不同。航空旅客运输法定责任险的被保险人是航空企业，承保的是航空企业可能承担对旅客的赔偿责任，本质上属于责任保险，是强制性保险。航空旅客运输法定责任险由保险公司赔付给航空企业，再由航空企业赔付给旅客。航空旅客人身意外伤害险的被保险人是旅客自己，承保的是旅客在乘坐航空器过程中由于意外事故，造成旅客人身伤亡所引发的赔偿责任，本质上属于人身保险。对每一位旅客来说，是否购买航空旅客人身意外伤害险，完全是自愿的。航空意外事故发生后，旅客或其指定受益人直接持保单到保险公司索赔。并且，航空旅客人身意外伤害险是航空旅客运输法定责任险的有益补充。一旦发生民用航空事故，购买了航空旅客人身意外伤害险的旅客既可以获得航空企业的赔偿（赔偿金实际上是航空旅客运输法定责任险的保险金给付），又可以获得航空旅客人身意外伤害险保险金给付。《国内航空运输承运人赔偿责任限额规定》第5条规定："旅客自行向保险公司投保航空旅客人身意外保险的，此项保险金额的给付，不免除或者减少承运人应当承担的赔偿责任。"

（四）航空货物运输险

1. 保险责任与范围

（1）航空货物运输险承保由于航空器遭受碰撞、倾覆、坠落、失踪，在危难中发生卸载以及遭遇恶劣气候或其他危难事故发生抛弃行为所造成的损失的赔偿。例如，航空器在飞行中与飞鸟群相撞后，部分货物因航空器颠簸受损。

（2）航空货物运输险承保货物本身因遭受火灾、爆炸、雷电、冰雹、暴风、暴雨、洪水、海啸、地震、地陷、崖崩所造成的损失的赔偿。例如，货物在机场仓库等待装机时，因仓库附近发生火灾导致货物被烧毁。

（3）航空货物运输险承保货物因受震动、碰撞或压力而造成破碎、弯曲、凹瘪、折断、开裂等损伤以及由此引起的包装破裂而造成的损失的赔偿。例如，易碎品在运输过程中因航空器起降时的震动而破碎。

（4）航空货物运输险承保凡属液体、半流体或者需要用液体保藏的保险货物，在运输途中因受震动、碰撞或压力致使所装容器（包括封口）损坏发生渗漏而造成的损失，或用液体保藏的货物因液体渗漏致使保藏货物腐烂的损失的赔偿。例如，运输中的化学试剂因容器在飞行中受压力破裂而泄漏。

（5）航空货物运输险承保货物因遭受偷盗或提货不着的损失的赔偿。例如，货物在机场货运区被盗窃。

（6）航空货物运输险承保在装货、卸货时和地面运输过程中，因遭受不可抗力的意外事故及雨淋所造成保险货物的损失的赔偿。例如，货物在装卸过程中，突遇暴雨被淋湿损坏。对发生责任范围内的保险事故，保险人除负赔偿责任外，对因施救或保护保险货物而支付的合理费用，保险人也负赔偿责任。航空货物运输险保险责任自保险货物经承运人收讫与签发航空货运单注明保险时起，至空运目的地收货人当地的仓库或储存处所时止。如果收货人在保险货物到达目的地后未及时提货，则保险责任终止期最多以航空承运人向收货人发出到货通知以后的一定时间为限。

2. 除外责任

（1）战争或军事行动。在战争区域运输货物，若因战争导致货物损失，不在该保险赔偿范围内。

（2）由于保险货物本身的缺陷或自然损耗，以及由于包装不善或属于托运人不遵守货物运输规则所造成的损失，不在该保险赔偿范围内。例如，货物因自身保质期短自然变质，或者因包装过于简陋在运输中受损。

（3）托运人或被保险人的故意行为或过失，不在该保险赔偿范围内。例如，托运人故意虚报货物价值或隐瞒货物危险性质导致的损失。

（4）其他不属于保险责任范围内的损失，不在该保险赔偿范围内。

3. 保险费与其他规定

航空货物运输险保险费的确定可按货物价格或货价加运杂费、保险费计算。在保险有效期内，被保险人可以调整保险费，但应向保险人申请办理批改手续。被保险人有义务在保险人签出保险单的同时，按规定一次缴清保险费；托运货物需按有关标准进行包装；发生保险事故后迅速采取抢救措施。航空货物运输险还有两个附加险种——国内航空行李运输险和国内航空鲜活货物腐烂、死亡责任险。

（五）机场责任险

1. 保险责任与范围

（1）机场责任险承保机场所有人或经营人所提供的服务或其雇员在工作期间因疏忽而造成第三者人身伤亡或者财产损害的赔偿。例如，机场内的电梯操作不当致使乘坐者受伤，接送旅客的车辆延误，候机厅内通道设计不合理致使有人因拥挤而受伤等情况，受害人都可以要求机场给予赔偿。

（2）机场责任险承保由被保险人（机场的所有人或经营人）保管、控制的第三者的飞机或有关设备遭受的损失或损坏，但这种损失必须是被保险人的疏忽或过失所致的。例如，机场地勤人员在操作过程中损坏了航空企业托管的航空器。

（3）机场责任险承保被保险人因提供的服务或设备有缺陷而导致的第三者人身伤亡或者财产损害而应承担的经济赔偿责任。例如，机场为候机的旅客提供的食物不卫生，诱发健康问题等。

2. 除外责任

（1）被保险人自己的人身伤亡或者财产损害不在该保险范围内，如机场自身建筑因地震受损。

（2）机场内机动车责任（一般有专门的车险保障），机场所属旅宾馆责任（有相关商业保险），被保险人提供缺陷产品造成的损失（有其他保险），产品不当设计、制造、操作造成的损失（可由其他险种涵盖），合同责任等是该保险的除外责任。对财产损害通常有免赔额，但金额较低。对某些除外的责任，被保险人可以通过增加保费的方式得到扩展保障。

（六）空中交通管制责任险

空中交通管制责任险承保对空中交通管制单位或代理行使空中交通管制部分职责的机场在经营业务过程中，因意外事故造成第三者的人身伤亡或者财产损害。例如，空中交通管制员指挥失误，导致两架航空器在空中危险接近，引发旅客恐慌或航空器轻微刮擦等对第三者造成的伤害的赔偿。

（七）航空产品责任险

航空产品责任险是以航空器制造商、修理商或销售商由于航空器本身存在缺陷，造成使用者或其他人的人身伤亡或者财产损害，依法应承担的赔偿责任为标的的保险。在航空产品责任关系中，航空器的制造商、修理商或销售商是航空产品责任关系的责任方，都可以投保航空产品责任险；航空器用户、消费者或公众是航空产品责任关系中的受害方，也是航空产品责任法律制度所保障的对象。

航空产品责任保险的保险对象是航空器制造商、修理商或销售商。如果航空器的损失、旅客或第三者的伤亡是由于航空器设计错误、制造不良、维修中的缺陷、零部件的不合格所造成的，则保险人可在此保单项下负责赔偿损失。通常，航空器制造商对其生产的同一航空器设置两种不同的价格。在销售合同中，如果买方声明对航空器的任何缺陷都不会追究制造商的责任，则以较低的价格成交；如果销售合同中无此条款，则买方要支付较高价格。有关航空事故的大量调查资料表明，航空器零部件的制造商、修理商或销售商最终要承担航空器的法律责任，因此，为了转移风险，航空器制造商或销售商一般需要投保航空产品责任险。

（八）其他保险

民用航空保险的险种很多，除以上几种主要险种外，市场上还有丧失执照险、租机险、航空旅客地面意外伤害险、飞行表演责任险、航空维修人责任险、航空展览会主办单位责任险等。

由于近年来航班延误问题一直备受关注，旅客对于航班延误频频表示不满，针对于此的保险产品——航班延误险应运而生。不过航班延误险是作为旅游意外险的附加险面市的，如果要获得该保障，首先必须购买旅游意外险。目前这类保险一般仅对"由于恶劣天气、机械故障、罢工或劫持而导致的飞机延误连续若干小时以上"进行赔付。由于航班计划、运输服务等航空企业自身原因造成的航班延误并未被列入补偿范围。相关资料显示，除去天气等不可抗力的原因，航空企业的航班计划、运输安排不当是造成航班延误的主要原因。

随着民用航空业的发展，势必会有更多的涉及航空运输的保险险种问世，为航空运输活动的当事人提供更多的经济保障。

自从飞机被发明、被用于交通运输以来，世界范围内发生了许多重大空难和航空事故，这些事故一般是由机械故障、人为错误或者气候条件引起的，给经济和保险行业带来了重大损失。在任何行业，发展总是与风险同步，民用航空业是如此，民用航空保险业也是如此。民用航空险从劳合社的第一张保单诞生，发展到现在数十亿美元的市场规模，是巨大的进步。在当前背景下，民用航空业的进一步发展带来了更多、更复杂的风险和挑战，这一点也在提醒民用航空保险业要在发展的过程中，最大限度规避风险，取得更好的进步。

案例阅读
2022年8月2日通辽神鹰通航贝尔407/B-70YM号直升机在锦州义县撞山事故调查报告

单元二　民用航空保险赔偿与纠纷解决

一、民用航空保险的索赔

民用航空保险索赔是指在保险期内发生保险事故后，民用航空保险的被保险人依据法律规定和保险合同的约定，要求保险人在保险责任范围内承担保险责任，履行经济赔偿义务。民用航空保险金额大，影响面广，技术复杂。因此，民用航空保险的赔偿工作十分重要。

在保险事故发生后，民用航空保险的投保人、被保险人或者受益人在积极抢救的同时，要使用最快、最有效的方式通知保险人，提出索赔要求。这通知称为出险通知或损失通知。当发生航空器损失、人员伤亡等情况时，被保险人（航空承运人）有义务尽快将发生事故的时间、地点、机型、机号、航班号、人员伤亡和财产损失的情况通知民航有关部门，再由民航有关部门和保险公司联系，并决定是否进行现场勘查。《中华人民共和国保险法》第21条也规定，投保人、被保险人或者受益人知道保险事故发生后，应当及时通知保险人。

投保人、被保险人或者受益人有义务采取一切合理的抢救措施、整理措施，避免损失继续扩大，力求将损失减少到最低限度，否则保险人有权拒绝赔偿由此而增加的费用。

二、民用航空保险的理赔

民用航空保险理赔是保险人对被保险人索赔案件的情况进行核查，确定保险责任和赔偿金额，并给予赔付的行为。保险理赔是保险人履行保险合同义务的具体表现。

（一）理赔原则

1. 按保险合同办理原则

保险人要严格遵守保险条款，不折不扣履行经济赔偿义务。保险人在确定保险责任和赔偿金额后，必须在10日内履行赔偿或给付保险金的义务，否则视为违反合同，需要承担违约责任。

2. 主动、迅速、准确、合理原则

主动、迅速、准确、合理是理赔的一贯要求，即保险人应主动开展理赔工作，按法定时间及时赔偿；明确保险责任，不错赔，不滥赔；具体情况具体分析，确保理赔符合法律规定和道德标准。主动、迅速、准确、合理是相互制约、相互联系的统一体。

3. 实事求是原则

民用航空保险事故的原因错综复杂，难以判断某一损失是否属于保险责任范围，需要保险人深入实际调查研究，在不违背保险赔偿精神的前提下，实事求是地处理。如果

保险人经过核查发现被保险人违法，根据有关法律或保险合同的约定，保险人可以拒绝赔偿。

（二）理赔程序

在保险事故发生后，保险人随即开始理赔工作。航空保险理赔工作的一般程序如下：

1. 及时通知，登记立案

被投保的航空器发生事故后，无论损失大小，投保人都应该立刻通知保险公司并做出出险报告，同时注意保护好现场。如果遇特殊情况而无法保护现场，应及时拍下现场原始照片，详细记录索赔所需要的相关信息，并妥善保管相关的文件和材料。保险公司接到出险通知后，将有关内容及时登记立案，并尽快通知海外分保人。

2. 现场调查，检验损失

保险公司接到出险报告以后，立刻派有关人员赶赴现场调查取证，检验受损程度，估算赔偿金额。保险公司在查勘现场时要按顺序和要求做好记录，并写好查勘报告。在此过程中，航空企业应提供协助和方便。此外，如果国外分保人提出参加检验的要求，航空企业与保险公司可酌情安排国外分保人指定的检查人员参加联合检验与理赔，以便开展向外摊赔的工作。

3. 审核索赔单证

在保险公司进行现场调查后，理赔人员必须严格审核航空企业提交的各种索赔单证。与事故有关的索赔单证主要如下：

（1）出险旅客名单及伤亡的有效证明，旅客行李、物件交运记录及损失单证；

（2）第三者索赔的有效证明；

（3）航空器在起飞后至出事前与机场指挥塔台调度之间联系的录音带，航空器起飞和出事时的气象情况资料；

（4）航空器适航证书、机组成员飞行证书等证件的影印件；

（5）航空器机务维修工作记录等。

4. 责任审定

凡是在核赔权限范围内的各类案件，理赔人员需要认真研究航空器与机场指挥塔台之间的联系记录或查勘报告，通过专人审定案件责任，做出初步结论，然后报上级审批。

航空事故通常会涉及众多人员的人身伤亡或者巨大的财产损害，由于航空保险理赔在法律适用上具有复杂性，许多民用航空保险案件往往需要通过司法程序才能确定保险责任。因此，司法程序经常成为民用航空保险理赔的先行程序。

5. 处理损余物资

在适当照顾被保险人利益的同时，保险公司需要使受损财产得到充分利用。损余物资必须由保险人收回，可经过规定手续冲减赔款支出。

6. 赔付及结案

索赔单证经审核无误后，保险公司应与投保人协商确定赔款金额。如果属于保险责任范围内的损失，保险公司应先审查被保险人提供的损失清单，然后根据标的损失、施救费用、查勘费用、损余物资价值、免赔额等各项数据公式计算出实赔数额，并填制赔款计算书。

保险人的财会部门在接到赔款计算书后，必须在 10 日内将赔款支付给被保险人。以外汇投保的，保险人应以外汇赔付；以人民币投保的，保险人应以人民币赔付。如果属于保险责任范围而给付保险金的数额不能确定的，保险人需要根据已有证明和资料，按能够确定的最低数额先予以支付，等最终确定给付保险金的数额后，再给付相应的差额。被保险人或受益人向保险人请求给付保险金的权利，应当自被保险人或受益人知道或应当知道保险事故发生之日起两年内行使；不行使则权利消灭。

在保险公司将赔偿金支付给被保险人或指定受益人时，被保险人或指定受益人应签署有关赔款收据和权益转让书。收据和权益转让书是双方在处理赔款时形成的法律文件。该文件明确规定，被保险人或指定受益人在收到有关赔款后，放弃对该事故的一切索赔权利，同时将该事故中的一切利益，包括对第三人责任方的追索权利，转让给保险公司，以便保险公司凭此文件代为履行追索权利。

最后，理赔人员将全案文件和单证归档结案。

三、民用航空保险纠纷解决

民用航空保险纠纷的解决是指民用航空保险合同在订立和履行的过程中，双方当事人，就是保险人和被保险人对相互之间的权利义务，或对保险标的权益持有不同的意见和要求，双方当事人协商不成，能够通过仲裁或诉讼的途径解决纠纷的做法。

通常情况下，民用航空保险赔偿和民事损害赔偿的性质不同，由于保险人与被保险人有民用航空保险合同在先，因此被保险人在出险后有权利直接凭保险单获得赔偿。基于事先约定的权利，民用航空保险赔偿一般不必经过诉讼程序，但不排除双方当事人因某些特殊情况的出现而导致使用诉讼手段。

民用航空保险合同在履行的过程中，双方发生争议的，应在法定和约定的范围内友好协商，合理解决问题。经双方协商未达成协议的，可依法达成合法有效的仲裁协议并通过仲裁协议解决问题。无仲裁协议或者仲裁协议无效的，可通过诉讼方式解决问题。关于起诉的管辖问题，若无特例，一般在保险单签发地有管辖权的人民法院提起诉讼。按照我国法律规定，当事人不能同时使用仲裁和诉讼两种形式解决争议，而只能在仲裁或诉讼中任选一种形式解决争议。

案例阅读
消失的丝绸服装

🔍 知识巩固

1. 民用航空保险的概念是什么?

2. 民用航空保险的特点有哪些?

3. 民用航空保险理赔的原则是什么?

4. 民用航空保险的纠纷如何解决?

模块十二　民用航空涉外法律制度

📑 知识目标

（1）了解外国民用航空器的特别规定

（2）了解涉外民用航空法律关系的法律适用

（3）掌握涉外航空事故损害赔偿的法律依据、赔偿程序、赔偿标准等国际规则和国内法规定

（4）熟悉国际航空运输中不同法律制度的适用规则和原则

（5）理解涉外航空运输合同的成立、履行、变更和终止等法律规定，以及合同双方的权利和义务

⚙️ 能力目标

（1）具备跨文化沟通能力

（2）具备运用国际公约、条约分析研判涉外民用航空案件的能力

🎯 素质目标

（1）具备国际视野，时刻为应对全球化背景下的挑战做好准备

（2）适应国际航空法律领域的快速变化和发展，具有主动学习、持续学习意识

📖 学习领航

要加强重点领域、新兴领域、涉外领域立法，统筹推进国内法治和涉外法治，以良法促进发展、保障善治。同时要加强国际传播能力建设，全面提升国际传播效能，形成同我国综合国力和国际地位相匹配的国际话语权。我们在处理涉外航空法律事务时要秉持国际主义精神，促进国际航空法律合作与交流，增强职业道德和责任感。

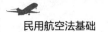
单元一　外国民用航空器的特别规定

一、进入和退出规定

外国民用航空器需要事先获得中国民用航空局和其他相关主管部门的许可，才可以进入和退出中国领空。外国民用航空器在中国境内要遵守航班计划和运营要求。

《中华人民共和国民用航空法》第174条规定了外国民用航空器飞入、飞出中华人民共和国领空和在中华人民共和国境内飞行、降落的条件及违反规定的措施，主要目的是体现对我国领空主权的保护。但是航空运输本身的特点决定了一国领空不可能完全封闭起来，因此解决问题的方法就是各国政府之间签订航空运输协定或者其他有关文件，或者经本国民用航空主管当局批准，允许外国民用航空器飞入、飞出本国领空和在本国境内飞行、降落。《外国民用航空器飞行管理规则》对此作了类似的规定。《中华人民共和国民用航空法》第174条第1款规定："外国民用航空器根据其国籍登记国政府与中华人民共和国政府签订的协定、协议的规定，或者经中华人民共和国国务院民用航空主管部门批准或者接受，方可飞入、飞出中华人民共和国领空和在中华人民共和国境内飞行、降落。"《中华人民共和国民用航空法》第174条第2款规定："对不符合前款规定，擅自飞入、飞出中华人民共和国领空的外国民用航空器，中华人民共和国有关机关有权采取必要措施，令其在指定的机场降落；对虽然符合前款规定，但是有合理的根据认为需要对其进行检查的，有关机关有权令其在指定的机场降落。"但是要注意的是，当必要采取拦截行动时，不得危及机上人员的生命和航空器的安全。

二、飞行许可和运营规定

飞行许可和运营规定包括确定外国航空企业在中国的飞行许可条件，包括机组成员的资质、航空器的技术要求等；外国航空企业在中国的运营条件和限制。《中华人民共和国民用航空法》第177条规定了国内载运权，这是主权原则的一种体现，我国依照国际通行原则将本国领土范围内两个点之间的航空运营权留给本国企业。

三、航权和航线规定

《外国航空运输企业航线经营许可规定》第二条规定，外国航空运输企业申请经营外国地点和中华人民共和国地点间规定航线，应当符合中外双方政府民用航空运输协定或者有关协议的规定，并先经其本国政府通过外交途径对其进行指定，双方航空运输协定或有关协议另有规定的除外。第三条规定，中国民用航空局负责外航航线经营许可的统一管理。外航应当在其本国政府通过外交途径对其正式指定后依据本规定向民航局申请经营外国地点和中华人民共和国地点间规定航线的经营许可。

在航空实践中，加强对外国航班及其加班、不定期飞行和飞行计划的管理，既有利于充分利用空域资源、保证飞行安全、提高航班正常率，也有利于我国有关部门对外国

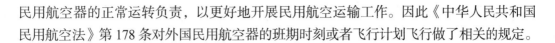

民用航空器的正常运转负责，以更好地开展民用航空运输工作。因此《中华人民共和国民用航空法》第 178 条对外国民用航空器的班期时刻或者飞行计划飞行做了相关的规定。

四、安全和技术标准

外国民用航空器需要符合中国的安全和技术标准，包括航空器设备、通信设备等；外国民用航空器的维护和检修符合中国的规定。

一国政府是否承认外国民用航空器国籍登记国发给或者核准的民用航空器适航证书、机组成员合格证书和执照，关系该国政府是否允许外国民用航空器飞入本国领空的问题。随着我国民用航空运输事业的快速发展，特别是国际交往的愈加密切，我国的国际航班逐年增加，这种情况下我国承认其他国家对其所辖民用航空器及机组成员颁发的证书和执照等，既是我国政府对国际公约的尊重和遵守，也是我国自身发展民用航空、政治、经济的需要。但是，承认的前提是颁发核准证书和执照的标准要求应当等于或者高于国际民用航空组织制定的最低标准。

《中华人民共和国民用航空法》第 181 条对我国政府承认外国民用航空器国籍登记国发给或者核准的民用航空器适航证书、机组人员合格证书和执照的原则和条件进行了相关的规定。

五、保险规定

外国航空公司需要在中国购买适当的保险，以应对可能发生的意外事故。保险规定内容包括确定保险的最低要求和适用范围。《中华人民共和国民用航空法》第 175 条规定："外国民用航空器飞入中华人民共和国领空，其经营人应当提供有关证明书，证明其已经投保地面第三人责任险或者已经取得相应的责任担保；其经营人未提供有关证明书的，中华人民共和国国务院民用航空主管部门有权拒绝其飞入中华人民共和国领空。"此条规定保障了外国民用航空器在中华人民共和国境内造成的对地面第三人的损害能得到及时赔偿。

六、空中交通管理规定

空中交通管理规定包括外国航空器在中国空域的航行规则，包括在何时和何地需要与中国的空中交通管理机构协调，确保外国航空器在飞行中能够遵守中国的空中交通管理规定。《中华人民共和国航空法》第 176 条对外国民用航空器经营人经营国际航班运输、不定期国际航空运输的资格条件进行了一定的限制。

七、紧急状况和事故调查规定

紧急状况和事故调查规定包括外国航空器在紧急状况下的应对程序，确定外国航空器发生事故时的调查程序和责任认定。

《中华人民共和国民用航空法》第 182 条对外国民用航空器在中国遇险时搜寻援救

进行了规定。《中华人民共和国民用航空法》第 183 条对外国民用航空器在中国境内发生事故后进行事故调查以及关于事故调查报告和调查结果通报制度进行了规定。调查包括收集、记录、分析有关资料，并尽可能对各种原因作出判断，完成初步报告、事故资料报告和最后定论性总报告，并就今后防止类似事故发生提出改正的建议。参加调查的国家可以有航空器登记国、经营人国、航空器制造国，以及提供资料、设备或专家的其他各国的代表。作为一种建议，因有诸多公民伤亡而有特殊利益的国家也可参加调查。事故调查完成后，最后报告应尽快被分送该外国民用航空器的国籍登记国以及其他有关国家，即经营人国、航空器制造国、设计国，有诸多公民伤亡并参加调查的国家，提供重要资料、设备、专家的国家。

八、外交事务和国际协议

针对国际法，规定外国航空企业在中国的权利和义务。这些规定旨在确保外国民用航空器在中国的运营符合中国的法律、行政法规，保障航空安全，促进国际航空合作。

案例阅读

小王于 2004 年 12 月 29 日购买了一张由 B 航空公司（以下简称 B 航）作为出票人的机票，航程安排为：2004 年 12 月 31 日 11 时，上海至香港，同日 16 时香港至卡拉奇；2005 年 1 月 31 日卡拉奇至香港，同年 2 月 1 日香港至上海。其中，上海与香港间的航程由 A 航空公司（以下简称 A 航）承运，香港与卡拉奇间的航程由 B 航承运。机票背面条款注明，该合同应遵守《华沙公约》的有关责任的规则和限制。该机票为打折票，机票上注明不得退票、不得签转。

航班起飞当日，由于浦东机场下中雪，机场发生大面积延误，A 航航班也因此延误了 3 个多小时，导致小王及其家属到达香港机场后未能赶上 B 航飞往卡拉奇的衔接航班。小王及其家属在浦东机场时已经意识到其到达香港后将错过 B 航的航班，于是多次到 A 航的服务台反复询问该如何处理，A 航工作人员让小王填写了《续航情况登记表》，并表示会予以帮助解决。而小王及其家属到达香港后，对 A 航工作人员提供的自行购买其他航空公司前往卡拉奇或在香港自费等待 B 航下一班飞往卡拉奇（3 天后）的航班的两种处理方案当即表示无法接受。小王的妻子打电话给 A 航，但 A 航方面称有关工作人员已经下班。无奈之下，小王最终在香港机场工作人员交涉下，共支付了合计 17 000 港元，购买了 C 航空公司的机票及行李票，搭乘该另一航班绕道迪拜，到达卡拉奇。为此，小王支出机票款 4 721 港元、行李票款 759 港元，共计 5 480 港元。

小王诉称：A 航航班延误已经构成违约；航班延误后，A 航又违背自己作出的妥善安排的承诺，拒绝为自己及家属重新安排从香港到卡拉奇的航程，也未告知可以改签或者转机，存在重大过错。A 航的行为给小王造成了相当大的损失，应当予以赔偿。故诉请判令 A 航赔偿经济损失人民币 5 990 元，按照其对外承诺定期对外公布航班的正常率、旅客投诉率并承担本案诉讼费。

[评析]

　　法院审理后认为：本案为国际航空旅客运输合同纠纷。小王购买的机票出发地为我国上海，目的地为巴基斯坦卡拉奇，而我国与巴基斯坦都为《海牙议定书》的缔约国，根据强制适用规则，本案应当适用该公约及《统一非缔约承运人所办国际航空运输某些规则以补充华沙公约的公约》（简称《瓜达拉哈拉公约》）。在本案中，法院认为A航未尽到对不利后果的告知义务，使旅客产生合理信赖，没有为避免损害而采取一切必要的措施，应当对小王另行购买C航空公司的机票及行李票，而造成的5 480港元损失承担赔偿责任。判决后，A航提起上诉。二审法院审理后，判决驳回上诉，维持原判。

知识拓展
在合理延误情况下，航空公司责任范围应如何确定？

　　资料来源：中国航空运输协会法律委员会. 中国民航法律案例精解 [M]. 北京：知识产权出版社，2016.

案例阅读

　　高某系香港特别行政区公民，于2003年7月23日预购了8月4日从美国洛杉矶到墨西哥莱昂的机票，又于同年7月25日购买了A航空公司（以下简称A航）8月4日从上海至洛杉矶的双程机票，欲从洛杉矶转机去墨西哥。按美国当时政策，高某在美国转机无须签证即可过境。

　　8月2日，美国国土安全部宣布禁止无签证者过境。以下情况可特殊处理：当前已进入美国转机的旅客和7月24日前购买机票并于8月5日前离开美国的旅客以及已经开始旅行并将于8月9日前经美国过境的旅客的行程将不受影响。该消息在我国各类公开媒体中也进行了传播。

　　8月4日，当高某登机时，A航工作人员只告知高某回程需要签证，未明确告知入境也需要签证。高某则误认为回程时可在墨西哥补办美国过境签证，故仍决定继续航程，A航值机人员要求高某在免责声明书上签字，随后为高某办理了登机手续。高某到达洛杉矶后，被美国移民局以未办理美国签证为由扣留并遣返。2003年11月，高某再次赴墨西哥时，美国驻港澳总领事馆对高某要求去美国转机的签证予以拒绝。

　　高某认为，因为该事件，其人身自由受到限制，人格尊严受到损害，自己公司业务受到影响；移民局为此限制高某"5年内不能进入美国"，使得需经常去墨西哥的高某今后5年内不能从美国转机，加大了机票成本。而A航作为享有较高知名度的航空运输企业，应当知晓美国转机签证的政策，却未将政策告知高某，显然具有过错。为此，高某提起诉讼，要求判令A航公开赔礼道歉，并赔偿经济损失人民币20 677元和因5年内不得进入美国而产生的损失人民币5万元及精神损失人民币10万元。

知识拓展
国际旅客运输合同纠纷的法律适用

[评析]

人民法院判决 A 航赔偿高某旅费损失、诉讼费等共计人民币 15 425 元，驳回其他诉讼请求。

判决后，双方均提起上诉。中级人民法院审理后，判决驳回上诉，维持原判。

资料来源：中国航空运输协会法律委员会. 中国民航法律案例精解［M］. 北京：知识产权出版社，2016.

单元二　涉外民用航空法律关系的法律适用

案例阅读

2007 年 11 月 20 日，陈某乘坐 A 航空公司（以下简称 A 航）553 航班从上海飞往巴黎再转乘 B 航空公司（以下简称 B 航）1024 航班赴葡萄牙里斯本，在到达目的地机场后发现从上海托运的行李遗失。陈某在与 A 航、B 航交涉时从机场方面得知，虽然与其具有航空旅客运输合同关系的当事人为 A 航，但在实际履行中，行李遗失发生在 B 航承运环节。陈某向 B 航提出投诉，要求赔偿损失，并列出了一张价值人民币 7 万余元的行李遗失清单。B 航认为：陈某在托运贵重物品（如手机、数码相机、摄像机、笔记本电脑、商务文件、样品等）时并未进行特别申明及支付附加费，因此该等物品不属于其应当承担赔偿责任的范围。同时，B 航依据《华沙公约》同意赔偿陈某人民币 3 000 元。陈某不能接受 B 航的赔偿方案，遂向法院起诉，要求 B 航和 A 航共同赔偿其损失共计人民币 88 817 元。

[评析]

法院认为：陈某分别与 A 航、B 航之间形成了航空旅客运输合同关系。本案适用 1999 年《蒙特利尔公约》，并根据陈某提供的证明其损失的证据，判决 A 航和 B 航共同赔偿陈某遗失行李损失人民币 5 100 元，各方均没有上诉。

资料来源：中国航空运输协会法律委员会. 中国民航法律案例精解［M］. 北京：知识产权出版社，2016.

涉外关系，是指含有涉外因素的社会关系，即社会关系的主体、客体或者内容三要素中至少有一个因素具有涉外性，如在外国签订或者在外国履行的合同、发生在外国的侵权行为、财产纠纷的标的在外国等。民用航空的国际性特点决定了民用航空活动中涉外关系大量存在：从事国际航空运输的客机载运世界各国的旅客在世界各国的领空穿行；一国租赁另一国的民用航空器；一国的民用航空器给他国地（水）面第三人造成损害等。而各国的民用航空法律规范又不尽相同，这就需要有一系列规则来决定民用航空活动的法律适用问题。涉外关系的法律适用，起源于国际私法，是以有关的法律关系存在法律冲突为前提的。也就是说，涉外关系的法律适用产生于解决法律冲突的过程中。法律冲突是指不同地域的法律，赋予同一社会关系以不同的法律概念和内容，而在处理该社会关系时，依一个国家的法律可以得出一种结论，而依另一个国家的法律则可能得出另一种结论，两种结论很可能是大相径庭的。涉外关系的法律适用是指通过一系列法律适用原则来选择适用的法律，最终达到解决、协调法律冲突的目的。

一、国际合同法律适用

涉外民用航空事务往往涉及国际合同。中国采用《联合国国际货物销售合同公约》以及其他国际公约，也可以根据具体情况选择其他法律。由于合同的签署、执行、违约等问题可能涉及不同法域，因此需要明确适用哪一国或哪一法域的法律。《中华人民共和国民用航空法》第 188 条规定："民用航空运输合同当事人可以选择合同适用的法律，但是法律另有规定的除外；合同当事人没有选择的，适用与合同有最密切联系的国家的法律。"

二、国际航空公约适用

中国是《国际民用航空公约》的缔约国，该公约在中国法律体系中具有法律效力。航空事务中可能牵涉该公约中关于空中交通、机组成员、航空器登记等方面的规定。针对特定问题，如航空事故责任，可能适用 1999 年《蒙特利尔公约》。

《中华人民共和国民用航空法》第 190 条对适用外国法律或者国际惯例做了限制性规定。在性质上属于"公共秩序保留"条款。公共秩序保留是指一国法院处理某种涉外案件时，根据该国法律适用原则的规定，应当适用外国法或者国际惯例，但法院认为适用该外国法或者国际惯例违反本国的公共秩序，就不予适用，而代之以国内法或者其他相应的某一法律。各国对公共秩序保留的认识虽不尽相同，但违反一国公共秩序的外国法律或者国际惯例不予适用，这是国际私法普遍采用的法律原则，各国都把其作为一种法律根据或手段来限制或排除外国法律或者国际惯例的适用。公共秩序保留对法律适用起到"安全阀"的作用，其目的是限制外国法律或者国际惯例的效力，以防外国法律或者国际惯例的适用有损本国的根本利益。

三、中国民用航空法适用

《中华人民共和国民用航空法》是民用航空领域的主要法律文件。该法包括航空器的登记、飞行、安全、责任等方面的法律规定。对于涉外事务，航权的授予、外国航空公司在中国的运营、安全标准的符合等问题值得航空人员关注。

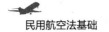

四、国际私法适用

在处理涉外航空法律关系时，国际私法的适用是一个值得关注的问题，这包括确定合同适用法、管辖法院等问题。中国的国际私法规定了在涉外事务中适用的法律原则。

五、仲裁法适用

对于合同纠纷等争端，仲裁是一种常见的解决方式。《中华人民共和国仲裁法》规定了在涉外仲裁中的适用原则；同时中国是《承认及执行外国仲裁裁决公约》（《纽约公约》）的缔约国，中国认可并执行国际仲裁裁决。

六、外交特权和豁免

国际组织、外国政府代表团等特殊主体，可能涉及外交特权和豁免的法律适用问题，相关规定可能涉及外交关系法。

七、法院管辖权和司法协助

《中华人民共和国民用航空法》第 185 条规定了关于民用航空器所有权法律适用的原则。这项规定能充分地保护航空器所有权人或者物权人的合法权益。《中华人民共和国民用航空法》第 186 条做了关于民用航空器抵押权法律适用原则的规定。这项规定与航空器所有权的法律适用原则相同，而且也是国际上通行的做法。《中华人民共和国民用航空法》第 187 条是关于民用航空器优先权法律适用原则的规定。按照这项规定，民用航空器优先权的准据法是法院地法。也就是说，民用航空器优先权的项目、各项目之间的受偿顺序、民用航空器优先权与其他权利之间的受偿顺序、民用航空器优先权的标的以及民用航空器优先权的产生、转让、消灭等，均适用法院地法。法院地法，作为国际上惯常使用的解决法律冲突的法律适用原则，是指受理涉外案件的法院所在地国家的法律。一国法院在审理涉外民事案件时，执行的是自己国家的法律，而不是别国的法律。《中华人民共和国民用航空法》第 189 条是关于民用航空器对地（水）面第三人损害赔偿责任法律适用原则的规定。民用航空器对地（水）面第三人造成损害，引起的是侵权行为之债。实践中，对涉外侵权行为之债普遍适用侵权行为地法。这主要是考虑以下几点：一是要照顾侵权行为地国家及其人民的特殊利益，尊重当地国主权；二是对当事人来说，他们应当遵守当地国的法律，按照当地国的法律行事，并且根据当地国法律预见其行为可能产生的法律后果；三是平等保护个体权利，使在侵权行为地被打破的权利平衡得以恢复。

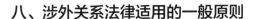

八、涉外关系法律适用的一般原则

（一）国际条约优先原则

国际条约是国际法最主要的渊源之一。条约只对缔约国有拘束力，而对非缔约国并无拘束力，这是公认的国际法原则。我国缔结或者参加的国际条约，对我国具有拘束力。真诚地履行条约义务是缔约国不可推卸的责任，同时体现了缔约国必须遵守条约的国际法基本原则。按国际法基本原则，任何国家不得以国内法来改变、修改国际条约，从而推卸自己在平等自愿基础上承担的国际义务。根据我国的一般法律原则，承担国际义务应超越承担国内法的义务，这是我国尊重和强调国际条约义务的体现，也是国际经济、文化等方面交流的需要。

到目前为止，在世界各国的共同努力下，国际民用航空领域已形成了很多国际公约和议定书，实现了比较广泛的国际统一。我国是许多国际公约的缔约国和参加国，如《国际民用航空公约》《华沙公约》《东京公约》《蒙特利尔公约》等。

（二）国际条约优先原则的例外

根据《中华人民共和国民用航空法》的相关内容，如果同我国缔结或者参加的国际条约的规定发生差异时，应当优先适用国际条约（我国申明保留的除外）。例如，《中华人民共和国民用航空法》第129条规定了我国国际航空运输承运人的赔偿责任限额，这一规定与我国缔结的《华沙公约》的有关内容是不一致的。因此，实践中，我国国际航空承运人在与《华沙公约》缔约国通航时所承担的运输赔偿责任应当执行《华沙公约》规定的赔偿责任限额。条约的保留，是指一国在签署、批准接受、赞同或加入条约时所作的单方声明，不论措辞或名称如何，其目的在于摒除或者更改条约中的若干规定。保留实质上是对条约的部分修改。我国在缔结或者参加国际条约时声明的保留条款，对我国不发生法律拘束力。

（三）国际惯例的适用

中华人民共和国法律和中华人民共和国缔结或者参加的国际条约没有规定的，可以适用国际惯例。这是对国际条约优先原则的补充。国际惯例是国际法的另一重要渊源，也是国际法最古老和最原始的渊源之一，它是在国际交往中逐渐形成的一些习惯做法和先例，最初被某些国家长期反复使用，后来为各国普遍接受并承认其法律效力。国际惯例通常具有通用性、稳定性、重复性、准强制性和效益性等特点。

知识拓展
法律关系、法律适用及损失确定方面的争议及相关案例阅读

🔍 知识巩固

1. 简述涉外民用航空法律关系的法律适用内容。

2. 打折机票在合理延误情况下，航空企业责任范围应如何确定？

模块十三　法律责任

模块十三

知识目标

（1）理解《公共航空旅客运输飞行中安全保卫工作规则》中关于扰乱行为和非法干扰行为的定义及具体内容

（2）掌握《中华人民共和国刑法》《中华人民共和国民用航空法》《中华人民共和国治安管理处罚法》等与航空相关的法律、行政法规，了解处理扰乱行为和非法干扰行为的具体规定

能力目标

（1）能够解释非法干扰行为和扰乱行为对航空安全的危害

（2）能够运用相关法律知识，评估航空领域中可能出现的非法干扰情况

（3）能够分析并解决涉及航空法律责任的案例，包括不同法律、行政法规之间的关系和适用情况

素质目标

（1）提高遵纪守法的意识，理解在航空领域中维护法律秩序和保障安全的重要性

（2）增强法律意识和责任感，理解法律责任的严肃性和必要性

（3）提升综合分析和解决问题的能力，在处理法律责任问题时客观公正，符合法律规定

学习领航

　　深化司法体制综合配套改革，全面准确落实司法责任制，加快建设公正高效权威的社会主义司法制度。公正司法是维护社会公平正义的最后一道防线。深入了解在民用航空领域中扰乱行为和非法干扰行为所涉及的法律责任，提高尊重法律、守法自律的意识，倡导遵纪守法、维护社会秩序的行为准则。

单元一　违法责任类型

为了规范公共航空旅客运输飞行中的安全保卫工作，加强民航反恐怖主义工作，保障民用航空安全和秩序，根据《中华人民共和国民用航空法》《中华人民共和国安全生产法》《中华人民共和国反恐怖主义法》《中华人民共和国民用航空安全保卫条例》的有关规定，制定《公共航空旅客运输飞行中安全保卫工作规则》。本章节着重探讨民用航空旅客运输飞行中涉及的违法责任类型，主要聚焦于扰乱行为和非法干扰行为所引发的刑事责任与治安责任。这两类责任是在航空运输安全保障体系中至关重要的部分，关乎航空安全与公众利益。

一、扰乱行为

扰乱行为，是指在民用机场或在航空器上不遵守规定，或不听从机场工作人员或机组成员指示，从而扰乱机场或航空器上良好秩序的行为。航空器上的扰乱行为主要包括：强占座位、行李架的；打架斗殴、寻衅滋事的；违规使用手机或其他禁止使用的电子设备的；盗窃、故意损坏或者擅自移动救生物品等航空设施设备或强行打开应急舱门的；吸烟（含电子香烟）、使用火种的；猥亵客舱内人员或性骚扰的；传播淫秽物品及其他非法印制物的；妨碍机组成员履行职责的；扰乱航空器上秩序的其他行为。

二、非法干扰行为

非法干扰行为，是指危害民用航空安全的行为或未遂行为，主要包括：非法劫持航空器；毁坏使用中的航空器；在航空器上或机场扣留人质；强行闯入航空器、机场或航空设施场所；为犯罪目的而将武器或危险装置、材料带入航空器或机场；利用使用中的航空器造成死亡、严重人身伤害，或对财产或环境的严重破坏；散播危害飞行中或地面上的航空器、机场或民航设施场所内的旅客、机组、地面人员或大众安全的虚假信息。

非法干扰行为具有严重的危害性、法律规定的时空局限性。

（一）具有严重的危害性

非法干扰行为可能会导致人员安全、财产安全和设备安全受到巨大的危害。非法干扰行为可能致人死亡、形成巨额赔偿、对国家安全造成严重危害。此外，非法干扰行为所带来的不仅仅是经济上面的影响，还会在人们心里留下了挥之不去的阴霾。

（二）具有法律规定的时空局限性

非法干扰行为是在法律规定的时间和空间内发生的干扰航空器活动的行为。有些时候，有些行为如果不是在法律规定的时空内发生的话，便不能够确定该行为属于非法干扰行为。例如，在航空器内吸烟，或是在飞行中的航空器内利用起飞、降落的时间使用电子设备等行为，如果不是在航空器上发生、也不是在正在飞行的航空器中，就不能够当作非法干扰行为进行处置。

知识拓展
《统一国际航空运输
某些规则的公约》

案例阅读合集1

单元二 《中华人民共和国刑法》和《中华人民共和国治安管理处罚法》中的规定

一、《中华人民共和国刑法》中的相关规定

依据《中华人民共和国刑法》，涉及航空犯罪的罪名主要有劫持航空器罪，暴力危及飞行安全罪，投放虚假危险物质罪，编造、故意传播虚假恐怖信息罪，破坏交通设施罪，破坏交通工具罪，聚众扰乱公共场所秩序、交通秩序罪，非法携带枪支、弹药、管制刀具、危险物品危及公共安全罪，重大飞行事故罪，渎职罪等。

（一）劫持航空器罪

《中华人民共和国刑法》第 121 条规定，劫持航空器罪：以暴力、胁迫或者其他方法劫持航空器，处十年以上有期徒刑或者无期徒刑；致人重伤、死亡或者使航空器遭受严重破坏的，处死刑。本罪的主要特征是：犯罪主体为一般主体，即既可以是机组成员，也可以是旅客；主观方面是直接故意，即明知是劫持航空器的行为会引起危害航空安全的严重后果，仍不顾后果积极施行；客观方面表现为以暴力、胁迫或其他方法劫持航空器。劫持是指犯罪人按自己的意志非法控制航空器的行为。劫持航空器是指用上述方法强行控制该航空器，意图迫使其改变预定航向，飞经行为人指定的地方。本罪是行为犯，只要实施了劫持行为，无论是否达到行为人预期目的，都是本罪既遂。

根据《中华人民共和国刑法》的规定，这种情况应处以 10 年以上有期徒刑或者无期徒刑；致人重伤、死亡或者使航空器遭受严重破坏的，处死刑。

（二）暴力危及飞行安全罪

《中华人民共和国刑法》第 123 条规定：对飞行中的航空器上的人员使用暴力，危及飞行安全，尚未造成严重后果的，处五年以下有期徒刑或者拘役；造成严重后果的，处五年以上有期徒刑。本罪的主要特征是：主观方面是故意的；客观方面是对飞行中的航空器上的人使用暴力，危害公共安全；犯罪主体为一般主体；犯罪人只要危及飞行安全，不论后果如何，即构成本罪。

（三）投放虚假危险物质罪，编造、故意传播虚假恐怖信息罪

《中华人民共和国刑法》第291条之一规定，投放虚假危险物质罪：投放虚假的爆炸性、毒害性、放射性、传染病病原体等物质，或者编造爆炸威胁、生化威胁、放射威胁等恐怖信息，或者明知是编造的恐怖信息而故意传播，严重扰乱社会秩序的，处五年以下有期徒刑、拘役或者管制；造成严重后果的，处五年以上有期徒刑。编造、故意传播虚假信息罪：编造虚假的险情、疫情、灾情、警情，在信息网络或者其他媒体上传播，或者明知是上述虚假信息，故意在信息网络或者其他媒体上传播，严重扰乱社会秩序的，处三年以下有期徒刑、拘役或者管制；造成严重后果的，处三年以上七年以下有期徒刑。

（四）破坏交通设施罪

《中华人民共和国刑法》第117条规定，破坏交通设施罪：破坏轨道、桥梁、隧道、公路、机场、航道、灯塔、标志或者进行其他破坏活动，足以使火车、汽车、电车、船只、航空器发生倾覆、毁坏危险。本罪的主要特征是：主观方面只能是故意，过失损毁或移动航行设施不构成本罪；客观方面危及飞行安全，足以使航空器发生危险，不管是否形成严重后果，只要危及飞行安全，足以造成上述可能的危险，即构成本罪。

根据《中华人民共和国刑法》第117条、119条的规定，尚未造成严重后果的，处3年以上10年以下有期徒刑；造成严重后果的，处10年以上有期徒刑、无期徒刑或者死刑。

（五）破坏交通工具罪

《中华人民共和国刑法》第116条规定，破坏交通工具罪：破坏火车、汽车、电车、船只、航空器，足以使火车、汽车、电车、船只、航空器发生倾覆、毁坏危险，尚未造成严重后果的，处3年以上10年以下有期徒刑。第119条规定，造成严重后果的，处10年以上有期徒刑、无期徒刑或者死刑。本罪的主要特征是：犯罪主体是一般主体；主观方面是直接故意的；客观方面是在使用中的航空器上放置危险品。

（六）聚众扰乱公共场所秩序、交通秩序罪

《中华人民共和国刑法》第291条规定，聚众扰乱公共场所秩序、交通秩序罪：聚众扰乱车站、码头、民用航空站、商场、公园、影剧院、展览会、运动场或者其他公共场所秩序，聚众堵塞交通或者破坏交通秩序，抗拒、阻碍国家治安管理工作人员依法执行职务。本罪的主要特征是：聚众闹事，即在首要分子的组织、煽动和指挥下，纠集多人进行扰乱活动；主观方面只能是故意的；客观方面是扰乱了机场的正常秩序，使

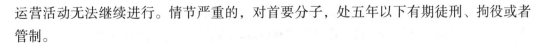

运营活动无法继续进行。情节严重的，对首要分子，处五年以下有期徒刑、拘役或者管制。

（七）非法携带枪支、弹药、管制刀具、危险物品危及公共安全罪

《中华人民共和国刑法》第130条规定，非法携带枪支、弹药、管制刀具、危险物品危及公共安全罪：非法携带枪支、弹药、管制刀具或者爆炸性、易燃性、放射性、毒害性、腐蚀性物品，进入公共场所或者公共交通工具，危及公共安全。情节严重的，处三年以下有期徒刑、拘役或者管制。

（八）重大飞行事故罪

《中华人民共和国刑法》第131条规定，重大飞行事故罪：航空人员违反规章制度，致使发生重大飞行事故。本罪的主要特征是：犯罪主体是特殊主体，专指航空人员；侵犯的客体是民用航空器飞行安全；主观方面表现为过失，即行为人对自己的行为导致严重后果是由于疏忽，或过于自信；客观方面为重大飞行事故，造成飞行器损毁，人员伤亡，后果严重。造成严重后果的，处3年以下有期徒刑或者拘役；造成飞机坠毁或者人员死亡的，处3年以上7年以下有期徒刑。

（九）渎职罪

《中华人民共和国刑法》第397条规定，滥用职权罪、玩忽职守罪：国家机关工作人员滥用职权或者玩忽职守，致使公共财产、国家和人民利益遭受重大损失的，处3年以下有期徒刑或者拘役；情节特别严重的，处3年以上7年以下有期徒刑。本法另有规定的，依照规定。国家机关工作人员徇私舞弊，犯前款罪的，处5年以下有期徒刑或者拘役；情节特别严重的，处5年以上10年以下有期徒刑。本法另有规定的，依照规定。

二、《中华人民共和国治安管理处罚法》中的相关规定

《中华人民共和国治安管理处罚法》第34条规定，盗窃、损坏、擅自移动使用中的航空设施，或者强行进入航空器驾驶舱的，处10日以上15日以下拘留。在使用中的航空器上使用可能影响导航系统正常功能的器具、工具，不听劝阻的，处5日以下拘留或者500元以下罚款。根据这一规定，妨害航空器飞行安全的违法行为包括以下三类：

（一）盗窃、损坏、擅自移动使用中的航空设施

航空设施的完善是航空器飞行安全的重要保障，航空设施日常的维护和保养是保证机场正常运转和航空器正常起降的重要条件。盗窃、损坏、擅自移动使用中的航空设施，会严重影响航空设施的正常运转和航空安全，最终危及社会公共安全，必须予以相应的惩罚。我国法律对此种行为作了明确的处罚规定；尚不构成犯罪的，依照《中华人民共和国治安管理处罚法》的规定处罚。这里的"盗窃"，是指行为人以非法占有为目的，秘密窃取航空设施的行为；"损坏"，是指行为人出于故意的心理，实施不当的行

为，从而致使有关航空设施的功能失去或者部分失去的行为；"擅自移动"，是指行为人未经允许，而根据自己的意愿，将有关的航空设施移走、改变方向等行为。

实践中，航空设施通常包括飞行区设施、空中交通管理系统、货运区设施、航空器维修区设施、供油设施、公用设施等。

（1）飞行区设施，包括跑道、升降带、跑道端安全地区、滑行道系统、机坪、目视助航系统设施、机场围界及巡场路等设施。

（2）空中交通管理系统，包括通信、导航、气象等设施。

（3）货运区设施，包括货运机坪、生产用房、业务仓库、集装箱库（场）、停车场等设施。

（4）航空器维修区设施，包括机库、维修机坪、航空器及发动机修理车间、发动机试车台、外场工作间、航材仓库等设施。

（5）供油设施，包括油品接收、中转、储存等设施。

（6）公用设施，包括供水、供电、供气、供暖、制冷、排水、防洪等设施，以及其他与航空安全有关的各类设施。需要注意的是，盗窃、损坏、擅自移动使用中的航空设施，其行为对象只限于使用中的航空设施。使用中的航空设施，是指正处于运营状态的航空设施，如果该航空设施不在使用中，而是在维修保养过程中或者尚未投入使用，则不构成本条规定的违法行为。

（二）强行进入航空器驾驶舱

强行进入航空器驾驶舱的行为，是指航空器上的旅客强行进入驾驶舱，既包括不听劝阻执意进入，也包括经劝阻后又再次或者多次进入航空器驾驶舱。为了保证驾驶员驾驶航空器不受干扰，驾驶舱与客舱、行李舱是分离的。而强行闯入驾驶舱的行为对航空器的正常运行危害特别大，容易干扰航空器驾驶员对航空器的操控，从而影响航空器的正常驾驶。

（三）在使用中的航空器上使用可能影响导航系统正常功能的器具、工具，不听劝阻

在使用中的航空器上使用可能影响导航系统正常功能的器具、工具，不听劝阻的行为，主要是指在使用中的航空器上经客舱乘务员的劝阻，仍坚持自己的意愿，故意使用可能会对航空器导航系统的正常操作产生一定的影响的器具、工具，如手机、电脑等。

知识拓展 配载与平衡　　知识拓展 飞机玻璃　　案例阅读合集2　　知识拓展 抓到"飞贼"谁管辖

知识巩固

1. 简述《公共航空旅客运输飞行中安全保卫工作规则》规定的扰乱行为和非法干扰行为。

2. 简述扰乱行为和非法干扰行为的区别。

3. 试述《中华人民共和国刑法》中涉及航空犯罪的规定。

参考文献

1. 朱章钧.民用航空法律法规与实务［M］.北京：电子工业出版社，2023.
2. 秦永红，赵艳博.民用航空法基础［M］.2版.北京：科学出版社，2019.
3. 王剑辉.民用航空法规［M］.成都：西南交通大学出版社，2017.
4. 辜英智，刘存绪，魏春霖.民用航空法律法规基础［M］.成都：四川大学出版社，2017.
5. 魏亚波.民用航空法实务［M］.北京：国防工业出版社，2014.
6. 赵旭望，秦永红.民用航空法基础［M］.北京：科学出版社，2013.
7. 郭莉.民用航空法概论［M］.北京：航空工业出版社，2010.
8. 邢爱芬.民用航空法教程［M］.北京：中国民航出版社，2007.
9. 辜英智，邓红军.民用航空法律法规基础［M］.成都：四川大学出版社，2014.
10. 杨惠.航空法律问题研究［M］.天津：天津教育出版社，2005.
11. 吴建端.航空法学［M］.北京：中国民航出版社，2005.
12. 赵维田.国际航空法［M］.北京：社会科学文献出版社，2000.
13. 董杜骄，顾琳华.航空法教程［M］.2版.北京：对外经济贸易大学出版社，2016.
14. 杨惠，郝秀辉.航空法学原理与实例［M］.北京：法律出版社，2017.
15. 贺富永.航空法学［M］.南京：东南大学出版社，2024.
16. 任怡平，宋彬，满孝平.民航法律法规［M］.北京：航空工业出版社，2016.
17. 崔祥建，吴菁，成宏峰.民航法律法规与实务［M］.北京：旅游教育出版社，2007.
18. 马松伟，李永.中国民用航空法简明教程［M］.北京：中国民航出版社，2007.
19. 姚琳莉.民用航空法案例教程［M］.2版.北京：科学出版社，2019.
20. 杨祖高.民航法规与实务［M］.北京：电子工业出版社，2020.
21. 赵林.民航法规［M］.上海：上海交通大学出版社，2015.
22. 杜勤，王娟娟.民航法律法规教程［M］.北京：中国民航出版社，2022.
23. 中国航空运输协会法律委员会.中国民航法律案例精解［M］.北京：知识产权出版社，2016.
24. 马春婷.民航法规基础教程［M］.北京：科学出版社，2018.
25. 中国民用航空局政策法规司，中国民用航空局国际合作服务中心.民用航空国际公约汇编［M］.
    北京：法律出版社，2019.
26. 余子新，甘玲，耿雅清.第三人分类研究［J］.燕山大学学报：哲学社会科学版，2004（2）：
    42–46.
27. 龙翼飞，韩钧.蒙特利尔公约对于我国航空运输合同法律制度构建之影响：兼论明确我国大陆与
    港澳台间航空运输合同法律制度的紧迫性和必要性［J］.法学家，2006（6）：53–62.

图书在版编目（CIP）数据

民用航空法基础 / 戴禄胜，吴骞，周德军主编.
北京：中国人民大学出版社，2025.2. ——（新编21世纪
职业教育精品教材）. ——ISBN 978-7-300-33619-0

Ⅰ. D922.296

中国国家版本馆 CIP 数据核字第 2025Y9T674 号

新编 21 世纪职业教育精品教材·民航服务类

民用航空法基础

主　编　戴禄胜　吴　骞　周德军
副主编　胡子晨　周　洁　许翠玉
Minyong Hangkongfa Jichu

出版发行	中国人民大学出版社		
社　　址	北京中关村大街 31 号	**邮政编码**	100080
电　　话	010-62511242（总编室）		010-62511770（质管部）
	010-82501766（邮购部）		010-62514148（门市部）
	010-62515195（发行公司）		010-62515275（盗版举报）
网　　址	http://www.crup.com.cn		
经　　销	新华书店		
印　　刷	北京溢漾印刷有限公司		
开　　本	787 mm×1092 mm　1/16	**版　　次**	2025 年 2 月第 1 版
印　　张	15 插页 1	**印　　次**	2025 年 9 月第 2 次印刷
字　　数	325 000	**定　　价**	39.00 元